パレスチナ、イスラエル、そして日本のわたしたち

〈民族浄化〉の原因はどこにあるのか

早尾貴紀

皓星社

装画　佐中由紀枝

まえがき

パレスチナのガザ地区被占領地で、イスラエル軍が大量虐殺と大規模破壊をしている。もちろんこれは、最近始まったことではない。もう二〇年近く、ガザ地区は封鎖状態に置かれてきたし、それ以降、その封鎖下でガザ地区は、爆撃と陸上侵攻を繰り返し受けてきた。二〇二三年一〇月七日に、ガザ地区の内部から全てのパレスチナの抵抗運動組織が結集し、占領に対する一斉蜂起が起きて、それに対するイスラエル軍による徹底的なガザ地区攻撃が激化していったわけだが、実のところ、そこで何か特別に新しいことが始まったわけではないのだ。

二〇〇五年のイスラエル側の「一方的撤退」(ガザ地区内からユダヤ人入植地と軍事基地を撤去する代わりに外側からのガザ地区の封鎖と管理を厳格化する)、〇六年のハマース政権誕生に対する意図されたパレスチナの分断、すなわちヨルダン川西岸地区とガザ地区との政治的分断、さらに狭隘《きょうあい》なガザ地区の封鎖と孤立化は、ガザ地区とその住民に対しては何をしてもいいかのような状況を生み出した。

実際、〇七年にイスラエルとアメリカ合衆国によってファタハ（オスロ和平合意に基づきパレスチナ自治政府の中心を担っていたが、〇六年の選挙でハマースに敗れた）に武器がふんだんに投入されて煽られたパレスチナ内戦や、それに続く封鎖・兵糧攻めの中で〇八年に大規模化したガザ空爆・侵攻は、イスラエルによるガザ地区の扱い方がすでに変わったことを明示していた。つまりガザ地区も西岸地区もそれぞれ内部への入植を通じて収奪していくのではなく、外部から封鎖して徹底的に破壊すること、つまりオスロ合意に反対する勢力（ハマースなど）やそれを支える世論・市民をガザ地区に隔離したうえでそれを徹底的に潰すことを通じて、ますます傀儡《かいらい》化させたファタハを利用しながら、西岸地区の支配と収奪を推し進めるということである。

さらに言えば、このパレスチナ支配・収奪の変化と深化を引き起こした土台は、一九九三年のオスロ合意がつくったものであることも、オスロ合意批判をするハマースを絶対に許容しないというイスラエルと国際社会の姿勢から明らかである。九〇年代というのは、東西冷戦がいちおう終結を宣言され、実質的にはソ連・共産圏の崩壊によって、アメリカ主導のグローバル化とネオリベ化による「新世界秩序」の時代であり、国際的な援助経済で支えられるオスロ体制もこの枠組み、あるいは「罠」の中にあると言っていい。「罠」と言うのは、そこからほぼ直接的かつ必然的に、現在のガザ地区と西岸地区の惨状が導き出されているからだ。

この「新世界秩序」という言葉は、九〇年代にジョージ・ブッシュ（父）米国大統領が使ったことで広く知られるようになったが、実は最初にこの言葉を使ったのは、第一次世界大戦頃の英米の政治家であったとされる。本書第I部でも論じるように、パレスチナへの侵略の決定的な転換点は第一次世界大戦であった。オスマン帝国が敗北し、その帝国領だったアラブ地域がイギリスとフランスによって分割され、パレスチナは英国支配を受けた。戦時中に確認されたバルフォア宣言によって、パレスチナは欧米のシオニストと諸政府によってユダヤ人国家へと乗っ取られることが既定路線となってしまった。三次にわたる日英同盟によって、イギリスの植民地支配を側面支援しつつ、アジア地域での日本の植民地支配を優位に進めることができた日本もまた、この「新世界秩序」の共犯者であることは間違いない。

この「まえがき」でこうしたことを記しておいた理由の第一は、本書がイスラエルによる最近のガザ地区攻撃を主題にしたものではないにもかかわらず、このガザ攻撃を契機として企画され、その最も激しい壊滅的な攻撃期間に構想・執筆されたということを書き残しておくためだ。ガザ地区の傷は確実に本書の随所に刻み込まれている。

第二に、それでもやはり本書があえてガザ地区攻撃を主題化していないのは、これが「ガザ地区の問題」ではないためだ。「月を指せば指を認む」という諺がある。人が月を指差し「あれを見よ」と言った時に、愚か者は月ではなく指先を見るのだが、ガザ地区のことでも、大規模な攻撃があった時に、「ガザ地区が大変だ」と騒ぐことは、むしろパレスチナ／イスラエル問題の本質を見失うことになる。

二〇〇八〜〇九年になされた最初の大規模なガザ地区空爆・侵攻の直後に、わたしはジャーナリストの小田切拓さんとアラブ文学者の岡真理さんとともに、ガザ地区の専門家でホロコースト・サバイバー二世でもある米国籍ユダヤ人のサラ・ロイさんを日本に招き、いくつかの講演と一つの対談をしていただいた（その全体は『ホロコーストからガザへ』として青土社から刊行した）。イスラエルがパレスチナ全土を乗っ取るためにいかにガザ地区を利用し破壊してきたのかを、マクロ・ミクロ両方の視点、そして長期的・短期的両方の視点から具体的に分析したのはもちろんだが、ロイさんは別の講演で、シオニズムとは全く相容れないユダヤ人／ユダヤ教徒としての「倫理」についても語っていた。それは、異民族・異教徒とともにマイノリティとして生きてきた歴史に基づく、多元的で複数的な共存の倫理にほかならず、またシオニズムによって汚され失われていった倫理でもある。

またロイさんには、在日朝鮮人の作家の徐京植《ソキョンシク》さんとも対談をしていただいた。本書の第Ⅰ部でも詳しく論じているが、徐さんはプリーモ・レーヴィをはじめとするホロコースト・サバイバーのユダヤ人作家らに、在日朝鮮人の被差別的な歴史経験を重ねて読み込み、植民地支配や帝国主義による暴力を越境させることを通じて、その普遍的意味を長年にわたって探ってこられた。最も必要かつ適切なロイさんの対談相手であるとわたしには思われた。

この対談は、「〈新しい普遍性〉を求めて――ポスト・ホロコースト世代とポスト・コロニアル世代の対話」と題して行なわれたが、この「普遍性」は西洋思想史の中で語られてきたいわゆる普遍主義ではない。それは無自覚に西洋を「普遍」と思い込み、「普遍」を僭称《せんしょう》する西洋中心主義に過ぎない。そして西洋中心主義は、まさに帝国主義の暴力を行使する側であったし、それは現在もそうだ。その問題については、本書の第Ⅱ部で詳しく考察する。

ところで、この対談を終えた後、会場での質疑応答の最後の質問者が、「ロイさんにとって神とは何ですか？　神はどのようにこの世界を導くと思われますか」という質問をした。司会をしていたわたしは、この茫漠とした質問が、普遍的な問いというよりも、それまでの対談で交わされていた戦争や占領や故郷喪失といったことに関する繊細な議論を、一気に超越してしまうような暴力的な質問に感じられ、率直に言ってその場で困惑した。ところが、これに対するロイさんの応答は、見事という陳腐な表現ではとうてい足りないほどに鋭くかつ切実であり、そしてそこにいる聴衆全員に迫るものであった。ロイさんはこう応答した。「「わたしにとって神とは何なのか」というのは、それとして良い質問だとは思います。しかしいま世界中にあるこのような痛みや苦しみを考えた時、われわれがより問うべきことは、われわれこそが神にとって何者なのか、わたしは神にとって何者であるのか、ということではないでしょうか」と。

ガザのジェノサイドを許容するこの世界は、さらにそうした破壊的暴力を「正義」の名のもとに行使することを支持する欧米日は、そうした帝国の側の住民である「日本のわたしたち」は、いったい何者なのか。それこそが最も問われるべきことである。

こうして「日本のわたしたち」を問うためにも、第Ⅲ部には本書のための録り下ろしで、在日朝鮮人ジェンダー史研究者の李杏理《リヘンリ》さんと、南アフリカ現代政治史研究者の牧野久美子さんに鼎談参加をお願いした。わたしはこれまでも、「沖縄、韓国、パレスチナ」という枠組みでのリレー連載と鼎談をしたことがあったが（呉世宗《オセジョン》さんと趙慶喜《チョキョンヒ》さんとの共著『残余の声を聴く』明石書店）、今回もいわば三点観測でパレスチナ／イスラエルの現代史を再考してみた。そして第Ⅳ部では、これまでわたしが行なってきた対談・鼎談を三つ再録した。これによって、さらに複眼的にパレスチナ／イスラエルを見る視点を、補足的に提供できるものと思う。言うまでもないことではあるが、この第Ⅲ部と第Ⅳ部の鼎談・対談では、わたし自身学ばせてもらうことが実に多かった。

第Ⅰ部から第Ⅳ部まで全て独立した読み物となっているので、どこから読んでもらってもかまわないが、このようなかたちで一冊の書物にまとめたことには、著者・編集者の意図があり、またパレスチナ／イスラエルをこうした切り口と広がりで論じた類書はほかにない。全体を読んでいただければ幸いである。

目次

―第Ⅱ部― 欧米思想史から見たパレスチナ／イスラエル

第Ⅲ部

牧野久美子×李杏理×早尾貴紀

世界の矛盾が集約したパレスチナ

ふたたび過ちを繰り返さないための日本・朝鮮・南アフリカ ……………………

本書関係年表

年代	パレスチナ・欧米	日本・東アジア
一八三一	第一次エジプト＝トルコ戦争（一八三九年、第二次戦争）	
一八四〇	アヘン戦争（四二年、イギリスが香港を植民地支配）	アヘン戦争（四二年、イギリスが香港を植民地支配）
一八五三	クリミア戦争開始	
一八六二	モーゼス・ヘス『ローマとエルサレム』刊行	
一八六八		明治維新
一八七二		琉球処分
一八七四		台湾出兵
一八七五		江華島事件
一八八〇	第一次ボーア戦争開始	
一八八二	第一波アリヤー開始	
一八九四	ドレフュス事件	日清戦争開始（九五年、日本が台湾を植民地支配）
一八九六	テオドール・ヘルツル『ユダヤ人国家』刊行	
一八九七	第一回シオニスト会議	
一八九九	第二次ボーア戦争開始	
一九〇二		第一次日英同盟（〇五年に第二次、一一年に第三次同盟）
一九〇四	第二波アリヤー開始	日露戦争開始
一九一〇		韓国併合
一九一四	第一次世界大戦開始	第一次世界大戦開始、日本が南洋群島支配

著者作成

一九一五	フサイン＝マクマホン協定	
一九一六	サイクス＝ピコ協定	
一九一七	バルフォア宣言	
一九一八	第一次世界大戦終結、イギリスがパレスチナ支配	
一九一九		三・一独立運動、五・四運動
一九三二		満洲国建設
一九三三	ドイツでヒトラーのナチス政権が発足	
一九三六	パレスチナ・アラブ反乱開始	
一九三七	英ピール卿調査委員会報告（パレスチナ分割案）	日中全面戦争開始
一九三九	第二次世界大戦開始	
一九四五	第二次世界大戦終結	日本降伏、植民地支配終了
一九四七	国連パレスチナ分割決議（第一次中東戦争へ）	
一九四八	イスラエル建国	済州島四・三事件、南北朝鮮分断
一九四九	第一次中東戦争休戦（イスラエル領、西岸・ガザ地区の画定）	中華人民共和国成立、台湾で国民党が戒厳令施行
一九六七	第三次中東戦争（西岸・ガザ地区の占領開始）	
一九八二	レバノン侵攻、サブラー・シャティーラの虐殺	
一九八七	第一次インティファーダ開始	韓国民主化宣言、台湾戒厳令解除
一九九三	オスロ和平合意	
二〇〇〇	第二次インティファーダ開始	
二〇〇六	パレスチナ議会選挙でハマース勝利	
二〇二三	一〇・七ガザ蜂起	

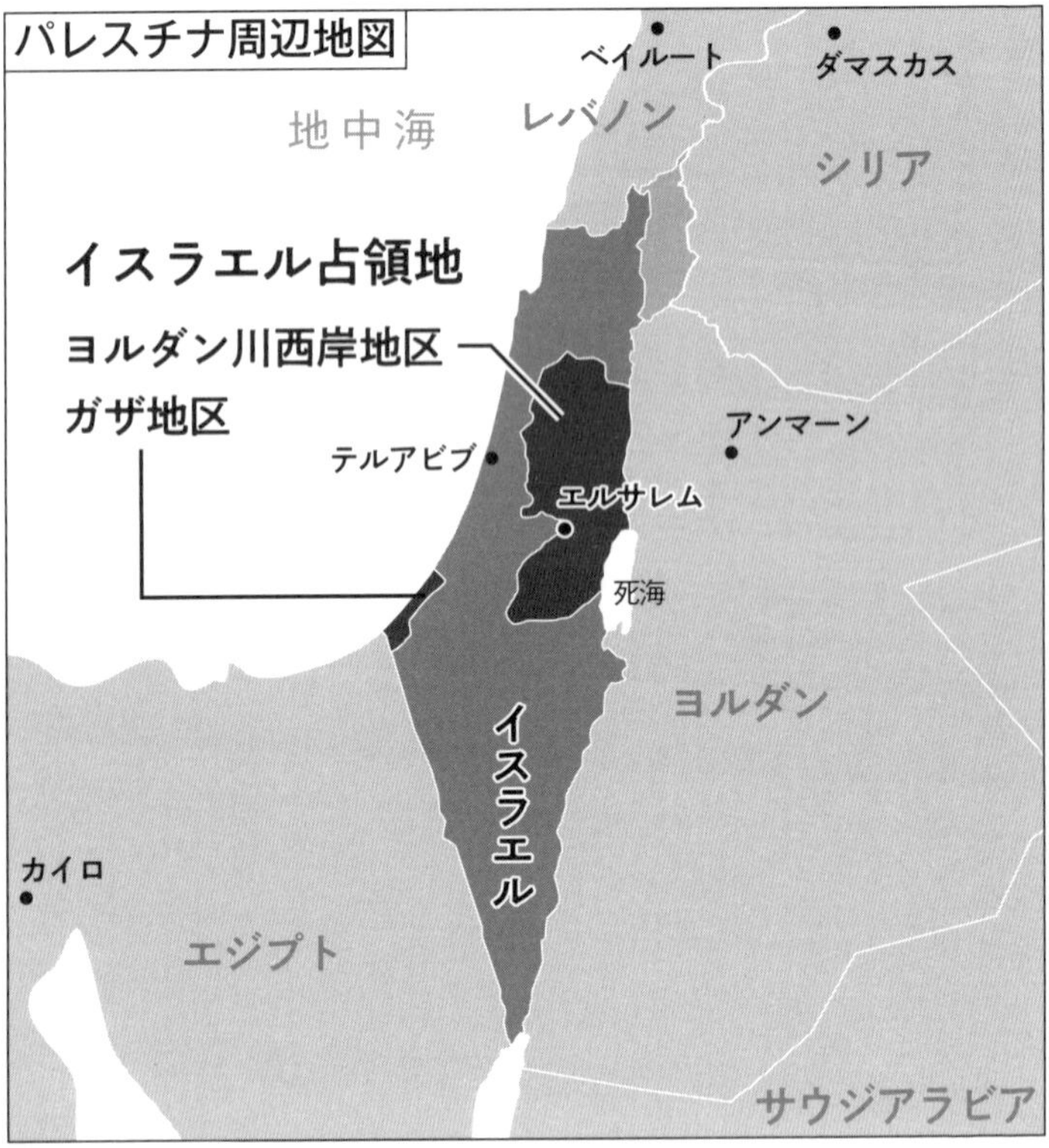
パレスチナ周辺地図
ベイルート
ダマスカス
地中海
レバノン
シリア
イスラエル占領地
ヨルダン川西岸地区
ガザ地区
アンマーン
テルアビブ
エルサレム
死海
ヨルダン
イスラエル
カイロ
エジプト
サウジアラビア

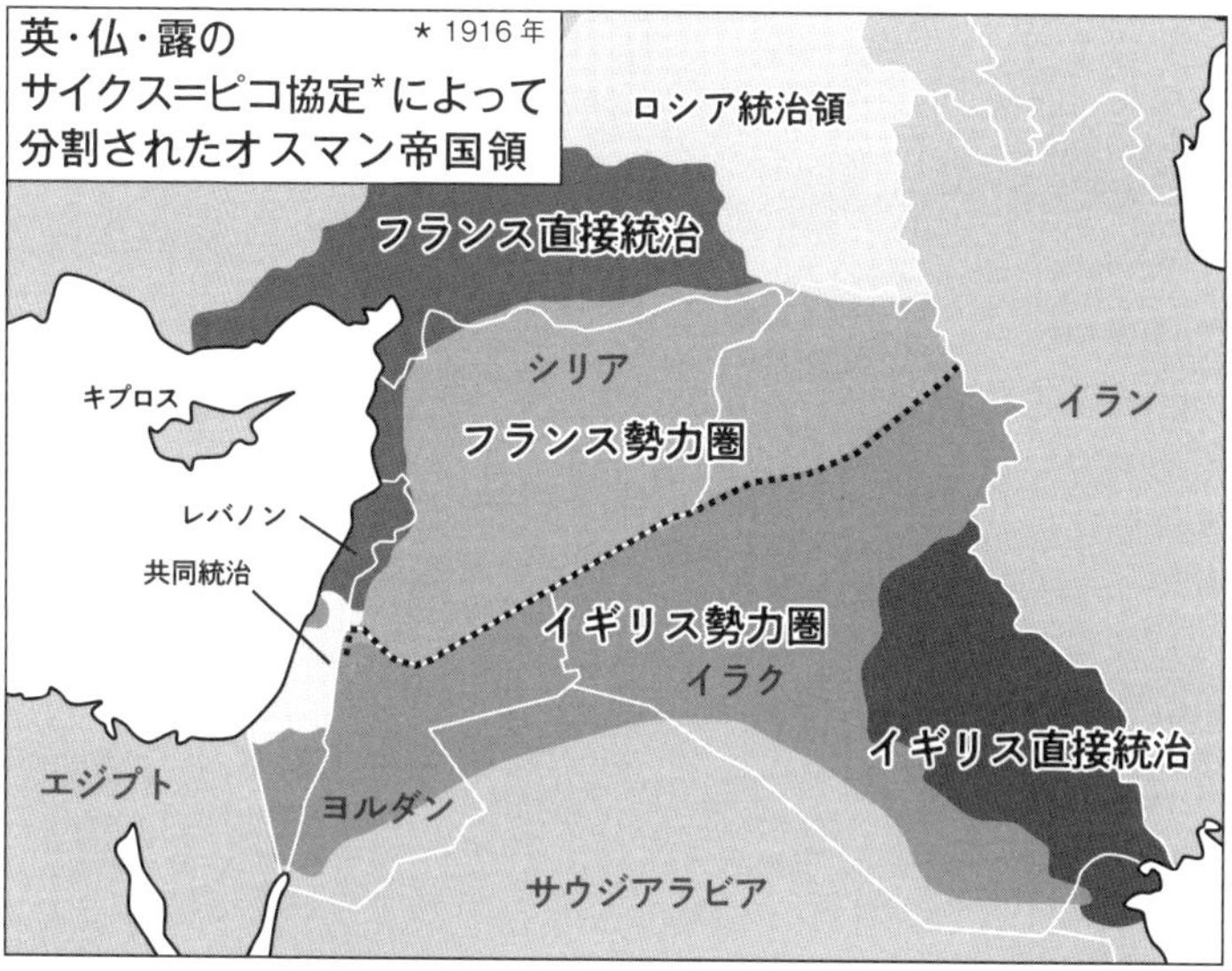

英・仏・露のサイクス=ピコ協定*によって分割されたオスマン帝国領

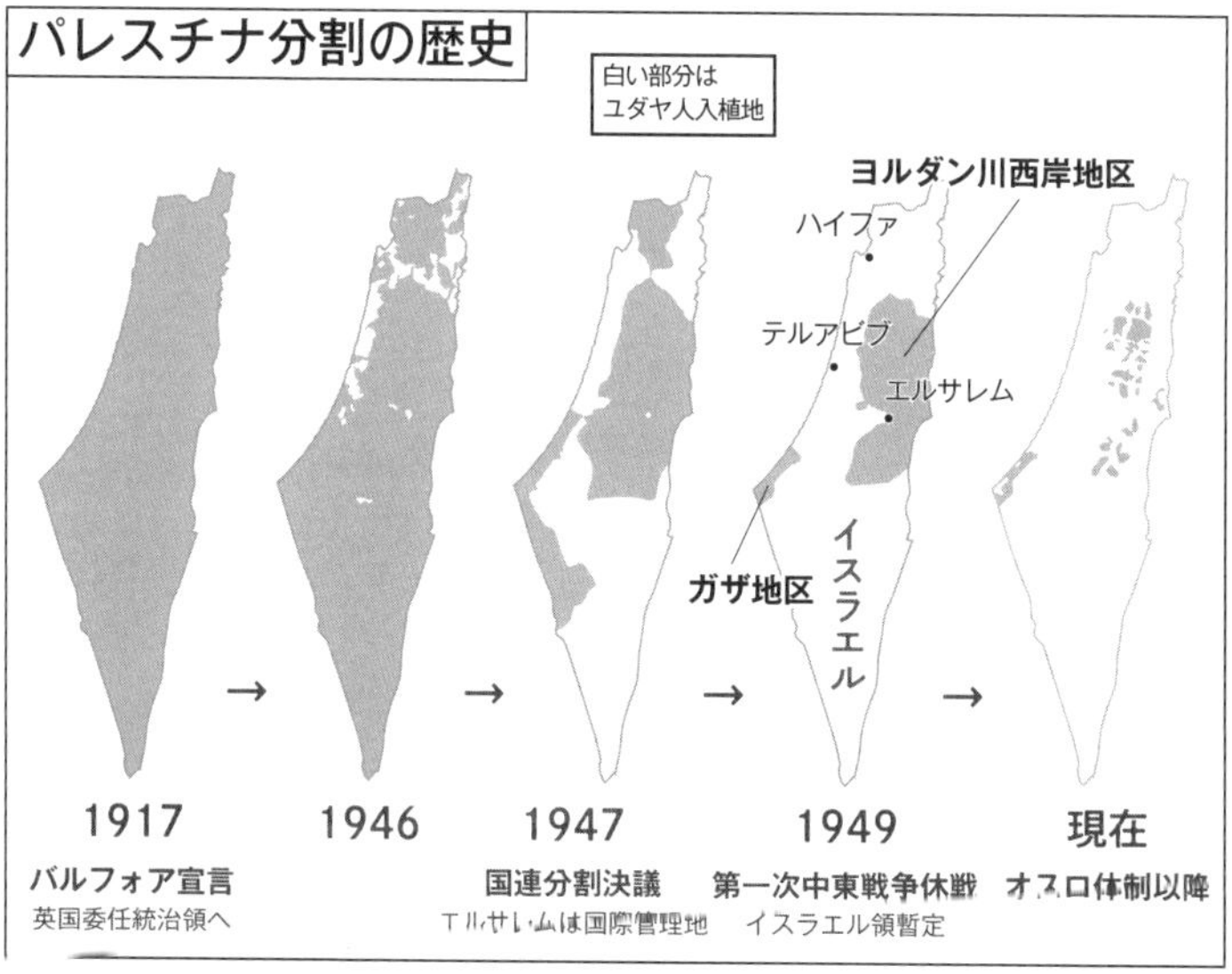

パレスチナ分割の歴史

著者作成

第I部

東アジア史とパレスチナ／イスラエル問題の交差

はじめに

パレスチナ／イスラエル問題は、日本社会ではどのように理解されているだろうか。概説書やニュース解説などでは、パレスチナ人とユダヤ人の民族対立、ムスリム（イスラーム教徒）とユダヤ教徒の宗教対立、聖地エルサレムの帰属をめぐる争い、テロと報復という憎悪の連鎖、といったところだろう。そうした単純化されたステレオタイプが新聞・雑誌の記事やテレビ報道やＳＮＳで繰り返され積み重ねられている。また、日本との歴史的な関わりを知らずに「遠い世界の出来事」と感じられたり、あるいは原因を文化的差異に還元して「宗教的背景が複雑すぎて理解できない」と言われたりする。さらには、「土地を取られて殺されるパレスチナ人には同情する／連帯する」とパレスチナ側に心を寄せる人でも、自分とは切り離した他人事としてであったり、逆に、イスラエル側に共感を持つ人からは、「テロ組織・テロ国家相手に強い国防力で戦うイスラエルを見習うべき」といった主張がなされたりすることも少なくない。

しかしこれらいずれの姿勢であれ、パレスチナ／イスラエル理解につながるとは思えない。他者化であれ、同情であれ、共感であれ、そこには具体的に日本や東アジアがパレスチナ／イスラエルの歴史に関わってきた視点が欠如しているからだ。

一つ典型的な例を見てみよう。アラブ世界ではないが、中東・イスラーム圏に含まれるアフガニスタンで活動をした中村哲医師が、「アフガニスタンは親日的だから日本人は活動しやすい」と語ったのが有名なように[2]、アフガニスタンおよびアフガニスタン以西のイラン、そしてアラブ諸国でもその「親日」的な傾向はよく知られている。その際に言われるのは、「中東で悪事を働いたのは欧米諸国であって、日本は何も悪いことをしていない」という理由、そして歴史的に指摘されるのは、その欧米列強の一角とみなすことのできるロシア帝国を日露戦争で日本が破ったことが、中東アラブ地域も含むアジア・アフリカのあちこちで畏敬の念を持って受け止められたことである[3]。

しかしこうした見方は、ひじょうに一面的かつ表面的であり、そして日本に都合の良い恣意的な切り取りである。世界史上の出来事は、とりわけ近代においては、その植民地主義・帝国主義によって世界大でつながり合い影響し合っているのであって、日本の近代史とパレスチナも含む中東世界の近代史がおよそ無関係などということはあり得ない。この後詳しく論証していくことになるが、むしろ日本は欧米列強との、敵対的であったり同盟的であったりする関係性を通して、パレスチナ問題に長く深く関わってきたと言える。

しかしそうであるにもかかわらず、「関係がない」と当然のようにみなされる傾向がかくも強いのは、第一には、地域を跨ぎ超えながら歴史的なつながりを見ていく視点があまりに弱いからだ。バラバラに切り刻まれた教科書的な断片的知識が詰め込み教育で教えられ、そして受験の終わりとともにそれさえも忘却される、断片だからこそ忘却されやすい、ということの弊害と言えるだろう。そして第二に、日本人が自国の植民地責任・戦争責任について、直視し反省することを長く避け続けてきたからだ。近隣の朝鮮・中国・東南アジア諸国への責任を回避したのはもちろんのことだが、アイヌモシリや琉球に対する植民地主義もそうとは認めることがない。ましてや、そうした日本の膨張主義政策が、欧米列強によるアジア・アフリカ侵略との競合関係――場合によっては競争であるが協力の関係――にあったこと、そしてそうした欧米のアジア・アフリカ支配に責任を有していることなど、とうてい思いも及ばない。

そこで、この第I部では日本も含む東アジア史とパレスチナ／イスラエル問題の歴史的な交差を、一九世紀末~冷戦終結まで具体的に見ていくこととする。

1　帝国によるグレート・ゲーム

世界のチェス盤化

日本は「グレート・ゲーム」のプレーヤーの一人であり続けてきた。この認識はパレスチナ／イスラエル問題を根底的に考えるうえで欠かすことのできない視点である。

世界史上におけるグレート・ゲームとは、中央アジア地域の覇権をめぐって抗争を繰り返す大英帝国とロシア帝国の敵対関係を指す言葉で、チェス盤になぞらえてつけられた名称である。狭義には一九世紀にアフガニスタン地域の支配権をめぐってなされた、英露間の抗争を指す。ロシア帝国は南進して中央アジア地域を支配しつつ、インド洋を目指しアフガニスタンに接触するが、英領インドを擁する大英帝国はインドに隣接するアフガニスタンにロシアが入ることを警戒し、アフガニスタンを保護領に収めるべく先手を打って軍事行動を起こした。それが第一次アフガン戦争（一八三八～四二年）と第二次アフガン戦争（一八七八～八一年）である。

しかし、このグレート・ゲームは、地理的にアフガニスタンにとどまるものではなく、また時代的に一九世紀に限定されるものでもなく、さらにイギリスとロシアの二国間だけのものでもない。同様の陣取り合戦は、アフガニスタンの西側に隣接するイランでも展開されたし、その西隣のオスマン帝国(パレスチナやイラクも含まれる)をめぐっても攻防があった。一八五〇年代のクリミア戦争(ロシア帝国対オスマン帝国・英仏の連合)もまたこのグレート・ゲームの一部をなすものと言える。イランは、一八〇〇年代はじめにロシア帝国から侵攻を受け北部地域を失い、一八〇〇年代半ばには大英帝国から侵攻を受けて東部地域を失っている。そして周知のように、今度はアメリカ合衆国が加わり、アフガニスタンとイランは、二〇世紀、さらに二一世紀に入ってもなお、執拗な英米露(ソ連)の干渉を受け続けており、クリミア半島の帰属についてもやはり欧米とロシアがウクライナの陣取り合戦をしながら現在進行形で揉め続けている。

すなわちグレート・ゲームは、二〇世紀のアフガニスタン内戦やイラン革命や湾岸戦争、二一世紀のアフガニスタン侵攻、イラク侵攻、ウクライナ戦争にまでつながっている。こうして見ると、アフガニスタンからパレスチナを経由してウクライナまで北西に向かってぐるりと弧を描く連続した「ゲーム盤」を描くことができる。そしてその当事国は、大英帝国とロシア帝国に加えて、フランス帝国もプレイヤーとして加わり、またロシア帝国は二〇世紀中はソビエト連邦という名の帝国になり、

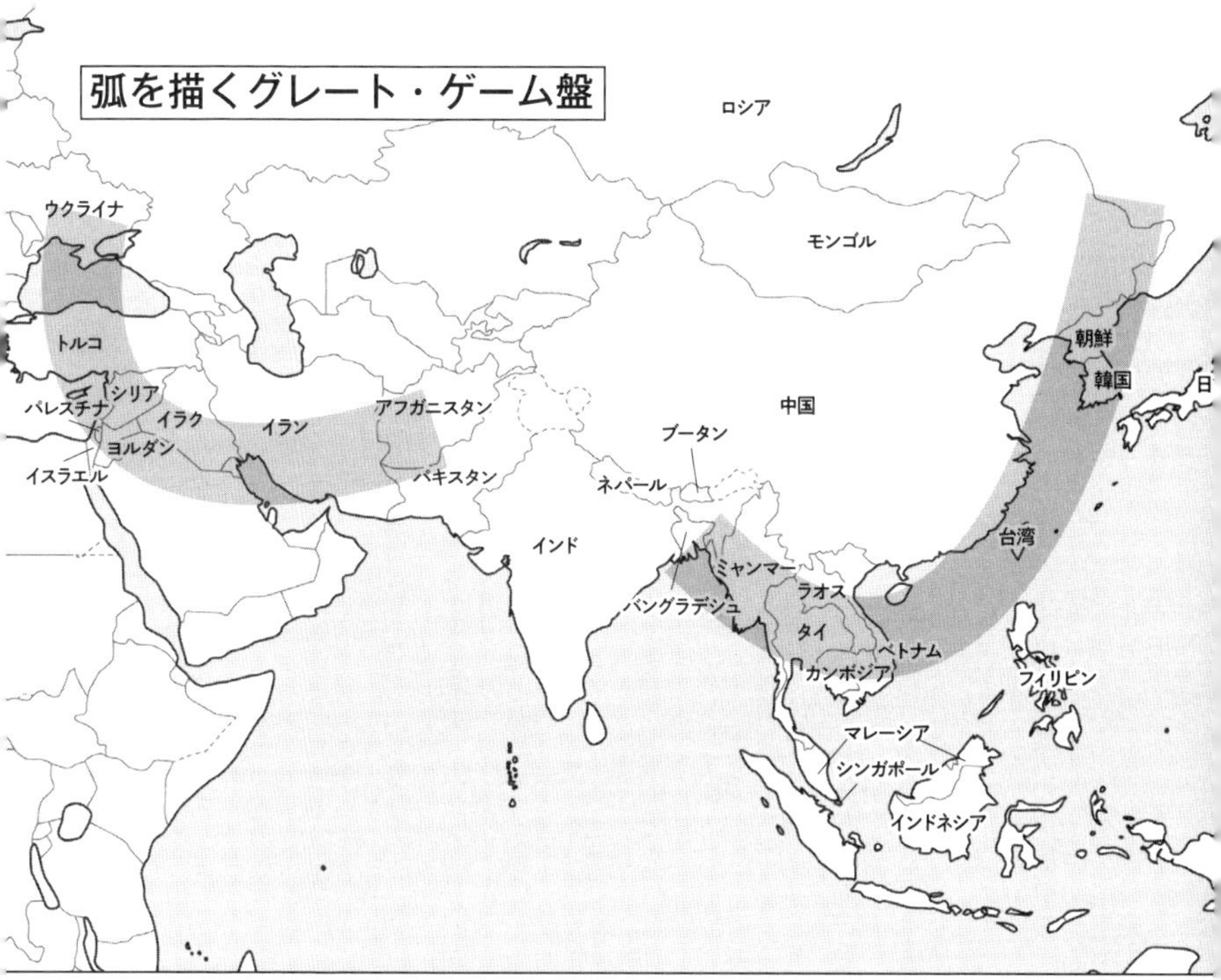

著者作成

大英帝国は第二次世界大戦後にアメリカ帝国（合衆国）へと主役をバトンタッチしたと言えるだろう。

このグレート・ゲーム史観で注意すべきことの第一点は、パレスチナもまた対オスマン帝国と英仏露との第一次世界大戦（一九一四〜一八年）によってイギリスの支配下に収められたということと、その第一次大戦には日本も参戦しており、日本も同時にドイツ領南洋諸島を植民地に収めたということだ。これについては次節で後述する。

東アジアへの大日本帝国の介入

注意すべき第二点は、大英帝国とロシア帝国との陣取り合戦のグレート・ゲームは、第一次大戦に先駆けて東アジアでもすでに展開されており、そこに大日本帝国も競争相手として参戦していたことだ。イギリスは英領インドを中継地としながら清朝中国に干渉し、一八四〇年のアヘン戦争を経て香港を植民地化し、また上海租界を開設させるなどして、さらに中国大陸利権を求めていった。さらにフランスおよびアメリカ合衆国もそれに乗じて中国侵出を始めた。他方でロシアの膨張政策は、中央アジア・中東方面と同時に東アジア方面でも行なわれており、中央アジア・中東で行き詰まるといっそう東アジア侵出に力を入れてくる、ということにもなった。とりわけロシアは南進して、隣接する中国東北部（満洲）および朝鮮に干渉していった。

そこへ一八六八年の明治維新後の大日本帝国が後発的に介入していくことになる。一八七二年に琉球王国を潰して琉球処分を開始し、さらに七四年に台湾出兵をすることで、清朝中国と朝貢関係にあった琉球を日本の独占的支配下に置いた。さらに七五年には江華島事件を起こし、日本は朝鮮を強引に開国させた。こうして日本はアジア侵出を欧米・ロシアと競いながら、グレート・ゲームのプレイヤーとなっていった。

一八九四～九五年の日清戦争で、日本は清朝中国を朝鮮半島から放逐して独占的な利権を狙い、また戦勝の講和として台湾を割譲《かつじょう》させ植民地支配した。これで日本とイギリスとロシアとが中国・朝鮮で帝国主義的利権を本格的に衝突させることとなった。三つ巴の争いになっていけば、日本は大国を相手に二つの戦線を構えることになり、イギリスも複数の戦線を持ち（南アフリカ戦争など）、そこに資金・兵員を分散させることになる。ロシアという「共通の敵」を持つ日本とイギリスは、一九〇二年に第一次日英同盟を、一九〇五年に第二次日英同盟を結び、イギリスが日本の朝鮮利権を優先することと、日本がイギリスのインド利権を優先することをそれぞれ確約しつつ、中国利権については相互尊重ということとした。すなわち、日本はこれによって対ロシアの戦争と交渉に集中できたことで、一九〇四～〇五年の日露戦争に勝利し、そして朝鮮（大韓帝国）を保護領とすることができたのである（一九一〇年に韓国併合）。またイギリスは、日本と東アジア地域では争わず、そしてインドおよびインド以西に日本が介入する可能性を排除して、アフガニスタン以西の中東地域で対ロシアとの戦争や交渉に注力することができるようになった。

中東が「親日」な理由

すなわち、最初に触れた、アフガニスタンやアラブ諸国が「親日的」であることは、こうした事情による。日本は中東地域で戦争や植民地支配などの「悪事」を働いていないのではなく、イギリスが「悪事」を働くことを支持し尊重していたのであり、日露戦争勝利という「快挙」もまた、イギリスによる日本の朝鮮利権の優先のおかげなのであった。

この事情を考えれば、日本はグレート・ゲームのイギリス側のプレーヤーとなったのであり、イギリスの中東支配（のちのパレスチナ統治も含む）に対してむしろ「共犯」だとさえ言えるのである。中東地域の「親日」も日露戦争の勝利も日英同盟という帝国主義利権の取引の結果であり、イギリスの中東支配と表裏をなしている。したがって、日本は中東の帝国主義的分割について無関係・無罪ではないどころか、そこから植民地利権を得た当事国なのだ。

2　パレスチナ一〇〇年戦争の起点

第一次世界大戦で進んだ植民地支配

さらに大英帝国と大日本帝国は、ロシアとアメリカ合衆国とが満洲利権に関与してくる中で一九一一年に第三次日英同盟を結び、それについてはもはや二国間協定自体がさほど機能しない状況にあったが、それでも一九一四年に第一次世界大戦が勃発すると、日本はこの第三次日英同盟に基づいて参戦することとなった。この第一次世界大戦では、ドイツ帝国とオーストリア＝ハンガリー帝国に、のちにオスマン帝国も加わった同盟国側と、イギリス・フランス・ロシアの連合国側とが対立関係になったが、すでに衰退の過程にあったオスマン帝国はこの戦争で完全に凋落して敗北、帝国領が解体されることになった。イギリスとフランスは、この第一次大戦中に、パレスチナを含む東地中海地域の分割を取り決めし（一九一六年、サイクス＝ピコ協定、二一ページ地図参照）、イギリスが戦後一九一九年のヴェルサイユ条約に基づく国際連盟の委任統治制度によって、現在のパレスチナ・ヨルダン・イラク地域を、フランスがシリア・レバノン地域を統治領とした。その時日本は、アジア地域の旧ドイツ植民地を全て奪取し、そのうち南洋諸島を統治領としたが、[4] これはもちろん国際連盟の場においてなされたイギリス・フランス・日本のあいだでの相互承認であり、事実上の植民地支配を「委任統治」という名目で相互に正当化したものであった。民族自決原則によって公然と「植民地支配」を主張することができなくなっていたために、批判を回避して植民地を正当化する方便が、「国連に委任された」というお墨付きを得る統治であった。ここでも日本はイギリスと共犯関係にあり、その意味では日本は実はイギリスのパレスチナ支配に対しても一定の関与と責任を有しているのである。

ユダヤ人国家建設運動のはじまり

その第一次世界大戦の終盤、パレスチナ地域が英国支配に向けて進む過程で、パレスチナにおける「ユダヤ人の民族的郷土の建設」をイギリスが支持することを表明した「バルフォア宣言」が一九一七年に発せられて、シオニズム運動(ユダヤ人国家建設運動)は明確にパレスチナを標的にして動き出した。これは、イギリスの外務大臣アーサー・バルフォアが、イギリスのユダヤ人シオニストで貴族院議員のウォルター・ロスチャイルド男爵に対して出した書簡であり、アメリカ合衆国のシオニスト機構にも伝達された。

すなわち欧米のユダヤ人シオニストたちは、これ以降、パレスチナの支配者となるイギリスに対して土地の移譲を求めるロビー活動を展開することとなる。ここを起点に「パレスチナ一〇〇年戦争」（ラシード・ハーリディー）[5]が始まったのであり、その意味では、ユダヤ人国家建設運動と、建国後のイスラエルによるパレスチナ占領と、そしてそれに対する欧米支援は、「グレート・ゲーム」の視点から見通すことができるし、そうすべきである。これ以降、欧米のシオニストがイギリス政府および委任統治当局に対して交渉する、つまり欧米圏内で駆け引きをするという構図にあるということが見て取れる。

この本格的な国家（民族的郷土）の建設運動は、第一次大戦前後に確立した「民族自決」原則に沿うという側面があり（もちろん帝国主義的な再配置であるのだが）、ユダヤ人の民族自決をパレスチナにおいて最優先しつつ、しかし先住パレスチナ人の自決権は逆に抑圧・否定されていくという二重基準が適用されていた。この民族自決とその否定の一例については、東アジアにおいては、植民地下朝鮮で一九一九年に起きた三・一独立運動がある。日本の植民地支配の不当さをパリ講和会議に、そして世界に訴えるべく独立宣言が起草され、「朝鮮独立万歳運動」として全土に広がった。

それに対して日本の朝鮮総督府は、軍・警察を動員して鎮圧に当たり、死傷者二万人以上、逮捕者四万人以上を出した。また同じく一九年には中国で五・四運動、つまり中国への列強の侵略・支配に対する抗議運動が展開されたが、これもまた第一次大戦後の世界史の動きに連動したものであった。

消えた「英領ウガンダ領」案

民族自決の二重基準に関連して、シオニズム運動に話を戻そう。シオニズムのユダヤ人建国の目的地は、必ずしもパレスチナではなかった。その建設地は、世俗的(非宗教的)なナショナリズム運動としてのシオニズムにとっては、ヨーロッパの「外部」であり「植民地」であればどこでも可能性はあり、実際に南米やアフリカなども検討され有力な候補ともなっていたことは知られている。中でも、初期シオニストの指導者テオドール・ヘルツルがイギリス植民地大臣ジョセフ・チェンバレンから一九〇三年に提案され世界シオニスト会議でいったん承認した「英領ウガンダ計画」(現在のケニアの一部)[6]は有力かつ具体的な案であった。建設地がどこであれ、ユダヤ人の民族自決のために、アジア・アフリカ・ラテンアメリカの植民地住民の自決権が否定されているということは、シオニズムのヨーロッパ中心主義を端的に示している。

その後ユダヤ教の聖地エルサレムを擁するパレスチナがあらためて標的となったことには、政治的・世俗的なナショナリズムを宗教言説（古代ユダヤ人の「離散と帰還」という神話）によって正当化しやすくするというシオニズム側の便宜的戦略、および、欧米キリスト教世界がオスマン帝国からエルサレムを奪取するのにユダヤ教による王国復活の神話を利用したこと（ユダヤ人国家の再建をプロテスタント的終末論の一段階と位置付けた）[7]、という宗教の歪曲が作用していたのは確かだ。しかしそれとともに、パレスチナが最終的に標的となったのは、ユーラシア大陸で長期にわたって繰り広げられた諸帝国間のグレート・ゲームの一環が、パレスチナでも展開されたこと、これが決定的に大きかった。

しかもこれらの諸要因は相互に連関しており、ヨーロッパのユダヤ教徒から出てきたシオニストで主流派を占めた政治シオニストたちは全く非宗教的なナショナリストであったが、「離散と帰還」の神話をキリスト教シオニズムから受容し利用していったし、そのキリスト教シオニズムはヨーロッパの中東に対する植民地主義――中でもイギリスのパレスチナ地域に対する支配欲――と結託している。このグレート・ゲーム的欲望が一定の達成を見るのが、第一次世界大戦であったのだ。

3 セトラー・コロニアリズムの同時代性

セトラー・コロニアリズムとは

ユダヤ人国家であるイスラエルの建設を支えてきたシオニズムという思想運動は、イギリスからロシア西部に至るヨーロッパ世界の植民地主義（ヨーロッパ中心主義）と人種主義（白人至上主義）との競合に起源を持つ。そもそも、ヨーロッパ諸国のキリスト教マジョリティ社会による中東アラブ圏のパレスチナ（聖地エルサレムを擁する）に対する支配欲として発露したのが始まりであり、その実現のために、排外主義的・反ユダヤ主義的に、ヨーロッパのマイノリティのユダヤ教徒をある種「尖兵《せんぺい》」として送り込んで集団入植させるという発想となった。ヨーロッパから排斥《はいせき》されたユダヤ教徒の側が、それを「ユダヤ人」という人種主義と「ユダヤ国家」という民族主義として内面化していったのが、シオニズムによる入植・建国運動である。

この白人至上主義・ヨーロッパ中心主義は、ヨーロッパ人自らを「進んだ文明」と位置付けることで優越性を訴え、その外部を「遅れた野蛮」とみなし、その支配を正当化した。ヨーロッパ人を「優等人種」、非ヨーロッパ人を「劣等人種」とすることで、「劣等人種」の対等な諸権利を否定して、土地や資源を収奪することはもちろん、虐殺することさえも躊躇《ちゅうちょ》せず、先住民を絶滅させるほどの大虐殺まで行なった。そのようにしてヨーロッパ人が支配者として植民地に入植し、入植者社会を形成していくことを、「セトラー・コロニアリズム」、入植者植民地主義と呼ぶ。この際、その入植移民は多くの場合、元の国家において何らかのかたちで下層ないし被抑圧層に属することが多く、そのことが海外において入植移民となっていく動機・原動力となる。宗教的マイノリティや罪人や無法者であることもあるが、ヨーロッパの反ユダヤ主義によって迫害されたユダヤ教徒もまたその典型である。そうした入植者社会が中心となって国家として独立したものがセトラー・コロニアル国家であり、典型的にはアメリカ合衆国、カナダ、オーストラリア、南アフリカ共和国などがそうである。これは、たんに本国が植民地を保持し経営するということとは異なる。

主に東欧地域からパレスチナへの入植が始まるのが、ユダヤ教徒迫害が吹き荒れ始めた一八八〇年代、そしてシオニズム運動が組織化され始めるのが一八九〇年代、ユダヤ人国家建国の地に関する議論でパレスチナが標的と定め直されたのが一九〇〇年代であった。この時期の日本の植民地主義を見ると、朝鮮の地位をめぐり宗主権を主張する清朝中国に対して、ロシアと日本が介入を本格化していった時期にちょうど重なる。そして一八九四〜九五年の日清戦争から一九〇四〜〇五年の日露戦争で日本は朝鮮の単独支配を獲得する。この過程は、先述のグレート・ゲームの一環をなしており、イギリスによるオスマン帝国への介入からパレスチナ支配までに、時期および性質が対応している。

アイヌモシリ・琉球国への侵攻

その時期、日本の植民地主義は、一八六八年の明治維新＝大日本帝国の成立からまだ間もなくであり、アイヌモシリと琉球王国に対する侵攻としても展開していた。一八六九年にアイヌ民族の居住地であるアイヌモシリ（「蝦夷地《えぞち》」）を「北海道」と称し、七〇年代以降、アイヌからの土地の収奪と「本土の和人」の入植を本格的に開始していった。七一年にアイヌの風習の禁止、日本語・日本文化の強制、七二年にアイヌの土地利用規制、七七年にアイヌ居住地の国有化などを進めたことが挙げられる。また琉球王国に対しては、一八七二年に第一次琉球処分、七九年に第二次琉球処分が断行され、清朝中国との冊封《さくほう》体制から切り離し、首里城を開城させ、日本の一部として沖縄県へと併合していった。そうした植民地主義、現在の視点から見ると「国内植民地主義」が進行していった時期である。

その中でも、アイヌモシリに対する政策は、先住民アイヌの文化や財産を収奪してアイヌの存在自体を抹消しようとしながら、本土の和人が役人・農兵・商人などとして集団で入植し和人社会を支配者として形成していったという点で、セトラー・コロニアリズムであると言うべきである。あたかも無人の荒野の「開拓」であるかのように称しながら、事実上は、失職した旧士族を武装した農兵、いわゆる「屯田兵」として入植させて警備にあたらせ、抵抗運動を武力で鎮圧しながらアイヌの土地を国有化し、水産資源・林業資源を収奪していった。それには、アイヌを独自の民族集団とは認めず、「劣等人種」として教化や同化の対象として抹消させようとするレイシズムという側面もともなった。これにより、アイヌモシリを統治するのは外来の和人が設置した北海道庁という体制が完成した。これは乗っ取り、セトラー・コロニアリズムに当たると言える。[8]

一九三〇年代――ナチスのユダヤ人追放と「満洲国」建設

時代をパレスチナ、東アジア、ともに第一次世界大戦終戦からおよそ一〇年が経ち、植民地への入植者が大幅に増えた一九三〇年代に転じる。第一次世界大戦でパレスチナがイギリス支配となり、一九二〇年代からヨーロッパのユダヤ人シオニストらはヨーロッパの大国イギリスを相手に入植や土地の割譲についてロビー活動を進めるようになったが、ヨーロッパからの移民がさらに飛躍的に増加したのは、ドイツでナチスが政権に就いた一九三三年以降である。シオニズム思想への共鳴やシオニズム運動への積極的な参加ではなく、反ユダヤ主義からの避難という消極的な動機の移民が激増したのであるが、シオニスト指導部からすると、パレスチナへのユダヤ人の移民・入植者が効率的に増えるという点で、これはむしろ好都合でさえあった。三九年にはナチス政権においてユダヤ人の国外追放が政策化され、四一年頃まではナチスの方針はどちらかと言えば虐殺よりもユダヤ人の追放であり、その時点までは、シオニスト側と利害が一致し、両者の協力関係さえ指摘されている。[9] これが虐殺・絶滅へと方針が転じられるのは、四二年頃からとされる。

この同時期のもう一つのセトラー・コロニアリズムとして日本が推し進めたのが、中国東北部での「満洲国」建設である。「満洲国」は、日本の傀儡国家として一九三二年に一方的に「建国」が宣言され、日本からの組織的・集団的な入植活動が展開された。四五年の終戦時で約二〇〇万人もの日本人が満洲国に在住していたとされるが、うち約五〇万人が軍人・軍属、約一五〇万人が民間人であり、その民間人の中には「開拓団」として組織的に動員された農業移民二七万人が含まれていた。[10] 日本軍の農業移民計画では一〇〇万戸・五〇〇万人を満洲に送り込むことが描かれていたが、寒村からの没落農民や都市部の失業労働者を動員するには限界があった。先住の中国人農民は日本に農地を収奪され、そこに入植した日本人移民が農業経営者となり、土地を奪われた元の農民が小作農として農作業を担うことが多かった。なお、そのほかに朝鮮からの満洲移住者が日本の朝鮮植民地支配（保護国としたのが一九〇五年、併合が一九一〇年）以降に圧政や収奪や動員のため急増し、終戦時点では日本人よりも多い二一六万人に達していたことも植民地主義の観点で重要である[11]。

同時代的に生じた植民地主義の傷口

満洲国建国は、一九世紀末から二〇世紀初頭の清朝中国の崩壊時に乗じた日本の帝国主義的な介入（日清・日露戦争）に端を発するという経緯があるが、それは、大英帝国が衰退するオスマン帝国が第一次世界大戦で敗北し崩壊するのに乗じてパレスチナなどを分割支配したことと、同時代性のみならず、領土の乗っ取りという同質性が認められる。さらに、二〇世紀前半を通じた日本人の満洲入植活動は、同時期のシオニズム運動の組織的なパレスチナ入植活動の展開と、やはり同時代性と同質性がある。この両者は類比して見るべき共有点が多いが、それはそれぞれの植民地主義と帝国主義が世界規模で相互浸透していった経過と結果において生じたことであり、たまたま同時代に類似したことが起きたということではない。そこにはむしろ植民地主義の極限形態が共通したかたちで出現したことを見るべきだろう。

シオニズムはその後、第二次世界大戦後の一九四八年にセトラー・コロニアル国家としてのユダヤ人国家イスラエル建国によって実現されたが、こうした植民地主義は、虐殺をともなう先住民からの収奪を正当化するという点で、人種主義と親和性が強い。先住民を殺し、その土地や資源を奪ってもいいと考えるのは、その相手を「同じ人間」とみなしていないからだ。これは、日本のアイヌ政策、ナチス・ドイツのユダヤ人政策とも相通じる。

4 レイシズムによる同化と差別のダブルバインド

非人間化のロジック

すでにシオニズムが植民地主義(ヨーロッパ中心主義)と人種主義(白人至上主義)から生まれ出たことを指摘したが、ナチズムや日本のレイシズムへの論及をしたところで、あらためてレイシズムについて考えてみよう。

イスラエルの政治家や言論人、入植者らがアラブ・パレスチナ人を「動物」と呼んで蔑むことは長く日常的にありふれたことであった。[12] 人種差別・民族差別的な表象において、抽象的に「動物」「獣」と呼ぶ以外に「猿」や「家畜」や「害虫」などの表現が使われることもある。もちろんこれは、非ヨーロッパ世界を植民地支配する時に、ヨーロッパ人が自らを「文明的人間」と置き、植民地人を「野蛮人」と対置したことをさらに過激に表現する手法であり、それはたんなる嫌悪や偏見ではない。支配・収奪行為をはっきりと正当化するために、相手を人間ではないとすることで、同じ人間には等しく認められるべき主権や人権や所有権を否定するロジックでもある。

確かにシオニズム運動の発生はヨーロッパ圏（イギリスからロシア西部に至る）における反ユダヤ主義による異教徒迫害を背景としていたが、しかしそのヨーロッパ圏のユダヤ教徒は実際には信仰（宗派）が異なるだけでキリスト教徒マジョリティと全く同じヨーロッパ人でもあった。古代ユダヤ王国からユダヤ教徒が「離散」したというのはシオニズムが捏造《ねつぞう》した神話であって、ヨーロッパのユダヤ教コミュニティの起源は宗教の伝播・伝道による改宗の結果であることは、すでにシュロモー・サンド『ユダヤ人の起源』などによって論証されている。[13] 古代ユダヤ王国の滅亡で失われたのはエルサレム神殿のみであって、エルサレム以外のパレスチナ地域のほとんどの住民は離散することなくそのまま暮らし続け、その後キリスト教の興隆やイスラームの興隆に合わせてキリスト教徒やムスリムへと改宗していき、現在のパレスチナ人となった。したがって、シオニズム運動を担ったヨーロッパのユダヤ人らは、そもそも「離散」などしていなかった以上、実際にはパレスチナに「帰還」しようとしているのではなく、ヨーロッパの帝国主義の時流に乗って入植・占領しようとしていた、ということになる。

またシオニズムは、ヨーロッパにおける一九世紀を通した国民国家の発展とともに、その住民の均質な「国民化」によるユダヤ人排斥に対する反動として発生したユダヤ・ナショナリズムであり、近代的な民族主義・政治運動でもあった。すなわち、キリスト教ヨーロッパ社会各地での国民国家の台頭によって、「国民」とは誰のことなのかという問いが生まれ、その過程でユダヤ教徒を「異教徒＝非国民」として排斥したことが要素として加わり、複合的にヨーロッパの外部でのユダヤ人国家建設の動因となっていったのだ。

こうして一九世紀末のポグロム（東欧・ロシアにおけるユダヤ人迫害）を背景にシオニズム運動は具体化し、二〇世紀前半のナチズムによるユダヤ人迫害をも利用してパレスチナへの移民運動につながっていった。それは、反ユダヤ主義的排斥を背景とした、その表裏のユダヤ・ナショナリズムであるのだが、ヨーロッパの一員として近代ナショナリズムを担いつつ、対中東においてはヨーロッパ列強の植民地主義の尖兵となっていったのである。

それゆえに、パレスチナに集団入植していったシオニストたちは、白人至上主義的レイシズムと国民国家思想と植民地主義とをヨーロッパ列強とともに共有し、その共有した利害や価値観ゆえに欧米諸国によるユダヤ人建国運動への積極的な関与・支援を得られた。その際、先住パレスチナ人は、他地域の植民地の先住民らと同様に、「劣等人種・野蛮人・動物」の扱いを受け、それゆえに主権や人権や所有権を否定されたのである。

ユダヤ・ナショナリズムの揺らぎ

このようにしてシオニズム運動において、ヨーロッパのユダヤ教徒の一部がユダヤ・ナショナリストとなり、パレスチナへ入植をしてユダヤ人国家の建国運動を進めていった。その後、第二次世界大戦直後からイスラエル建国直後にかけては、ヨーロッパでホロコーストを生き延びた避難ユダヤ人が大量に流入したが、彼らは建国を担った政治的シオニストとは断絶しており、シオニストから蔑まれさえしていた。

しかしイスラエル建国以降に、さらなる「ユダヤ人口増加」のために、中東地域のユダヤ教徒たちを「ユダヤ人種」と強引にみなしてイスラエルへ組織的に移民させたことは、ユダヤ人の定義をもう一段階複雑にさせた。中東地域のユダヤ教徒は、主としてアラブ諸国でアラビア語を話すアラブ人であり、ほかにイラン人やトルコ人やクルド人などのユダヤ教徒もまたイスラエルへ移民をした。イスラエルはこれを、「離散と帰還」の神話に基づいて、古代に離散したユダヤ人の「帰還」であると主張するが、中東世界をはじめとする各地のユダヤ教コミュニティは古代からの交易や文化伝播の中で広まったのであり、そもそもパレスチナから「離散」してきたルーツを持つわけではない。したがってこうしたユダヤ教徒は、アラブ人やイラン人やトルコ人やクルド人のユダヤ教徒なのであって、ユダヤ人種などでは決してない。

明らかにヨーロッパのシオニスト入植者とも、そしてホロコーストを生き延びた避難者とも異なる民族集団が「イスラエル国民」化するようになった。そこで矛盾と曖昧さを含むユダヤ人規定が生ずる。シオニストたちは自分たちを「ヨーロッパ人の一員」としてパレスチナで植民地主義と人種差別を行使しながら、中東のユダヤ教徒については「同じ人種」だと主張するのである。そうするとシオニストは、「ユダヤ人種」とはヨーロッパ人ともアラブ人などとも異なる「独自のユダヤ人種」だなどと主張するのだろうか。

この混乱はさらに拡大していく。一九八〇年代に入り、イスラエルはエチオピアの正教徒の一部がユダヤ教文化に近い習慣を残していて、古代ユダヤ人の末裔《まつえい》であると認めるとして、エチオピア人の

「帰還」政策を進めた一方で、崩壊するソビエト連邦からの経済避難民のようなロシア人やウクライナ人でユダヤ教徒の家系を持つ者の移民も認めたのであった。その結果、エチオピアからは十数万人が、旧ソ連からは一〇〇万人以上がイスラエルに「帰還」するのだが、これではロシア人とエチオピア人が「同じユダヤ人種」だということになってしまう。ところが、やはり白人至上主義を隠し持つシオニストたちは、約半分ははっきりとキリスト教徒であるロシア人の移民を容認しつつ、「肌の黒いユダヤ人」のエチオピア移民についてはことさらにユダヤ人としての正統性に疑問をぶつけ、最初のエチオピア移民から約四〇年過ぎた現在も、エチオピア移民について移民許可数や社会的差別についての議論が絶えることはない。[14]

矛盾を覆い隠す天皇中心の「五族」思想

こうした矛盾と曖昧さを含む人種主義は、日本の植民地主義の中にも認められる。そもそもアイヌや琉球人に対して「日本人としての同化」が強制されたのは、異なる民族文化を持つ集団であると認識しているからこそだ。「異なる」と認めつつ、「同じになれ」と強制する一方で、しかしその同化を許さないかのように社会的に差別を続ける。こうして被差別者のアイデンティティはダブルバインドの中で引き裂かれる。

台湾と朝鮮の植民地化についても同じことが言える。領土は「日本に併合した」と称して「同じ日本人だ」「同じ天皇の赤子だ」と言い、独自の民族的アイデンティティを否定しながら、実際にはいつまでも「台湾人（中国人）」「朝鮮人」として差別し、制度上も「内地籍」と「外地籍」とに使い分け、そして第二次大戦終戦後には、一方的に日本国籍を剝奪して「外国人」扱いしたのである。植民地住民に対しても同化と差別化のダブルバインドは作用し続けた。

セトラー・コロニアル国家の「満洲国」については、さらに事情は複雑だ。[15]「五族協和」をスローガンに、「五族」つまり日本人、満洲人、漢人、モンゴル人、朝鮮人は「みな平等」と謳いながら、「満洲国籍」をつくることなく、日本からの入植者は日本国籍の日本人のまま満洲国の支配階層についたのである。さすがにこの「五族」については、「血が同じ単一民族」とは言えず（だから「五族」である）、人種主義的な同化言説を唱えることができなかった。だが、事実上の多民族主義を取ったわけでもない。[16]

満洲支配に深く関わった日本陸軍の関東軍参謀の石原莞爾《いしわらかんじ》は、のちに日本と中国と満洲国との一体化を掲げる東亜連盟協会（一九三九年結成）の活動の中で、「日本の天皇が中心となって東亜諸民族は統合して一民族となっていく」と唱えた。[17]「同じ血」「同じ人種」とは言わずに、「天皇を中心に一民族になる」と言うのだ。

この恣意性と荒唐無稽さは、シオニズムとひじょうに共通して響き合う発想である。ナチズムは、実際には存在しない「人種的差異」を人種論として掲げて、ヨーロッパ人の中に「ゲルマン人」「アーリア人」を捏造し、ユダヤ教徒を人種化して排斥した。そしてシオニズムは、そのヨーロッパ系ユダヤ人の優越性を保持しながら、周縁化されたアラブ人のユダヤ教徒やエチオピアのユダヤ教徒を二級市民的に利用しつつ、しかしユダヤ人種化とイスラエル国民化の対象として取り込んでもいった。つまりは、天皇主義もシオニズムも、ともに共通して、民族的な多様性や矛盾を曖昧に包み込み隠蔽するイデオロギーとして機能しているのだと言える。

5 民族浄化と「一九四八年体制」

「最大限の土地に最小限のアラブ人を」

イギリス委任統治下でシオニズム運動は、いよいよ「ユダヤ人国家」建設に向けて具体的に動き出すことになったが、しかし入植地建設だけでは、ごく限られた土地をパレスチナの中であちこちに点々と所有するにとどまった。実際に第二次世界大戦終結後に国際連合がパレスチナの分割決議を行なった時点で各地に点在する入植地の総面積は、パレスチナ全土の六%にしか達していなかった。この「点」を「面」に、つまり「領土」にしていくためには、より大規模な入植と並行して先住パレスチナ人の虐殺と追放とが必要となった。というのもシオニズムは、フランスのアルジェリア支配やイギリスのインド支配のような植民地経営とは異なり、「ユダヤ人だけの国家」（セトラー・コロニアル国家）建設を目指したからである。すなわち、植民地として領有して資源を収奪するにはとどまらず、パレスチナ先住民をすっかり抹消して、全てユダヤ人に入れ替えることを狙っていた。それは先住民の

「絶滅」に近いことをした南北アメリカやオーストラリアで展開された植民地主義および国家建設に類似している。シオニストの指導者たちはその活動の初期から、「最大限の土地に最小限のアラブ人を」、つまり、パレスチナの土地をできる限り奪い、国内のアラブ人人口をできる限り減らそうというスローガンを繰り返した。

イスラエルの歴史家イラン・パペが著書『パレスチナの民族浄化』（法政大学出版局、二〇一七年）で綿密に解明したところでは、シオニストたちはすでに一九二〇年代からこの入植と追放の計画を練っていたが、一九三〇年代にはより具体的に「パレスチナの八〇％の土地を獲得し、その人口の八〇％をユダヤ人にする」という目標を掲げていた。[18] 一九三〇年代にはナチズムの台頭を背景にいっそうのユダヤ人入植が進められ、それに抵抗するパレスチナ人とのあいだで軋轢が高まる中（一九三六〜三九年「パレスチナ・アラブ反乱」または「パレスチナ独立戦争」）、最初のパレスチナ分割案が一九三七年にイギリス政府の派遣したピール調査委員会によって示された。この提案は実現に至らなかったが、「面」としてユダヤ人の領土が公的な議論に上ることとなった大きな契機になった。土地を奪われる側のアラブ・パレスチナ人はこの案を拒否したが、まとまった面積の分割を受け取るシオニスト側がこの案を支持したことは、分割がシオニスト側のみの利益になっていることを示している。なお三〇年代というのが、先述の日本の満洲支配および日中戦争の時代だということも付記しておく。

一九四七年の国連パレスチナ分割案

次の大きな局面は、第二次世界大戦直後である。ナチスのホロコーストなど各地の反ユダヤ主義と戦禍の結果、戦争難民となっていたヨーロッパのユダヤ人二〇数万人の処遇として、そのうち一〇万人もの移民をパレスチナに受け入れることが英米合同の調査委員会に承認されたが、パレスチナ人とのあいだでさらに緊張が高まり、イギリスは委任統治の破綻を認め申請の国際連合の場に解決を委ねることとなった。そもそもここで、終戦やユダヤ人の収容所からの解放の後でもなお、ユダヤ人難民をヨーロッパ各地の元の出身地に戻すという選択肢を持たないほどに、ヨーロッパの反ユダヤ主義が根強かったことを思い起こしておかなくてはならない。[19] ヨーロッパ内部で自らの人種差別を克服することなく、なお植民地主義的に中東のパレスチナへユダヤ人難民を押し付けたのである。その結果が一九四七年の国連パレスチナ分割決議であったが、パレスチナをユダヤ人国家とアラブ人国家におよそ半々で分割するとともに、エルサレムおよびベツレヘムを含む地域を国際管理地とするという内容であった。とは言え、これは当時のユダヤ人入植者数で人口の三分の一程度しかいないユダヤ人の側に五六%の土地を、先住民であり全土にわたって居住する三分の二の人口のパレスチナ人に四三％の土地を、それぞれ割り当てるという計画で、圧倒的にユダヤ人入植者の側に配慮したものであり、「土地を二分する」という表面的形式とは裏腹に、徹底的に植民地主義的な都合であった。

当然この案は、パレスチナ人側に拒絶されたが、しかし一般的に言われるようにユダヤ人側は歓迎し受け入れた、ということも決してなかった。というのも、シオニストは先にも触れたように、パレスチナの八〇％の土地の奪取を長期的に狙っていたうえに、さまざまな背景を持つユダヤ人たちを統合する精神的な支柱としてのエルサレムも欲していた（そもそも「シオン」とはエルサレムを意味した）が、エルサレムはアラブ人国家の領域に包囲されアクセスを絶たれていた。また、割り当てられた五六％の土地に暮らしてきた先住パレスチナ人について、国連決議はその追放を認めてはおらず、決議が示したのはヨーロッパからのユダヤ人移民が入植して良いエリアを示したに過ぎない。すなわち、国連は二分割を示したのではなく、ユダヤ人が入植することで「ユダヤ人移民とアラブ人先住民が共存することになる国家」と、ユダヤ人が入植してはならず「元のアラブ・パレスチナ人が独立する国家」とを区分けしたのであった。

このように、面積的にも線引き的にも、またその住民構成の内実にも不満だったシオニスト側は、この五六％の土地を「一定の獲得」としつつ、目標の八〇％の土地とそこからのアラブ人の徹底排除を目指して、組織的な軍事行動にすかさず移った。周辺アラブ諸国も参戦したが、それに対して欧米から武器弾薬を手に入れられたシオニスト軍が優位に進軍し、目標通り七八％の土地を制圧して一九四九年に休戦。そしてその休戦ラインまで進撃を受けた地域（つまり現イスラエル国家）に住んでいたパレスチナ人約八〇万人を、その一部を虐殺しながら脅迫し、地域外へと追放することに成功した（パレスチナ難民の発生）。すなわち、その七八％の土地でのユダヤ人口は八五％を占めるようになり、シオニズム指導部の目標を有言実行したのであった。それが時間をかけて綿密かつ周到に計画され実行された民族浄化（エスニック・クレンジング）作戦であったことは、先のイラン・パペ『パレスチナの民族浄化』が厳密に論証している。

世界地図が塗り替えられた一九四八年

ところで、この一九四八年前後の出来事は、世界史的な出来事として各地の「一九四八年」と連関がある。第二次世界大戦後の脱植民地や脱ファシズムの過程で、独立や体制転換にともなう領土の分断・割譲、そしてそれにともなう民族分断・民族紛争や難民化が、世界各地で生じたのが一九四八年前後であった。例えば一九四七年に大英帝国からインドとパキスタンが分離独立、カシミール地方の帰属をめぐって、翌四八年末まで第一次印パ戦争があった。南アフリカ共和国では、近隣国で戦後に民族独立運動が興隆することに対する反動から、四八年に白人至上主義の国民党が第一党に躍進し、アパルトヘイトが本格的に法制化していくことになった（第Ⅲ部参照）。ナチス解体後のドイツでは、一九四五年から連合諸国による分割占領が始まり、東西冷戦が深まる中で四八年にベルリン封鎖、四九年にソ連占領地域でドイツ民主共和国（東ドイツ）が、英米仏占領地域でドイツ連邦共和国（西ドイツ）がそれぞれ独立し分断体制となった。東アジアでは、日本の敗戦で植民地支配から解放されたはずの朝鮮半島が四五年からソ連と米国とによって南北に分断占領されていたが、やはり冷戦の深化を背景に四八年に南側の大韓民国と北側の朝鮮民主主義人民共和国とがそれぞれに独立し、朝鮮もまた分断体制となった。中華民国では日本占領軍が敗北した後の一九四六年から、国民党と共産党との内戦が再開され（第二次国共内戦）、最終的に四九年に共産党が勝利。中華人民共和国が成立し、国民党政府は台湾に退去し、事実上台湾が中華民国ということになり、やはり二つの中国という分断体制となった。

このように主要な世界史的出来事をいくつか見るだけでも、「一九四八年体制」とも言えるような戦後世界が展開されていったと言うことができる。しかし、この一覧を見た時に奇妙なズレに気がつく。それは、同じ同盟国で敗戦国であるドイツが分断されたのに対して、日本が分断されることなく、代わりに日本が植民地支配していた朝鮮が全体として独立することなく分断されたということである。実際、ナチズム体制を解体すべくドイツが分割占領されたのと同様に、敗戦国の日本はファシズム体制を解体すべく分割占領されるべきだという計画はあった。例えば四五年七月のポツダム会談時点では、北海道・東北地方はソ連、関東・中部・関西はアメリカ合衆国、中国・九州地方はイギリス、四国地方は中華民国、といった分割占領案などが提案されていた。ところが八月の原爆投下後にアメリカが単独占領を主張し、ソ連はなおも対日参戦を根拠に北海道だけでも割譲せよと日本占領への関与を求めたが、アメリカがそれも拒絶したことで、日本の分断は結果的に回避された。それに対して、ロシア帝国時代から朝鮮へ触手を伸ばしていたソ連は、北海道の代わりにとばかりに、朝鮮半島の北半分の占領を要求し、米国も日本の単独占領にこだわった代わりに、朝鮮半島については妥協して、分割占領が成立した。その後、国家独立に向けての動きの中で朝鮮内部での左派と右派の対立など、分断国家を阻止できなかった内的要因があったとは言え、しかし政治イデオロギーと経済体制において対立しているアメリカとソ連とが分割占領したこと自体が、一九四八年の分断国家へという決定的な流れを生み出したことは間違いない。[20]

脱植民地化を阻む帝国の残滓《ざんし》

この分割占領は、元を辿ればば日本による植民地支配が原因であり、そしてその朝鮮支配は日清戦争の前後から続く日本とロシアとのあいだの帝国主義的な争奪戦（グレート・ゲーム）の結果であった。連合国の一員であり戦勝国であるソ連が、敗戦国日本に対する占領権益を拒絶された以上、解放された朝鮮半島にその代替を求めることは、正当とまでは言えないにせよ必然的なことであり、他方でアメリカ合衆国は、ソ連を退けて日本を単独占領した以上、朝鮮半島についてはソ連に対して一定の譲歩を示す必然性があった。すなわち構図としては、朝鮮半島をめぐる一九世紀末からの日本とロシアとのグレート・ゲームは、日本全土を自陣営に取り込んだアメリカ合衆国と、朝鮮の北半分を拠点に東アジアに権益を求めたソ連とのあいだのグレート・ゲームとして、第二次世界大戦後に続行されたと言える。

そうだとすれば、この朝鮮半島の分断体制の成立とパレスチナ分割・イスラエル建国とは、一九四八年前後の出来事として同時並行的であるだけでなく、歴史的連関がある。先に確認したように、アフガニスタンを挟んだ大英帝国とロシア帝国とのグレート・ゲームはその西方でパレスチナをめぐっても展開し、その東方では朝鮮をめぐっても展開していった。そしてパレスチナ周辺での帝国主義的な分割支配に日本が領域的棲み分けとしての日英同盟によって関わっていたこと、つまり日本はイギリスによるパレスチナ支配を承認しながら、朝鮮の植民地化と南洋群島の支配を承認されていたことも、前述の通りである。

これらのことは、グレート・ゲームという帝国主義による植民地支配（委任統治や占領地なども含む）からの脱却という課題、つまり脱植民地化という課題の解決に失敗している、あるいは脱植民地化をあえて阻止しているという点で、共通している。そして、日本の朝鮮支配の解体の過程で南北分断が起こり、イギリスのパレスチナ支配の過程で入植と分割が起きた。いずれに対しても帝国日本の間接的責任は否定し得ない。それゆえ日本は、この同時性と相互連関性を持つパレスチナと朝鮮における分断体制に対して、帝国主義的な責任を有しているのであり、またその過程で生じたパレスチナの民族浄化や済州島《チェジュド》四・三事件や朝鮮戦争での虐殺に対しても罪を負っているのである。日英同盟を結んだ軍事展開ができなければ、日本は朝鮮支配をなし得なかったかもしれず、またイギリスも中東や南アフリカ以外に東アジアで大きな戦線を同時に構えた場合、中東に割く軍事力を縮減せざるを得なかっただろう。

6 オスロ体制の欺瞞《ぎまん》とハマースの台頭

「歴史的和平合意」は誰のものか

次に、イスラエル建国によって分断されて残ったヨルダン川西岸地区とガザ地区とが、一九六七年の第三次中東戦争によってイスラエル軍の占領下に入って以降の変化について見ていく。

シオニストのスローガン「最大限の土地に最小限のアラブ人を」の「最大限」は、理論上一〇〇％の土地を領土化することであり、「最小限」は理論上パレスチナ人を〇人にすることである。それまでは目標完遂とは言えない。イスラエル国内になお残るマイノリティのパレスチナ人に対しては、一九四八年のイスラエル建国以降、居住権や職業や社会サービスなどでアパルトヘイト的な差別政策が敷かれてきた一方で、一九六七年の第三次中東戦争によって、パレスチナ人に残されていた二二％の土地であるヨルダン川西岸地区とガザ地区がイスラエル軍によって占領下に収められると、占領地を領土化すべくユダヤ人の入植地建設が始まった。とりわけ旧市街のある東エルサレム、聖誕教会のあるベツレヘム、アブラハム廟のあるヘブロンを含む西岸地区は宗教的要地としても、帯水層やヨルダン低地などを含む農業地域としても、イスラエルは領土化を狙っており、通常の戦時における軍事占領では禁止されている入植地建設と、元の住民の追放とを進めていった。これにより「最大限の土地に最小限のアラブ人を」というスローガンをより完璧に近づける過程に入ったのであり、つまり占領地をセトラー・コロニアリズムの対象地域に拡張したのである。

一九八七年に第一次インティファーダと呼ばれる民衆蜂起で、占領下のパレスチナ人から抵抗運動が起こると、イスラエルは占領の仕方を巧妙に変えていく。第一次インティファーダの終結合意としてなされた一九九三年のオスロ合意は、ノルウェーのオスロで交渉が進められアメリカのワシントンで調印された。「和平合意」のもとに構築されたこのオスロ体制の概要は、従来「パレスチナ全土の解放」つまりイスラエル領の奪還も目標に掲げていたことのあるパレスチナ解放機構（ＰＬＯ）を「自治政府」として準国家的に承認するのと引き換えに、ＰＬＯはイスラエル国家を承認するという、相互承認の体制だ。

だがこのオスロ体制は、「和平」の名目でもってＰＬＯにイスラエルを敵視すること、つまりイスラエルに対する抵抗運動をやめさせるという正当化にもつながった。イスラエル国家は安泰になったが、しかしパレスチナ側は占領下での主要都市部の行政権を認められただけで、現実の「国家」となるための入植地返還、東エルサレム返還、国境管理権の移譲、水利権の移譲などは一切含まれておらず、事実上は軍事占領が続いたのみならず、イスラエルのさらなる入植活動さえも許容するものであった。これによって、イスラエルはＰＬＯからの抵抗を受けることなく、公然と入植活動を加速させていく。占領地を領土化するセトラー・コロニアリズムは、オスロ「和平」体制下でいっそう進行していったのだ。[21]

パレスチナ占領の共犯者としての日本

しかもこのオスロ体制を支える構造に、米国・EU・日本をはじめとする国際社会が組み込まれていく。というのも、占領は深刻化していっているにもかかわらず、イスラエルはパレスチナに「自治」を与えたのだから「もはや占領者ではない」として、占領地への責任を一切免れつつ、国際的な枠組みであるオスロ体制を逆手に取り、「国際援助」という名目で国際社会に負担を押し付けたからである。欧米日が、自立できない占領下のパレスチナ自治政府財政に援助金を出しているのだが、「和平」という建前のもと、イスラエルの軍事占領と入植活動を実質的に支える役回りをさせられていることになる。イスラエルは、国際社会が尻拭い（食糧援助や建物の再建）をしてくれるものだから、安心して占領地を封鎖し破壊することができるというわけだ。

とりわけ日本は、このオスロ体制を支えるべく、西岸地区のヨルダン低地で「平和と繁栄の回廊」構想という産業開発プロジェクトをパレスチナ自治政府とイスラエル政府とともに行なう、という重大な問題をはらむ関与を、二〇〇六年から行なってきた。つまり、軍事占領地において、占領者に占領をやめさせるのではなく、占領者とともに開発事業を行なおうということであり、これは占領の正当化・固定化につながることである。[22] しかも、事業を受託したコンサルタント会社である日本工営株式会社は、植民地期の朝鮮で日本窒素の子会社として電源事業を展開していた朝鮮水電株式会社に基盤を持つ企業である。日本窒素が水利権を得た鴨緑江《アムノッカン》で発電用ダム開発をし日本窒素の朝鮮工場に電力供給をしていた朝鮮水電が、戦後に日本に引き揚げて一九四六年に設立した会社が日本工営である。こうしたコンサルタント会社は、戦後も政府開発援助（ＯＤＡ）に紐づいたかたちで、いわゆる発展途上国での開発に携わり、巨額なプロジェクトを受注しながら環境破壊や生活破壊をするような巨大開発を地元の人々に押し付けるという、新植民地主義（植民地が独立した後も旧宗主国が自由経済の建前のもと、なおも支配的で搾取的な関係を強いる状態）的な恩恵に浴してきた。[23] その代表的な会社がとうとうパレスチナにまで手を伸ばしたという構図だ。そしてパレスチナにおいても、本当の自立につながるような開発援助ではなく、占領が維持されるような構造になっているのだ。

シオニズムを生み出し支えてきた欧米はもちろんだが、日本社会もまた「オスロ体制」という名の占領・入植の継続を中心的に支えているという点で、セトラー・コロニアリズムの深い共犯者でもある。

民衆の支持はＰＬＯからハマースへ

このオスロ体制に公然と反対してきたのが、ＰＬＯには参加していないパレスチナの抵抗組織ハマースであった。そしてこの欺瞞的なオスロ体制にハマースが反対してきたからこそ、パレスチナの民衆はＰＬＯを見限りハマースを支持するようになっていった。政権交代につながった争点は、ハマースがイスラーム組織であるとかイスラエル殲滅《せんめつ》を狙っていると言われていることではない。そうではなく、ハマースが占領に対して、入植に対して、植民地主義に対して抵抗している、という点だ。だからこそ民衆の支持があり、またたからこそイスラエルと欧米日とが揃ってハマースを敵視してきたのだ。

ハマースは、パレスチナ占領に対する民衆蜂起「(第一次)インティファーダ」の始まった一九八七年にイスラームに基づく社会福祉団体のムスリム同胞団を基盤として発足した政党である。世俗的ナショナリズムを掲げるＰＬＯのライバル的な存在であったが、一九九三年のオスロ合意以降はオスロ体制に反対する勢力となっていった。そのオスロ体制に対する民衆的な幻滅が二〇〇〇年から第二次インティファーダへと発展し、その過程でハマースはＰＬＯを凌ぐ支持を集めていった。そして二〇〇六年のパレスチナ評議会選挙（これが最も最近の選挙である）で、ヨルダン川西岸地区とガザ地区との両方で勝利し、単独与党の政権政党となった。日本や欧米の新聞やニュースの言う「ガザ地区を実効支配するイスラーム組織」ではない。にもかかわらず、イスラエルと欧米日が選挙で誕生したハマース政権を拒絶し、さらにはイスラエルとアメリカ合衆国とがハマース政権を転覆させるべくＰＬＯの主流派政党のファタハに武器と弾薬を与え兵士の訓練も施し、ハマースとの内戦を引き起こさせた。イスラエルはファタハにはふんだんに軍事支援をしながら、西岸地区のハマースの議員と活動家に対しては一斉逮捕し収監するか、「流刑地」として利用してきたガザ地区に送還するかした。それによりファタハ率いるＰＬＯは西岸地区で武力クーデタに成功し、旧来のパレスチナ自治政府を西岸地区では維持することができた。

それに対してガザ地区については、先述の通りイスラエルが狭隘な飛び地をハマースの「流刑地」として使ったために、ハマースが選挙結果通り統治することとなった。ファタハとハマースの対立に由来するガザ地区内戦の決した二〇〇七年に、西岸地区ではＰＬＯ自治政府、ガザ地区ではハマース自治政府という分断体制が成立した。ハマースは、ガザ内戦に限ればファタハを追放したが、内戦そのものに「勝利」したのではない。ハマースはイスラエルとアメリカによって意図的にガザ地区に隔離され封じ込められたのだ。国際社会は、選挙結果を覆したＰＬＯ「クーデタ」自治政府（西岸地区）

のみを、オスロ体制の枠組みの内部で承認し、唯一選挙による正統性を持つハマース自治政府（ガザ地区）を拒絶した。

そして、これ以降、イスラエルはガザ地区を完全封鎖したうえで容赦なくガザ地区攻撃を行なうことができるようになった。二〇〇八〜〇九年、一二年、一四年、一八年、二一年と、ガザ地区はイスラエル軍による激しい空爆と侵攻に繰り返し晒されてきたが、それはイスラエルとアメリカが「ガザ地区＝ハマース＝反オスロ」という構図をあえてつくり出したからである。この見せしめを受け、西岸地区のＰＬＯはますますイスラエルに対して従順になり、無力になっていく。[24]

イスラエルの喉元に刺さり続けるガザという棘

そもそもガザ地区は、一九四八年のイスラエル建国によって周囲の土地を収奪されて狭隘な土地に切り縮められた特殊な場所であり、そこに土地を収奪されたパレスチナ難民が殺到した場所でもある。過密な人口の七〇％以上がイスラエル側に故郷を持つ難民であり、つねにその帰還権を訴え続けているために、イスラエルからすると建国の正統性に亀裂を入れ続ける厄介な存在である。一九四八年以降、パレスチナの抵抗運動はガザ地区が最大の拠点であり続けた。そのため小さなガザ地区は、いわば「喉元に刺さった棘」であり、イスラエルはつねづねこの棘を引き抜くこと、つまりガザ地区を、難民問題の存在を抹消することを画策してきたのだ。

繰り返されるガザ攻撃と並行して、イスラエル政府は二〇〇七年に、ガザ地区を隣接するエジプト領へと移管することで「占領地」ではなくすことを検討したが、厄介ごとを抱えたくないエジプト政府から拒絶された。一二年にはガザ地区住民全員をエジプトのシナイ半島へ移住させる「グレーター・ガザ計画」と呼ばれる案を、アメリカ合衆国を通じて打診したが(アメリカがシナイ半島に貿易自由区を設置することを支援するという条件付きで)、再度エジプトに拒絶されている。一四年には西岸地区のPLO自治政府も巻き込んで、再度シナイ半島移住案を画策したが、これも不調に終わった。つまり、内戦によるパレスチナの分断状況をつくり出して以降、ガザ地区そのものの抹消を計画してきたのである。[25] 究極的な民族浄化政策だと言うべきだろう。

二〇二三年の〈一〇・七〉ガザ蜂起以降のガザ地区に対する壊滅的な攻撃はこの延長線上にある。欺瞞的オスロ体制への加担、ハマース政権へのボイコットなど、背景や原因を考えても、またガザ攻撃以降のイスラエル支持を見ても、日本はガザに行使されてきた暴力に無罪ではない。

7　徐京植《ソキョンシク》を読む（一）

コリアン・ディアスポラとして、民族マイノリティとして

ここから視点を変え、在日朝鮮人[26]で批評家・作家の徐京植（一九五一〜二〇二三年）が、どのようにユダヤ人とパレスチナ人の作品を受容しながら民族問題を思考していったのかを見ていくことで、現代東アジア史とパレスチナ／イスラエル問題とを架橋することを試みたい。徐京植は、コリアン・ディアスポラとして、日本における民族的マイノリティとして、そして冷戦期の「政治犯」の家族として、日本と韓国の政治問題や社会問題に対して鋭い批評を発信し続けた。その一方で、人間の抑圧とそこからの解放の可能性を描こうと試みたヨーロッパと韓国・日本と第三世界の文学作品や美術作品をその時代状況の中で論じながら、在日朝鮮人の置かれた特異な苦境が近現代世界史の中で普遍的な問題へとつながっていることを積極的に論じていった。

徐京植の批評やエッセイにおいては、ユダヤ人とパレスチナ人の作家・思想家・アーティストが重

要な位置を占めている。それは、ユダヤ人がヨーロッパ・キリスト教世界の民族的・宗教的マイノリティであり、迫害を受けた難民的存在だからであり、またパレスチナ人も欧米による分割やユダヤ人の入植・占領によって難民となったり、イスラエルのもとでの民族的マイノリティとなったりしたからである。そうしたユダヤ人やパレスチナ人の生き方や作品が、日本における民族的マイノリティとしての在日朝鮮人である徐に大きな共感や示唆をもたらしたことは、必然的なことだった。在日朝鮮人は、日本による朝鮮の植民地支配を歴史的背景に持ちながら、そのことに対する責任を否認する日本政府や日本社会によって戦後直後から現在に至るまでさまざまな差別を受け続けている。そのマイノリティ性や差別の構造が、たんに日韓関係に規定されているのみならず、世界大の近代史における植民地主義やレイシズムと密接に関わっているという視点を、すなわち「普遍性」を持つ課題であるということを、徐は一貫して論じてきたのである。

　徐京植は、作家・批評家として出発する前に、韓国で民主化運動に参加して一九七一年に軍事政権に逮捕された二人の兄・徐勝《ソスン》と徐俊植《ソジュンシク》の救援活動に奔走しており、そのあいだに書かれた諸論考は『長くきびしい道のり』（影書房、一九八八年）としてまとめられている。その救援活動が行き詰まり気持ちも沈んでいる中、一九八三年に初めてヨーロッパ旅行で美術館めぐりをしたことで書き始められまとめられたのが『私の西洋美術巡礼』（みすず書房、一九九一年）である。八三年以降、九〇年に同書の元となる連載を始めるまでに毎年ヨーロッパ各地の美術館を訪問した中で深められた思索の結晶であり、徐京植のライフワークとなる人文紀行の一冊目にして代表作と言える。徐がユダヤ人やパレスチナ人の文学や絵画を論じるようになるのは、それよりも後の九〇年代に入ってからになる。したがって徐京植の批評は、ヨーロッパ文化からまず入っていき、後から、その中でヨーロッパ内部のマイノリティであり他者であるユダヤ人を見いだし、さらにヨーロッパから排斥されたユダヤ人のパレスチナへの入植が生み出したパレスチナ難民を見いだした、という印象を抱かせるかもしれない。まさにわたし自身が、ヨーロッパ哲学の研究から入り、ユダヤ思想へ、パレスチナ問題へと研究領域を展開していったように。しかし徐の場合はそうではなかった。

在日朝鮮人から見たヨーロッパの「普遍」と「他者」

まず『徐京植　回想と対話』（高文研、二〇二二年）などでも振り返っているように[27]、徐は、高校生の時に日本語訳の出た『フランツ・ファノン集』（一九六八年）をすぐに読むなど、青年期から植民地・第三世界とヨーロッパとを跨ぐポストコロニアルな民族論や差別論に触れてきている。ファノンは、フランス植民地のカリブ海マルティニーク出身で、第二次世界大戦中は宗主国フランスに従軍し、また戦後はフランス留学で精神医学を学び、さらにアルジェリア独立戦争を支持し実際に独立戦争に参加した。植民地出身者が宗主国・ヨーロッパの内部に入りその理論を駆使しながらヨーロッパの植民地主義やレイシズムを批判するというファノンの理論と行動が、徐も含む若い世代の在日朝鮮人らに強く響いたことは想像に難くない。

その時からすでに、「普遍」を求めていた徐京植のヨーロッパに対する独特の眼差しには、ヨーロッパの「他者」が含まれていた、と言うことができる。つまり、「普遍」というのはヨーロッパが実際に普遍的だったということでは決してなく、ヨーロッパ内部には国民主義や植民地主義や帝国主義といった暴力を背景とした移民や難民や異教徒などの民族的マイノリティが含まれており、むしろそうした「他者」との関係性(暴力や権力をともなう関係性)を反省的に捉え返していった先にこそかろうじて「普遍」が見いだし得る、そうした意味での「普遍」であるということだ。

徐はのちに一九九〇年代になって、ファノンに続くポストコロニアリズムの代表的な理論家である在米パレスチナ人のエドワード・サイードから概念を借り、「新しい普遍性」としてこのことを提示し[28]、在日朝鮮人の民族性を論じることが帝国と植民地との関係史の批判的乗り越えとなるという普遍的課題、つまりポストコロニアリズムの思想的可能性につながっていることを示した。サイードは、イギリス委任統治領パレスチナのエルサレムに生まれ、一九四八年のイスラエル建国によってその故郷を奪われ、そして終生アメリカ合衆国に暮らし英語で書き続ける中で、イスラエルの植民地主義のみならずアメリカ合衆国の帝国主義についても徹底的に批判し続けた批評家であった。

わたしが以下の論証で強調していきたいことを予示しておけば、徐京植が初めて実際にヨーロッパへ旅行に出かけていったことと、その後の一九九〇年代に徐が重要なユダヤ人作家およびパレスチナ人作家として繰り返し論じることとなるプリーモ・レーヴィおよびガッサーン・カナファーニーとに出会ったことは、一九八〇年頃のほぼ同時期であり、またそれらは必然的なことであった、ということである。

8　徐京植を読む（二）

ヒューマニズムの証言者、プリーモ・レーヴィ

先にも触れたように、徐京植のヨーロッパの美術巡礼の旅は一九八三年に始まる。それは、一九七

一年から続く政治犯の兄二人の救援運動が一〇年以上の期間となってもなお先行きの見通しもなく、疲弊や絶望などの積み重なった時期であった。東アジアの片隅での兄二人の投獄および日本にいる徐自身の苦境と、ヨーロッパ文化史との関係を、徐は「出口のない地下室の天井にある窓」に喩えた。狭い地下室から出ることはできないが、しかしその外に世界が広がっていることだけは、天窓から垣間見ることができる。ただそれだけのことで、窒息しないで息を吸い生き続けることができた、と言う。そのヨーロッパでの経験と思索とは『私の西洋美術巡礼』(一九九一年)に結実することとなる。

時期はそれとわずかに前後するが、徐京植がホロコースト生還者であるイタリアのユダヤ人作家、プリーモ・レーヴィに接したのは、レーヴィの著作で初めて日本語に翻訳された『アウシュヴィッツは終わらない』(『これが人間か』の旧訳)[29]が一九八〇年に刊行された時であった。戦争、差別、死刑、虐殺といった深刻な主題が実存的に身に迫った課題であり続けた中で、おそらく徐はそれまでも多くのホロコーストに関わる作品を読んできたはずであるが、とりわけこのレーヴィの作品が徐を強く惹きつけたのは、レーヴィが強制収容所でダンテの『神曲』を囚人仲間に暗唱して聞かせた点だと徐は語っている。すなわち、古代ギリシャ・ローマ神話を下敷きにした中世イタリア・ルネサンス期の作品を現代のイタリア・ユダヤ人のレーヴィが読むということは、まさにヨーロッパ古典教養の啓蒙的進歩そのものを象徴する一方で、しかしレーヴィがそれを読んでいる場所はそうした人文主義を徹底的に否定し破壊したナチスによるユダヤ人強制収容所であるわけだ。レーヴィはその破壊の場所で人文主義／人間性（ヒューマニズム）を守り抜こうとしたと言えるし、奇跡的に生還したレーヴィは諸著作を通して人間破壊についての証人・証言者になろうとしていたのであった。徐はそこに自らの経験や、あるいは東アジアの暴力の歴史からの生還者たちの証言を重ねたであろうし、そのレーヴィの作品を通して、絶望の中にあるわずかな希望と、そして自らの経験の内にレーヴィにも通じる普遍性を見いだしたことであろう。

レーヴィの死から「天窓」を求めて

しかしそのプリーモ・レーヴィは、徐がレーヴィの諸著作を読み続けているその最中の一九八七年に自殺してしまう。証言者として、人間として、その責務を果たそうと長年にわたって努めてきた末に、それがやはり不可能だと観念した「究極的な絶望」ともみなせる衝撃的な出来事であった。かすかな希望も、新しい普遍性も、ともに消え去ってしまったのであろうか。人間理性を破壊し尽くす狂気の暴力を言語化して証言することはそもそも可能なのか、それを伝えようとしたところで周囲の人々は聞く耳を持つだろうか、聞いたところで人々は真に受けてくれるだろうか。この幾重にも重なる不安と疑念の中で、レーヴィは自己嫌悪と孤独を深めていったのだろうと推察できる。加えて、ユダヤ人の生還者としてレーヴィは、ますます軍事大国化していくユダヤ人国家イスラエルの蛮行にも批判を表明してきたが、それに対してユダヤ人同胞から「裏切り者」という非難を受け、それがいっそう絶望と孤立を深めていったとも言われている。

しかし徐京植は、このプリーモ・レーヴィの自殺を受けて絶望にたんに同調するのではなく、なおもレーヴィの絶望の正体をも摑むべく、一九九六年にレーヴィの足跡を辿る旅に出ることにした。その時の深い考察が、『プリーモ・レーヴィへの旅』（一九九九年）[30]に結実することになる。一九九〇年代半ばというのは、戦後五〇年を迎えて日本社会でも戦争責任を否定する歴史修正主義が横行し、戦争をめぐる証言の不可能性や人文主義の限界がまさに切実な課題となっていた。だからこそ徐はそこで諦めてしまわずに、またも「天窓」を求めて旅に出たと言えるだろう。

なお、徐はさらにレーヴィ（西欧）に加えて、ジャン・アメリー（中欧）とパウル・ツェラーン（東欧）という同じくホロコースト生還者で相互に接点もあった別の二人のユダヤ人作家の、重なりつつもずれる経験や作品を比較して考察を深めている。ここではそれを具体的に論じることまではしないが、しかしこの三人に確実に共通するあまりに重い結末は「自殺」であったということだけは触れておかなくてはならない。

9　徐京植を読む（三）

民主化期の韓国と響き合うパレスチナ人作家、ガッサーン・カナファーニー

徐京植がその後に積極的に論じていくことになるパレスチナ人難民で作家のガッサーン・カナファーニーに初めて触れたのも、同じく一九八〇年の頃で、やはり翻訳紹介をきっかけとしてであった。しかしその経路は、プリーモ・レーヴィの場合とは異なり単純な日本語訳の刊行ではなく、韓国での議論が介在していたのだが、そのことはひじょうに重要な歴史的意義がある。

カナファーニーは、一九四八年にイスラエルが建国された時にパレスチナの故郷を奪われ難民となった。その故郷喪失者・難民としてのパレスチナ人の苦境や不条理を主要な小説作品で描いていくのだが、そのカナファーニー自身、イスラエルの諜報《ちょうほう》機関によって一九七二年に暗殺されてその人生を終えてしまう。なお本筋とは異なるので簡単に付記しておくが、カナファーニーの所属する党派パレスチナ解放人民戦線（ＰＦＬＰ）に合流した日本人の赤軍派が一九七二年にイスラエルの空港で乱射作

戦を実行し多数の死傷者を出したが、その直後のカナファーニーの殺害はこれに対するイスラエルによる報復であるとされている。[31]

　このカナファーニーの作品を含む『現代アラブ文学選』(野間宏編)が日本語に訳されたのが一九七四年で、その日本語訳からの重訳・抄訳が韓国で、『アラブ民衆と文学』(任軒永《イムホニョン》編訳)として刊行されたのが一九七九年であった。[32] また同時期には韓国でアラブ文学にとどまらず、先述のフランツ・ファノンのほか、マルコムX(米国の黒人解放運動家)、グスタボ・グティエレス神父(ペルーのカトリック司祭で解放神学の提唱者)、チヌア・アチェベ(ナイジェリアの作家)、レオポール・セダール・サンゴール(セネガルの大統領にして詩人)などが次々と翻訳ないし紹介されていった。それらの動きを論じて白楽晴《ペクナクチョン》が「第三世界と民衆文学」を『創作と批評』一九七九年秋号に発表し、その論考を含む論集が日本語に翻訳編集されて、『第三世界と民衆文学――韓国文学の思想』(金学鉉《キムハクヒョン》編訳)として一九八一年に刊行された。さらに同論考を含む白楽晴『韓国民衆文学論』(安宇植《アンウシク》編訳)も翌八二年に刊行された。[33] 白楽晴は、その長編の評論で、ガッサーン・カナファーニーおよびパレスチナの詩人でやはり故郷喪失者であったマフムード・ダルウィーシュなどのアラブ文学、そしてアフリカやラテンアメリカの文学や思想を、韓国の民族文学論に積極的に接続しようとした。徐はこの白楽晴の論考を通して初めてカナファーニーを知ったと語っている。

ここで注目すべきは、在日朝鮮人の徐京植が、日本語に翻訳されたものから直接ではなく、そこから重訳された韓国における民衆運動・民衆文学論を通じて知った、という点である。アラブ文学、とりわけイスラエルによって占領され故郷を失ったパレスチナ人の文学の意義がより切迫して受け止められたのが、日本ではなくむしろ韓国であったということは、まさに東アジアの植民地の歴史を振り返ると必然的であったと言えよう。日本社会のポストコロニアリズム思想が血肉化されておらずいかに皮相であったかを物語っている一方で、植民地支配の清算と軍事独裁への抵抗を目指した民主化運動の最中にあった韓国でこそ、パレスチナ文学は深く響き合ったのであった。さらにその韓国でのアラブ・パレスチナ文学受容から、在日朝鮮人の知識人が言わば「逆輸入」的に学び取ったことで、民衆・民族文学の普遍的意義が日本でも論じられるようになっていった。この経路の複雑さと重要さはとりわけ強調しておきたい。

人文学に宿る抵抗の精神

さて徐京植は、在日朝鮮人の「ディアスポラ的自己認識」を築くうえで、このパレスチナ人作家のガッサーン・カナファーニーおよびパレスチナ出身の批評家エドワード・サイードに多くを負ってきたと語っている。国境に囲まれた領土を失ってもなお「民族」アイデンティティを肯定していること、しかもその民族とは血統の継承や文化的同一性に基づくのではなく、植民地主義や人種差別に対する抵抗の意志と実践の中に見いだしていること、徐の朝鮮民族論の特質はまさにここにある。単純な実体的な民族主義ではないが、逆に民族性の否定でもない。国民的マジョリティにはなかなか理解されないことだが、その両者のあいだにしか見いだせない細く険しい道を徐は進もうとしてきたのである。

なお徐は、パレスチナ(イスラエル領となった地域)出身の映画監督ミシェル・クレイフィやガザ地区の人権活動家ラジ・スラーニらとは、直接対話を重ねていることも付け加えておく。文学や批評を通してだけでなく、生身のパレスチナ人らと生の声から徐はパレスチナ人らの抵抗の精神と実践を知り、そしてそれを東アジアの現実に重ね響かせていたのだ。

「冷戦期」と「戦後五〇年」の重なりの中で

こうして徐京植がガッサーン・カナファーニーを韓国の民衆文学論経由で読み始めたのが一九八〇年頃で、それがプリーモ・レーヴィを読み始めた時期とほぼ同時であり、また徐が最初のヨーロッパ巡礼に向かう直前であったことが確認できた。すなわち、徐にとっては、政治犯の兄二人の救援運動一〇年の疲弊と行き詰まりの時に、その「地下室」からヨーロッパという「天窓」を求めていったのと、それと同時に二人の作家――ヨーロッパがもたらした最悪の破滅を「人間」としてなお問い直そうとする生き残りのユダヤ人作家と、ヨーロッパのユダヤ人入植者によって故郷を奪われたパレスチナ難民の作家――を読み始めたことは、全てが絡み合いながら同時進行していた。

それが徐京植独特の批評として具体的に展開され始めるのは、救援運動が兄二人の解放でもって一九九〇年にいちおうの終わりを遂げ、日本を含む東アジアが同時に「冷戦後」を迎えた九〇年代に入ってからのことであった。それは日本社会にとっては、一方で「戦後五〇年」をアジア各地との関係でどのように受け止めるのかということが問われた時期でもあり、他方で昭和天皇が一九八九年に死去し、「平和主義者」と持ち上げられる平成天皇が即位したことで日本の戦争責任がいっそう曖昧化され始めた時期でもあり、さらに、バブル経済が崩壊し日本経済が余力を失って社会が反動化していく時期でもあった。右派・保守派の歴史否定主義がメディアに台頭し、また左派・リベラル派が無力さや皮相さを露呈させていた中で、徐の批評が特別なポジションを持って読まれるようになったのは、在日朝鮮人の視点から戦争責任・植民地責任を追及する徐の議論の鋭さのためだけではないだろう。それは徐が「東アジア－ヨーロッパ」あるいは「東洋－西洋」という対抗軸の中にそれを超えた「普遍」を求め、さらにその「普遍」の探求の過程にユダヤ人とパレスチナ人という「他者性」を取り入れていたからであり、その「他者性」がヨーロッパに内在する破壊の暴力およびそれに対する抵抗の帰結であるということを、世界的な視野から批判的に描いていたからでもあった。すなわち、植民地主義を引きずっている日本という国家と、その帰結として存在している在日朝鮮人との関係、その両方を世界的視野のうちに収めた「新しい普遍性」が、徐の批評の中で広く深く展開されていたのである。

周縁の声に耳を澄ます

徐京植は、在日朝鮮人やユダヤ人やパレスチナ人の持つ「越境」や「ディアスポラ」という立場を重視したが、それが意味するのは、国境内のマジョリティではない。マジョリティとは、たんに「国民」というだけでなく、「(旧)宗主国」や「男性」などの優越意識・中心主義にも関わっている。かつては、「ヨーロッパの男性の理性」こそが「普遍」だと僭称された。しかし、その暴力性を告発しつつ、それとは全く別の声を響かせていたのがディアスポラたち、越境的マイノリティたちであった。それは、ユダヤ人、パレスチナ人、在日朝鮮人といった民族的マイノリティだけではない。マジョリティが男性であるなら、その男性支配社会に抵抗する女性や性的マイノリティたちの声も重要である。

徐は、わたしも参加していた在日朝鮮人の元「慰安婦」宋神道《ソンシンド》の裁判支援に寄り添い、日本軍性暴力をめぐる論争に深くコミットした。またディアスポラ・アートを論じる際に、在米イラン人女性アーティストや在欧の国際養子のコリアン・アーティスト女性の来歴や作品を深く掘り下げた。声高に論理や理性を振りかざす政治家や学者に対して、それとは異質な表現の可能性を探求した詩人や画家たち。徐京植が聴き取り、翻訳をして世界に対し響かせようとしたのは、そうしたディアスポラたちの小さき声であったのだと言えよう。

おわりに

二〇二三年一〇月七日にガザ地区からイスラエル側に向けて一斉蜂起があり、それを契機にイスラエルはガザ地区に対して壊滅的な軍事攻撃を継続させ、無差別にガザ地区住民を大量虐殺しながら、全住民を何度も「避難」と称して根こそぎに移動させ続けた。この常軌を逸したイスラエル軍の攻撃は、実は一貫したイスラエルによるガザ地区抹消の、そしてひいてはパレスチナ人に対する民族浄化の欲望の表れであり、何ら驚くべきことではない。攻撃開始からわずか一週間後の一〇月一三日付でガザ地区の全住民をエジプトのシナイ半島へ「避難」させる検討文書の要旨がイスラエル政府と国防省内で共有されたのも、やはり新しい事態ではないのだ。[34] そしてこのガザ地区抹消は、イスラエルにとっては、パレスチナ全土の乗っ取り、つまり一〇〇年プロジェクトのセトラー・コロニアリズム完遂に向けた一歩に過ぎない。ガザ地区の抹消は、ヨルダン川西岸地区の細分化・無力化への推進力となる。事実、すでに西岸地区内の「自治区」と規定されている領域は、細切れの離島のように点在させられており、入植地・入植者用道路・隔離壁・軍事検問所によって孤立させられている。その小さな「自治区」ひとつひとつが言わば「ガザ地区」であり、西岸地区の「ガザ化」が進んでいるのだ。最終的には西岸地区の抹消まで視野に入っている。

そして歴史的に振り返れば、セトラー・コロニアリズムとしてのシオニズムは、ヨーロッパ発の人種主義と植民地主義の結合体であった。それゆえにパレスチナ人に対する大虐殺にも躊躇することはなく、そしてそのイスラエル軍の残虐行為を欧米が頑なに支持し続けるのも、まさにセトラー・コロニアリズムだからこそである。シオニズムと欧米との共犯を思想史的に批判し続けてきた在米イラン人のハミッド・ダバシ――本書第Ⅱ部で詳述する――に倣って言えば、このイスラエルによるガザ地区攻撃と、同時に進行する西岸地区への占領強化と、そしてそれに対する欧米支持に、「欧米の人種主義と植民地主義の歴史全体が含まれている」のだ。[35]

さらにこの中東での植民地主義的暴力は、ここまで随所で論及してきたように、「グレート・ゲーム」の一環として東アジア地域にも連動しており、日本は明確にそのゲームの「プレーヤー」であり続けた。二〇世紀初頭からの大英帝国のパレスチナ統治やシオニストのパレスチナ入植に、日本は間接的に手を貸しながら、自らは直接的には、アイヌモシリと琉球の国内植民地化、朝鮮・台湾の植民地支配や南洋諸島の委任統治、そしてセトラー・コロニアル国家としての満洲国建設で莫大な利権を得ていた。そして、第二次世界大戦後のパレスチナ分割とイスラエル建国についても、それが東アジアでの朝鮮の分断体制の成立や二つの中国の成立と同時代性を持つのみならず、グレート・ゲームという帝国主義による植民地支配（委任統治や占領地なども含む）からの脱却という課題、つまり脱植民地という課題の失敗、あるいは脱植民地化の阻止という共通の構造を有していることを見てきた。日本は、直接的には東アジアの分断体制に責任を有しつつ、間接的にはパレスチナの分断や占領に関与してきたのだ。欧米の植民地主義や人種主義の観点からだけシオニズムを批判するのではなく、東アジアとの密な相互関係からパレスチナ問題の展開を捉え直すことが重要である。[36]

また、ユダヤ人やパレスチナ人の作品を読むという営為についても、その最も鋭くかつ実存的な読みが、在日朝鮮人の徐京植やあるいは民主化運動を進めていた独裁下の韓国でこそなされていたということは、植民地主義や人種差別による迫害や難民化、あるいはそれに対する文化的抵抗に、ヨーロッパ・中東・東アジアを貫く普遍的意義が読み込まれているということであった。しかも、アラビア語から日本語に翻訳された文学が、日本人マジョリティにではなく、日本語から重訳された韓国社会で、そしてそれを受容した在日朝鮮人にこそ、積極的に読み込まれその意義が論じられていたということは、日本社会が過去から現在まで続く自らの植民地主義や人種主義について十分に自覚し得ていなかったことの証左でもある。あるいは現在もなお、十分な自覚など日本社会にありはしないだろう。いまだに欧米の属国に甘んじてイスラエルを支持し、自らの植民地責任・戦争責任には向き合わず、そしてアジア諸国・諸民族に対して無根拠な優越意識と差別意識を傲慢にも振りかざしているのだから。

わたしたちは、だからこそ、ガザ地区の廃墟の前で、日本の植民地主義の負の遺産の前で、自らの責任を学び直さなければならない。

注

1 「中東」（Middle East）という概念は、あくまでヨーロッパの帝国主義から見た時の「中東」であり、ヨーロッパに隣接する「近東」（Near East）と東アジアなどの「極東」（Far East）のあいだを指す。したがってこの用語法自体が帝国主義的なものであるという問題があることを付記しておく。
2 中村哲『ほんとうのアフガニスタン』（光文社、二〇〇二年）、七八－七九頁、一五八－一五九頁
3 宮田律『イスラムの人はなぜ日本を尊敬するのか』（新潮新書、二〇一三年）、八三－八八頁
4 日本の南洋群島の統治については、等松春夫『日本帝国と委任統治――南洋群島をめぐる国際政治 1914–1947』（名古屋大学出版会、二〇一一年）が詳しい。
5 Rashid Khalidi, *The Hundred Years' War on Palestine : A History of Settler Colonialism and Resistance, 1917-2017*, Metropolitan Books, 2020（ラシード・ハーリディー『パレスチナ戦争――入植者植民地主義と抵抗の百年史』、鈴木啓之／山本健介／金城美幸訳、法政大学出版局、二〇二三年）
6 英領東アフリカは、現在のウガンダ、ケニア、タンザニアに相当する。「ウガンダ案」と言われるが、チェンバレンが提案した内陸の高原地帯は現在のケニア国内に位置するため、地理的には現在のウガンダではない。
7 役重善洋「ジェンタイル・シオニズムとパレスチナ解放神学」（在日本韓国ＹＭＣＡ編『交差するパレスチナ――新たな連帯のために』新教出版社、二〇二三年）およびイラン・パペ「なぜイスラエルは対ガザ戦争において文脈と歴史を抹消したがるのか」（早尾貴紀訳、『現代思想』二〇二四年二月号）を参照。
8 アイヌ史に関しては多くの研究書があるが、この観点での研究としては、リチャード・シドル『アイヌ通史――「蝦夷」から先住民族へ』（マーク・ウィンチェスター訳、岩波書店、二〇二一年）がとりわけ重要である。
9 ハンナ・アーレント『新版エルサレムのアイヒマン――悪の陳腐さについての報告』（大久保和郎訳、みすず書房、二〇一七年）、レニ・ブレンナー『ファシズム時代のシオニズム』（芝健介訳、法政大学出版局、二〇〇一年）などを参照。
10 蘭信三「満蒙開拓民」、貴志俊彦／松重充浩／松村史紀編『二〇世紀満洲歴史事典』（吉川弘文館、二〇一二年）、四九四－四九七頁
11 「満州移民、朝鮮人は一一六万人　日本人を大きく上回る　日本の政策で土地失った農民も移住」（『信濃毎日新聞』二〇二四年三月四日）

12 イスラエルの政治家や軍人によるパレスチナ人に対する「動物」呼ばわりについては、保井啓志「「我々は人間動物と戦っているのだ」をどのように理解すればよいのか」(『現代思想』二〇二四年二月号)で分析されている。
13 シュロモー・サンド『ユダヤ人の起源――歴史はどのように創作されたのか』(高橋武智監訳、佐々木康之・木村高子訳、ちくま学芸文庫、二〇一七年)
14 エチオピアからの「ユダヤ教徒移民」については、早尾貴紀『ユダヤとイスラエルのあいだ――民族/国民のアポリア』(青土社、二〇〇八年/新装版二〇二三年)の序章「「偽日本人」と「偽ユダヤ人」――あるいは「本来的国民」の作り」で論じている。
15 「五族」については、「族」を使っているため、「大和民族、満洲族、漢族、蒙古族、朝鮮族」と表記するのが一般的になっているが、「人」と「族」の使い分けにはレイシズム的な区分が入り込むことから、あえて「人」で統一した。
16 満州における「五族協和」の欺瞞については、塚瀬進『満洲国――民族協和の実像』(吉川弘文館、一九九八年)を参照。
17 石原莞爾『最終戦争論・世界史大観』(中公文庫、一九九三年)
18 イラン・パペ『パレスチナの民族浄化――イスラエル建国の暴力』、田浪亜央江/早尾貴紀訳、法政大学出版局、二〇一七年
19 野村真理『ホロコースト後のユダヤ人――約束の土地は何処か』(世界思想社、二〇一二年)を参照。
20 吉倫亭『1945年、26日間の独立――韓国建国に隠された左右対立悲史』(吉永憲史訳、ハガツサブックス、二〇二三年)および李景珉『朝鮮現代史の岐路――なぜ朝鮮半島は分断されたのか』(平凡社、一九九六年/増補版、二〇〇三年)を参照。
21 一九六七年の西岸地区・ガザ地区の軍事占領からオスロ体制にかけてのイスラエルによるパレスチナの無力化については、それを「反開発(de-development)」として分析したサラ・ロイ『ホロコーストからガザへ――パレスチナの政治経済学』(岡真理/小田切拓/早尾貴紀編訳、青土社、二〇〇九年/新装版二〇二四年)を参照。
22 「平和と繁栄の回廊」構想の問題点については、早尾貴紀「運命づけられた失敗――オスロ和平合意を反復する「回廊構想」」(『月刊オルタ』二〇〇七年一二月号、アジア太平洋資料センター)および小田切拓/早尾貴紀「パレスチナODA「回廊構想」で一線を越えた日本――イスラエル対論」(『週刊金曜日』二〇〇八年四月一八日号)で論じた。
23 鷲見一夫『ODA 援助の現実』(岩波新書、一九八九年)
24 オスロ体制から二〇〇八〜〇九年攻撃までのガザ地区に関しても、前掲サラ・ロイ『ホロコーストからガザへ』に詳しい。なお、それ以降現在までのガザ地区に関するロイによる最新の分析については、サラ・ロイ『なぜガザなのか――パレスチナの分断、

孤立化、反開発』（岡真理／小田切拓／早尾貴紀編訳、青土社、二〇二四年）を参照。
25 これについては、早尾貴紀「シオニズムにとってのガザ地区――サラ・ロイ『ガザ地区』第三版を起点に」（『現代思想』二〇二四年二月号）を参照。
26 日本に在住する朝鮮半島の出身者の呼称については、「在日朝鮮人」以外にも、「在日韓国・朝鮮人」「在日コリアン」などもあり、何を選択するのかにその政治的な立場性も表れるが、本稿においては、徐京植自身が用いていた「在日朝鮮人」を使用する。徐は、南北分断体制以前の朝鮮全体を指すものとして「朝鮮」を用い、またその出身者を包括する呼称として「朝鮮人」を用いている。またそのことで徐は、在日朝鮮人が日本による植民地支配に由来していることを示そうとしている。英語をカタカナにした「コリアン」を避けるのもそうした理由による。
27 『フランツ・ファノン集――黒い皮膚・白い仮面、地に呪われたる者』（海老坂武ほか訳、みすず書房、一九六八年）
28 エドワード・W・サイード『故国喪失についての省察 一・二』（大橋洋一ほか訳、みすず書房、二〇〇六、〇九年）
29 プリーモ・レーヴィ『アウシュヴィッツは終わらない――あるイタリア人生存者の考察』（竹山博英訳、朝日選書、一九八〇年／のちに『これが人間か』として二〇一七年に改訳新版）
30 徐京植『プリーモ・レーヴィへの旅』朝日新聞社、一九九九年／新版晃洋書房、二〇一四年
31 この出来事についての運動史的な評価については、早尾貴紀×小杉亮子「負の遺産として当時を知る――重信房子『戦士たちの記録　パレスチナに生きる』（幻冬舎）から考える」（『週刊読書人』二〇二二年七月一五日号／本書第Ⅳ部収録）を参照。
32 野間宏編『現代アラブ文学選』（創樹社、一九七四年）および任軒永編『アラブ民衆と文学』（チョンサ、一九七九年）
33 金学鉉編『第三世界と民衆文学――韓国文学の思想』（社会評論社、一九八一年）および白楽晴『韓国民衆文学論』（安宇植編訳、三一書房、一九八二年）
34 これについては、小田切拓／早尾貴紀「「避難」は民族浄化の一段階――イスラエルの漏洩文書が示すパレスチナ人強制追放計画」（『週刊金曜日』二〇二三年一一月二四日号）で詳細に論じた。
35 Hamid Dabashi, “Israel’s war on Gaza encapsulates the entire history of EUropean colonialism”, *Middle East Eye*, 29 December 2023, https://www.middleeasteye.net/opinion/israel-war-on-gaza-encapsulates-entire-history-european-colonialism
36 そうした試みの一つが、早尾貴紀／呉世宗／趙慶喜『残余の声を聴く――沖縄・韓国・パレスチナ』（明石書店、二〇二一年）である。

第Ⅱ部

欧米思想史から見たパレスチナ／イスラエル

はじめに

パレスチナ／イスラエル問題と言われるものは、第I部でも見てきたように、アラブ人とユダヤ人の民族対立でもなければ、イスラームとユダヤ教の宗教対立でもない。中東各地のアラブ人の中には歴史的にムスリムもキリスト教徒もユダヤ教徒もおり、その啓典の民たちは「父祖」アブラハムをはじめ多くの預言者たちを共通に持ち、聖典を共有し、同じ街の中でモスクと教会とシナゴーグを並べてきた。ではなぜそこにパレスチナ／イスラエル問題が生じたのかと言えば、それはヨーロッパの植民地主義と人種主義との競合が、パレスチナの領有とユダヤ人問題の移出とを同時進行させたためと、まずは端的に言うことができる。さらにヨーロッパで近代国民国家が形成されるにつれ、ヨーロッパのユダヤ人問題をパレスチナでの入植者植民地主義的（セトラー・コロニアル）な国家形成による「ユダヤ人国家」建設運動という形態で解決させようと目論み、それが最終的に第二次世界大戦直後の一九四八年のイスラエル建国に至った。その意味で、これは徹頭徹尾「ヨーロッパ問題」なのだ（ロシア帝国領に入っていた現在の東ヨーロッパ地域およびそこに隣接するロシア西部も含む）。

また、第二次世界大戦を契機に、パレスチナを「委任統治領」という名の実質的な植民地として支配してきたイギリスが後退し、逆にそれまで不干渉主義的に距離を置いてきたアメリカ合衆国がパレスチナの分割およびイスラエル建国に強い影響力を行使するようになった。それはヨーロッパで大戦後に難民として保護されたユダヤ人を米国に移民として受け入れることを厳しく制限していたという事情と、戦後の中東に米国の衛星国をつくって同地域に介入したいという欲望とが作用した結果であった。もちろんそれでも中東分割を遂行した英仏も周辺アラブ諸国とは強く利害関係と影響力を持ち続けており、それらを勘案すると、パレスチナ／イスラエル問題は、「欧米問題」であると言える。

さらに二〇二三年一〇月七日のガザ地区蜂起を契機とした徹底的なガザ攻撃の過程で、イスラエルのベンヤミン・ネタニヤフ首相とイツハク・ヘルツォグ大統領から欧米諸国に向けて繰り返し表明された、「ガザ攻撃は西洋文明（western civilization）を守る戦争なのだから、欧米諸国はイスラエルを支援すべきだ」という発言がある。また実際にそれを受けた英米独仏は一致して、〈一〇・七〉蜂起以降にガザ地区で長期にわたって引き起こされた徹底的な街の破壊と、大量虐殺（ジェノサイド条約違反も国際司法裁判所で審議されている）を、断固として支持・支援してきた。このことについては、欧米圏の思想や歴史や政治・経済を研究してきた人たちからも、戸惑いや疑問の声が絶えない。

それゆえにわたしたちは、パレスチナ／イスラエル問題を考える時に、パレスチナとイスラエルにのみ着目するのではなく、まさに欧米のことを、しかもその思想的背景・思想的根源から考察しなければならない。このユダヤ人国家をつくろうという発想がそもそもどのような思想から出てきたのか、そして実際にそのユダヤ人国家を正当化し支持していく価値観や論理がどのようなものなのか、それを探求し整理していくことが必要なのだ。パレスチナ／イスラエル問題の史実的な展開であれば、事実を時系列的に拾っていけば理解することもできよう。しかし、それでもつねに解きがたく残る問いが、「なぜそのような発想が出てきたのか」、「なぜ問題がいまなお人々のあいだに分断を生み続けているのか」といったものだ。これは実証史的な把握だけでは解明できない問いである。そこで第Ⅱ部では、あえて「思想史」にこだわって考察を深めていきたい。

1　モーゼス・ヘスとテオドール・ヘルツル

キリスト教思想を基盤に生まれたシオニズム

ユダヤ教徒が現実的にパレスチナ移民を進めていくシオニズム思想・運動の展開に先駆けて、ヨーロッパのユダヤ教徒をパレスチナに移民させることによって「古代のユダヤ人王国を復活させる」という発想は、一七世紀以降のドイツやイギリスのプロテスタントから繰り返し語られるようになり、一九世紀になるとイギリスのパレスチナに対する支配欲も重なり、より具体的になってくる。ただしプロテスタントにとってユダヤ人王国の復活は、「キリスト再臨」のための一手段に過ぎず、つまりプロテスタントのみが救済の対象であったため、その思想は反ユダヤ主義的でさえある（この反ユダヤ主義的傾向は、イスラエル国家を強く支持する現代のアメリカ合衆国の福音派原理主義者にも通ずる）。

一八三九年に、イギリスの第七代シャフツベリー伯爵アントニー・アシュリー・クーパー卿は、「ユダヤ人の現状と展望」という論文で、右記のようなユダヤ教徒のパレスチナ移民によるユダヤ人王国の復活と、それを一段階としてキリスト再臨を実現する主張をしたことで知られる。この背景には、パレスチナを統治下に置くオスマン帝国からのアラブ人の独立戦争と英仏露の介入という一八三〇年代の出来事があった。オスマン帝国に対してエジプト総督ムハンマド・アリーが大シリア地域

（現在のパレスチナも含む）への行政権を要求して反旗を翻したことを受けて、オスマン帝国はロシアに支援を要請したが、ロシアが同地域で影響力を強めることを警戒したイギリスとフランスが介入していく。イギリスは最終的にはオスマン帝国側にもムハマンド・アリー側にもつかず、あくまで同地域への自らの影響力を強化することを狙い、フランスもアルジェリア支配を強めるためにエジプトに近づいたが、それ以上のエジプト支援を望まなかった。

すなわち、ヨーロッパのキリスト教シオニズムは、英仏がオスマン帝国からアラブ地域を奪い取り支配するという帝国主義的・植民地主義的な利害から発せられていたのであり、第一次世界大戦後の中東分割の構図はすでに一八三〇年代に出現していた。つまり第Ⅰ部で見た「グレート・ゲーム」の一環なのだ。その後の一八四〇年代から、イギリスの植民地省の役人や在中東外交官らが相次いで、「パレスチナを大英帝国の保護領とし、そこにユダヤ人を入植させ、ユダヤ人国家を建設すべき」といった政策提言を行なうようになる。第一次世界大戦後に成立するイギリス委任統治領パレスチナの出発点である。

その後、一八五〇年代には、弱体化しつつあったオスマン帝国にロシアが南進政策で迫ってきたのに対して、今度はイギリスとフランスがオスマン帝国を支えるという名目で参戦し、クリミア戦争へと発展した。この時の背景の一つに、オスマン帝国領にあるエルサレムの聖墳墓教会とベツレヘムの生誕教会を中心としたキリスト教の聖地管理権をフランス（カトリック）とロシア（正教）が奪い合ったということがある。これについては、第一に、宗教要素がユダヤ教とイスラームとの対立などではなく、フランス（カトリック）とロシア（正教）との対立であるという点と、第二に、聖地管理権が戦争の原因ではなく、それを口実とした「グレート・ゲーム」の展開だという視点が重要だ。その後の二〇〜二一世紀まで続く、パレスチナ問題も含むその周辺地域の中東問題およびユダヤ人問題の解決としてのシオニズム問題が、欧米露の強い帝国的利害の介入によって進められていったからである。

他方で、一九世紀を通じたヨーロッパ各地での国民国家（nation-state）形成の動きとユダヤ人解放論争は、ユダヤ教徒が「信仰が異なるだけの同じ国民の一員」なのか、それとも、「民族集団として異なり、単一民族国家から排除されるべき非国民」なのか、という争点に発展し、一九世紀後半には後者が優勢となっていく。「科学的実証主義」の興隆も重なり、あたかもヨーロッパのユダヤ教徒がキリスト教徒とは「人種的に異なる」かのような説が広く支持されていき、レイシズムに基づくユダヤ教徒迫害が西欧から東欧にかけて各地で頻発するようになる。宗教文化・慣習の異なるユダヤ教コミュニティの人々だけでなく、非宗教的で世俗的なユダヤ系の人々まで、「血が異なるユダヤ人種」として他者化されていき、“Jewish”の意味合いが信仰に基づく「ユダヤ教徒」から民族や人種の意味合いを帯びた「ユダヤ民族」「ユダヤ人」へと変化していくのもこの時期である。

一九世紀後半――ユダヤ人国家論の本格化

一九世紀半ばに活躍したドイツの思想家モーリッツ（モーゼス）・ヘスは、ユダヤ系の家系にあったが世俗的であり、ヘーゲル左派で社会主義思想を持ち、ユダヤ人解放論争においては「ユダヤ教徒（ユダヤ系）の国民」として国家への同化を訴えていた。しかし、反ユダヤ主義の横行を受けて思想的に転向し、一八六〇年代には先駆的なユダヤ人国家論を唱えることとなる。名前をドイツ名「モーリッツ」からヘブライ名「モーゼス」と名乗るようになり、六二年に発表した『ローマとエルサレム』で、「ユダヤ民族はユダヤ人種であり、同化不可能である」[1]とし、「ユダヤ人国家を持つことで歴史の運動に参与できる」[2]と主張した。

このユダヤ人国家論が本格的に展開され、かつそれが建国運動にまで推し進められるのは、一八九〇年代で、ハンガリー出身で主にオーストリア・ウィーンでジャーナリストとして活動したテオドール・ヘルツルの主導による。九三年にウィーン市長に反ユダヤ主義者が選ばれたこと、九四年にフランスでドレフュス事件（冤罪でユダヤ系の軍人にスパイ容疑がかけられた事件）を取材しフランスで激しい反ユダヤ主義を目撃したことで、世俗的で同化主義的だったヘルツルは、ユダヤ人国家論へと傾いていく。

それはモーゼス・ヘスの転向の過程とも重なり、また実際ヘルツルはヘスの思想的影響も受けてもいた。一八九六年には記念碑的な『ユダヤ人国家』[3]を刊行し、翌九七年にはスイスのバーゼルで第一回シオニスト会議を開催、ユダヤ人国家建設に向けて具体的にユダヤ人の組織化とロビー活動を開始した。

こうしたシオニズム、つまり、ヨーロッパのユダヤ教徒たちをキリスト教徒の国民の中に同化・埋没させるのではなく、民族アイデンティティを創出し強化していくという民族意識の高まりと、ヨーロッパの外部にそのユダヤ民族が「国民」になることができる国家を創設するという運動とを、「ユダヤ・ナショナリズム」と言うことができる。つまり、たんにヨーロッパのキリスト教徒の救済のためとか、ヨーロッパ各国の植民地主義のためというだけでなく、ユダヤ教徒自らが民族意識を持ち国家建設に向けて動くという主体性を帯びるためである。ヨーロッパ内部でキリスト教徒マジョリティと共存しながらユダヤ人意識やユダヤ文化あるいは民族自治を肯定するというユダヤ・ナショナリズムのあり方もあり得たが、先に見た中欧・西欧での反ユダヤ主義に加えて、東欧・ロシアでも一九世紀末にポグロムと呼ばれたユダヤ人に対する迫害が強まったことと、ヨーロッパの植民地を利用した入植と国家建設がヨーロッパの植民地主義と利害が一致したことから、ユダヤ人国家建設に向けた政治運動が支持を得ていくことになる。

植民地からの土地の確保

　ここで確認すべきは、「ヨーロッパの外に建国を」と言ったところで、そうした「国土」となれる規模の土地の確保はヨーロッパ諸国による外部の植民地主義や帝国主義に依存せざるを得ないという点だ。集団入植と共同体づくりを経て建国に適した空っぽの無主地など地球上のどこにも存在しない。ヨーロッパ諸国の都合で、ヨーロッパ内部のユダヤ教徒マイノリティを移住させるのに、ヨーロッパの植民地から土地を用意する、ということになる。ヘルツルは、オスマン帝国領下にあって土地の取得もままならないパレスチナよりも、イギリス植民地省のジョゼフ・チェンバレンから提示された英領東アフリカ（第Ⅰ部でも見たように「英領ウガンダ案」として知られるが、地理的には現在のケニアに当たる）を受け入れて、一九〇三年の第六回シオニスト会議でこの英領東アフリカ案でユダヤ人入植計画を進めることを議決した。結局この東アフリカ案は、翌〇四年にヘルツルが急死したことで破棄され、パレスチナでの建国が方針として採択されることになるのだが、東アフリカ案が一時的にも公然と承認されたところに、シオニズム、つまりユダヤ人国家建設運動が、宗教的な教義にも、古代ユダヤ人の離散と帰還という神話にも関係がないということが露呈している。

2　ダヴィド・ベングリオン

東欧から流入した社会主義的労働シオニスト

一九〇四年は東欧のポーランド、ウクライナ、リトアニア（ロシア帝国領も含む）から本格的なパレスチナへの移民・入植活動が始まる年でもある。その頃にユダヤ教徒に対する迫害「ポグロム」が横行したのに加えて、第一次ロシア革命（〇五年）の混乱も重なり、パレスチナへ避難的に移民するユダヤ人が急増した。これは「第二波アリヤー」とも呼ばれる。「アリヤー」はヘブライ語で「上ること」を意味し、エルサレムに行くことを指す（一九世紀末にポグロムから避難する「第一波アリヤー」から、一九三〇年代にナチズムから逃れる「第五波アリヤー」まである）。この第二波アリヤーの時代を代表する入植者に、ポーランド出身でのちに初代首相となる主流派の労働シオニストのダヴィド・ベングリオンと、現ウクライナ地域の出身で急進右派シオニストのゼエヴ・ジャボチンスキーがいる。

なお、ベングリオンら主流派の労働シオニストらは、当時興隆していた社会主義的な労働運動の影響を受けていたが、それはユダヤ人入植村「キブツ」や「モシャブ」を自己労働によって自立させるという入植・開拓運動のイデオロギーであって、社会主義色があるといっても、左派的であるとか平和主義であることを意味しない。労働シオニストらは、むしろパレスチナ地域全土(ここではヨルダン川から地中海までを指す)をシオニズムの支配下に収めてパレスチナの先住アラブ人を追放することで純粋なユダヤ人国家を目指しており、その意味では入植イデオロギーは社会主義的なのではなく、文字通りに植民地主義的なのだと言える。またその手段としては外交やロビー活動とともに武力の行使もいとわなかった。[4] それに対して、極右急進派はヨルダン川東岸地区(つまり現在のヨルダン王国)まで含めた大ユダヤ国家を理想とし、そしてその領土拡張の実現のためにはいっそう過激な武力行使に訴えた。イスラエル建国後は前者がのちに「労働党」となり、後者がのちに「リクード党」となるが、労働シオニズムに軍事組織がなかったわけではない。労働シオニズムは建国前は主流派の軍隊「ハガナー」を持ち、それは一九四八年前後のイスラエル建国期にはパレスチナ人に対する民族浄化を中心的に担い、建国後はイスラエル軍へと再編されていった。

ここで重要なのは、労働シオニストであろうと極右シオニストであろうと、入植活動の推進と軍事力の行使という両輪によって、パレスチナ人を排除しつつより強大なユダヤ人国家を目指すという点では、何ら違いはないという点だ。そして、そのシオニズム運動に主体的に参加し戦うことで、自らの手で国家を勝ち取ったという物語を共有する。また両派ともに、宗教的に敬虔では全くなく、世俗的運動として入植活動とロビー活動と軍事活動に頼っていたということも確認しておく。

東欧ユダヤ人の排除とイギリスの「三枚舌外交」

次に事態が大きく展開するのは、パレスチナを統治下に入れていたオスマン帝国およびドイツ帝国とオーストリア＝ハンガリー帝国の同盟諸国と、大英帝国・フランス・ロシア帝国などの連合諸国とが戦った第一次世界大戦である。この戦争では、すでに衰退していたオスマン帝国のアラブ地域が英仏によって狙われ、まだ交戦中の一九一五年にまずアラブ人の反乱を促すためにイギリスがアラブ国家の独立を約束したフサイン＝マクマホン協定が結ばれた。だが翌一九一六年には英仏の外交官によって領土の分割線が秘密裏に引かれ（サイクス＝ピコ協定）、さらに一九一七年にはイギリスの外務大臣アーサー・バルフォアがオスマン帝国領パレスチナに「ユダヤ人の民族的郷土」建設を支持すると表明した（バルフォア宣言）。これはイギリスがアラブ人とフランス政府とユダヤ人に、重複する地域についてそれぞれ都合の良い条件を確約した「三枚舌外交」と呼ばれる。巧妙な線引きによって地理的重複を限定的にしたため、「三枚舌」ではないと言い抜ける余地を残したが、しかしその巧妙な線引きも含めてやはり「三枚舌」だと言える。

このバルフォア宣言は、一方では、戦局を優位にするためにユダヤ人のシオニスト・ロビーを味方につけるためであったが、他方では、東欧で迫害されたユダヤ人が難民化して西欧に流入するのを防ぐためでもあった。すなわち、言語や習慣において同化志向が強く人口的にもそう多くはない西欧のユダヤ人を積極的にパレスチナに移民させるというよりも、ユダヤ人に独特のイディッシュ語を話し、シュテットル（ユダヤ人コミュニティの総称。イディッシュ語で「小さな町」の意）に暮らし、人口数も多い東欧のユダヤ人の移民・入植先として想定したのだ。こうした東欧のユダヤ人はその言語や習慣において他者化、つまり近代レイシズムによって人種化されやすく、迫害にも遭いやすかった。しかし、そうしたユダヤ人が集団として西欧に避難してくるのを、イギリスをはじめ西欧諸国も受け入れたくはなかったし、同化志向の西欧ユダヤ人たちも自分たちに反ユダヤ主義が降りかかることを恐れた。その結果が、イギリスによる「民族的郷土」建設支援の約束であった。

そして実際に翌一九一八年にオスマン帝国が敗北すると、フランス（およびロシア）との秘密協定サイクス＝ピコ協定に基づき、イギリスはオスマン帝国領のうちパレスチナを含む地域を占領統治し（二〇年に植民地化、二三年から国際連盟委任統治）、イギリスの支援と管理のもとでの組織的なユダヤ人のパレスチナ入植に道が開かれた。ヨーロッパのユダヤ人シオニストらは、ヨーロッパの大国イギリスを相手にパレスチナでの入植や自治を進めるロビー活動をすることで、計画を推し進めることができるようになった。こうした意味でも、シオニズム運動は西欧から東欧にかけての相互連関した事情が交錯した「ヨーロッパ問題」なのである。

3　コーエン、ローゼンツヴァイク、ショーレム、ブーバー

二〇世紀前半のユダヤ系ドイツ人哲学者たち

こうして第一次世界大戦の終了とイギリスのパレスチナ支配の翌年一九一九年から次の移民・入植の大きな流れが発生する（「第三波アリヤー」とも呼ばれる）。この時期におけるシオニズム運動とヨーロッパ思想史との関わりで注目すべきは、ユダヤ系のドイツ人（ドイツのユダヤ教徒／ユダヤ人）の哲学者たちの動きである。

まず、新カント派の哲学者ヘルマン・コーエンは、一九世紀末にはカント哲学の研究者として知られていたが、次第に強まる反ユダヤ主義のために一九一〇年代にはユダヤ教へ研究関心を転じていった。だがシオニストにはならずに、第一次世界大戦中の一九一五年に「ドイツ性とユダヤ性」を刊行し、ユダヤ系ドイツ人としてドイツへの戦時ナショナリズム・戦闘的愛国主義を称揚し、ユダヤ性とドイツ性とを、あるいはユダヤ教とプロテスタンティズムとを、ギリシャ哲学の紐帯《ちゅうたい》によって本質的に強く結び付ける思想を展開した。

コーエンの教え子にあたるフランツ・ローゼンツヴァイクもまたヘーゲル研究者であり、キリスト教への改宗も考えたほど同化傾向が強く、第一次世界大戦でもドイツ軍に志願したことが指摘できる。だが、晩年のコーエンのユダヤ教講義に触れ、戦争末期から執筆していた『救済の星』[5]を一九二一年に刊行し、コーエンの「ドイツ性とユダヤ性」の思想をさらに展開した。ローゼンツヴァイクは、古代において土地(国)を失い古代ヘブライ語によるトーラー(モーセ五書)にのみ依拠するユダヤ教は時間性を免れている一方で、キリスト教はむしろ時間軸を無限に延長し続ける永遠性(宣教による拡大と継続)を手にしており、前者が星の内に燃える「炎」、後者がその星から発せられる「光」という相補関係にあるとする。そのことで、ユダヤ人はドイツ国内でキリスト教徒に同化するのでもなく排除されるのでもなく共存するのだと言う。ローゼンツヴァイクはこの点でもコーエンと同じく、シオニストにはならなかった。

しかし、この晩年のローゼンツヴァイクと研究交流のあった、やはりユダヤ系ドイツ人のゲルショム・ショーレムとマルティン・ブーバーは、「共存」の思想を持ちつつも、シオニストとしてパレスチナに移民することとなる。ただし二人は、「ユダヤ人国家」を目指した主流派のシオニストとは異なり、移住先のパレスチナにおいて、先住パレスチナ人との二民族共存の国家を理念とした。ショーレムは、同化主義的な家庭に育ったが、ユダヤ神秘主義のカバラー思想の研究に深く入り込む一方で（一九一九年にカバラーの聖典『ゾーハル（光輝の書）』をテーマに博論を執筆）、シオニストの叔父やブーバーの影響もあって自身もシオニズムに傾倒し、またナチスが急成長していく時期の一九二三年にパレスチナに移住した。[6] 移住後には、ユダヤ人知識人らで「ブリット・シャローム（平和の盟約）」という、先住パレスチナ人との共存国家を目指す、いわゆるバイナショナリズムの運動体を結成した。[7]

バイナショナリズムは、ヨーロッパのユダヤ人がパレスチナの地に入植することを正当化するという点で、シオニズムの中に含まれるが、しかし「ユダヤ人国家」を理念としないという点で、主流派や極右のシオニズムとは決定的に異なっていた。ユダヤ人国家、つまりユダヤ人のみの国家ないしユダヤ人が中心の政治体制を目指すシオニズムが「政治シオニズム」と分類されるのに対して、このバイナショナリズムは、ユダヤ人とエルサレムを含むパレスチナとの文化的・歴史的な紐帯を重視しつつ、ユダヤ人がパレスチナを占有する政治支配を否定したことから「文化シオニズム」と分類された。

バイナショナリズムの挫折

ショーレムらリベラルなユダヤ人らが、政治シオニズムに対抗し文化シオニズムとしてアラブ・パレスチナ人との共存を公然と掲げた点で、「ブリット・シャローム」の思想運動は一定評価される。しかし、一方でこの運動は「ヨーロッパ人」から侵略を受ける側の先住パレスチナ人には当然ながら広範に支持されることはなく、実際そうしたバイナショナリズムに立つユダヤ人らには、自分たちが強引に侵入する入植者であるという自覚は弱かった。むしろ「共存」を訴えることで、ユダヤ人がスムーズにパレスチナに入植することとヨーロッパ・ユダヤ人がパレスチナに居住することの正当化を目論んでいたように思われる。

一九三三年にドイツでナチス政権が誕生し反ユダヤ主義のさらなる高まりを受けてユダヤ人避難者（シオニズム思想に共鳴したのではなく緊急避難的意味合いが強かった）がパレスチナに殺到すると――三四年には四万人以上、三五年には六万人以上――パレスチナ人側は強く反発した。三六年頃からユダヤ人移民とイギリス委任統治政府に対する抵抗運動が大規模かつ長期的に展開されるようになると、二民族共存の一国家という理念は衰退していった。シオニズム運動の側でもパレスチナ全土の支配（つまりパレスチナ人の排斥）を訴える強硬な政治シオニストがいっそう台頭し、ブリット・シャロームでさえ敵視されるようになると、ショーレムはブリット・シャロームの活動から離れていってしまう。[8] また、この「アラブ大反乱」と呼ばれる抵抗運動を受けて、イギリス委任統治政府の設置したピール委員会が、三七年にパレスチナ分割案を示し、初めてパレスチナに一定面積のユダヤ人国家を提案するに至った。

イスラエル建国という既成事実の重み

一方マルティン・ブーバーは、文化シオニストとしてドイツに残りながらブリット・シャロームの活動に参加していたが、このヒトラー率いるナチス政権の台頭で、一九三八年にドイツを離れてパレスチナに移住し、二民族共存のバイナショナリズムを積極的に論じていく。ショーレムの渡った二〇年代よりも状況的にはいっそう困難ではあったが、ブーバーの思想は著名な『我と汝』でも知られるように「対話の哲学」を根底としていたこともあり、ブーバーは四二年にはブリット・シャロームのメンバーらとともに「イフード（統一）党」を立ち上げ、[9] 四八年のユダヤ人国家イスラエル建国の時まで粘り強くバイナショナルな共存一国家を訴えていった。「対話」すべき他者は、ドイツにいる時はユダヤ教徒にとってのキリスト教徒であっただろうが、パレスチナにあってはユダヤ人にとってのアラブ人であったはずだからだ。

一九四七年のラジオ・インタビュー「パレスチナにおける二つの民族《フォルク》」、また同年のイフード論集へのブーバーの序文「シオニズムについての二民族的《バイナショナル》な考え方」、さらに国連による分割決議を受けた後、四八年五月のイスラエル建国の直前と直後にそれぞれ執筆した「正すべき根本的過ち」および「二通りのシオニズム」など、ユダヤ人国家の強引な建国が決定的になっていく状況下で、ギリギリまでユダヤ民族とアラブ民族が対等に共存できる一国家を訴えた。[10] つまりユダヤ人国家を目指すのではなく、先住アラブ人の権利を損なうことなくユダヤ民族共同体のパレスチナ(=エレツ・イスラエル)における再生が実現される方途を、たとえ綺麗ごとの空論だと非難されようと模索したのである。

とは言え、イスラエルが「ユダヤ人国家」としていったん建国されてしまうと、その既成事実は重く、ショーレムはもとよりブーバーでさえもユダヤ人国家イスラエルを容認するようになり、バイナショナリズムを訴えることはなくなる。一九五八年の講演「イスラエルと精神の命令」では、「私は戦争から生まれた新たなユダヤ人共同体の形式、すなわちイスラエル国家を私のものとして受け入れました」と明言し、[11] 六二年には「少数派に真の権利平等を!」という演説をしたように、国内の少数派パレスチナ人の権利を訴える程度の「リベラルなシオニスト」という立場に収まってしまった。[12]

4　ハンナ・アーレント

ユダヤ人とアラブ人の連邦制という理想

ブーバーと同時期の一九四〇年代に、やはりユダヤ人国家に反対し、先住パレスチナ人との共存国家を訴えたユダヤ系ドイツ人（ドイツ出身のユダヤ人）哲学者にハンナ・アーレントがいる。アーレントは文化シオニストの系譜にはおらず（ヤスパースとハイデガーに師事した）、また自身もナチスの台頭した三三年にドイツからフランスに亡命し、フランスがナチスに降伏した翌四一年にアメリカ合衆国に亡命した。ユダヤ人としてシオニズム運動の成り行きには注視していたが、自身がパレスチナ（建国後のイスラエル）に移住するという選択は取らなかった。アーレントは世俗的ながらもユダヤ人意識は持っていたし、またユダヤ人が民族集団としてパレスチナに居住する権利も認めていた。その点では広義のシオニストであると言えるが、それでもパレスチナに移住しなかったのは、主流派シオニストらのユダヤ人国家建設運動にはっきりと批判的だったからである。一九四五年に発表した「シオニズム再考」[13]では、シオニズム運動が考える「ユダヤ人国家」において、パレスチナの全土での建国を要求し、先住のアラブ・パレスチナ人が人口的に多数派であるにもかかわらず、マイノリティとして存在を許容されるのみであることを、厳しく批判した。また、シオニズム運動が、ヨーロッパからのユダヤ人移民を増やすために、反ユダヤ主義を、さらにはナチスをも利用して共謀したことも、自身がそのために故郷を追われて亡命者(難民)とさせられたアーレントにとっては、とうてい許しがたいことであった。

これに対してアーレントが考えるパレスチナにおけるユダヤ人とアラブ人の共存は、一九四七年に発表した提言によると、どちらか一方が多数派となり他方を少数派として容認するようなものではなく、そうした多数派／少数派の概念を持たない「連邦制」であり、ユダヤ人とアラブ人の混成した地方自治体と地方評議会であった。[14]

だが現実には一九四八年にはイスラエルが「ユダヤ人国家」として建国を宣言し、アーレントらのバイナショナリズム的共存国家の主張は敗北してしまう。アーレントは、そのまま米国に居住を続けたとは言え、第三次中東戦争時にはイスラエルの勝利を祝い、またシオニズム団体に寄付を行なうなど、「ユダヤ人国家」イスラエルの存在と行動を容認し、やはりシオニストであったことは否めない。[15]

バトラーが指摘するアーレント思想の歪み

このアーレントの思想・言動に関して、その思想的可能性を最大限に評価しつつも、しかし重要な歪みを指摘したのが、やはり米国のユダヤ人哲学者ジュディス・バトラーである。それは、アシュケナジーム（ヨーロッパ・ユダヤ人）中心主義、つまりヨーロッパ中心主義に起因するということだ。[16]

まずバトラーが現代においてもアーレントの連邦制の思想に可能性を見いだすのは、たんなる二民族が共存できる国家ではなく、「無国籍者」（難民や亡命者）の権利を回復する政治的共同体を構想している点である。この視点はさらに、複数性（異質な者、国民・市民ならざる他者との共生）が国家主権それ自体を乗り越える瞬間＝契機を示唆している。これはバトラーによる可能性の読み込みである。

しかし他方で、現実のアーレントの言動に見られるのは、まずはスファラディーム（中東・地中海のユダヤ人。ミズラヒーム＝東洋系ユダヤ人とも重なる）の周辺化と除外だ、ともバトラーは指摘している。[17]

アーレントが共存の主体としたのは、ヨーロッパからパレスチナに移民し入植するユダヤ人だが、そもそもユダヤ教徒は古代ユダヤ王国つまりパレスチナ地域に端を発し、交易による移住、宗教文化の伝播、それによる改宗によって広く中東・地中海沿岸に広がっていた歴史を持つ。のちにキリスト教が興り、さらにイスラームが興り、時代を経ながら宗教文化に変化と多様化が生まれていった。結果的に、中東のアラブ世界では、アラビア語を母語とするアラブ人の中に、ユダヤ教徒とキリスト教徒とムスリムとが長く共存することとなった。ある意味ではそこにはすでに「共生」はあったのだ。あるいは、アラブ人ユダヤ教徒、アラブ系ユダヤ人／ユダヤ系アラブ人という、現在の視点から見れば複合的な（一見すると矛盾とも見える）アイデンティティがあったのだ。しかもそのことはシオニズム運動とイスラエル建国によってユダヤ人種化されて不可視化されているが、現在もそうしたアラブのユダヤ教徒／ユダヤ人はイスラエル国内外に確かに生きている。ところが、アーレントの議論では、その存在はすっかり抜け落ちてしまっている。

ハイデガーを受け継ぐヨーロッパ哲学者であるアーレントにあっては、ヨーロッパの「ユダヤ人／ユダヤ性」は、ヨーロッパ的理性（キリスト教徒マジョリティの理性）の分有によって特徴づけられており、またアーレント哲学がカント哲学を普遍性原理として倫理的基礎に置いていた。そこにアーレントのヨーロッパ中心主義は由来している、とバトラーは指摘するのである。[18]

5　エマニュエル・レヴィナス

「顔のない」パレスチナ人

同じくジュディス・バトラーによって批判を差し向けられているユダヤ人哲学者が、マルティン・ブーバーの思想（フッサールとハイデガーの思想も）を受け継ぐエマニュエル・レヴィナスである。レヴィナスは、リトアニア（ロシア帝国下）に生まれたが、一九二〇年代にフランスとドイツに留学し、その後三一年にフランス国籍を取得。その後リトアニアの親族らは、第二次世界大戦中にナチスによって虐殺されている。レヴィナスは、フッサールやハイデガーの現象学、ブーバーのユダヤ思想、そしてユダヤ教の典範であるタルムードの研究、ユダヤ人のホロコースト体験を通して、独自の倫理思想を構築したことで知られる。例えばレヴィナスの倫理においては、「汝、殺すなかれ」を命ずる他者の「顔」という思想、すなわち人間の身体で剝き出しとなっている「顔」を見ることが、ユダヤ人を迫害する全体主義戦争の暴力に対する批判になるとともに、正義の名のもとであれ復讐の暴力に対する抑止にもなるという。この非暴力の倫理を開く思想こそがユダヤ教という「宗教」、あるいはメシア的伝統だとレヴィナスは言う。[19]

しかし、バトラーが指摘するのは、レヴィナスにあってはパレスチナ人には「顔がない」という事実である。[20] レヴィナスは「他者に対する倫理」を繊細に論じた思想家として知られながら、他方で強固なシオニストとしても知られており、断固として戦後の現代イスラエル国家の存在を、そしてそのユダヤ人国民の入植と占領と戦争という暴力を肯定してきた。[21] このあからさまとも言えるダブルスタンダードは何に由来するのか。バトラーは、レヴィナスが、ユダヤ人を本質的かつ定義的に「迫害される側」であり、「迫害する側」にはなり得ないものと前提していること、および、アーレントにも共通するヨーロッパ中心主義、すなわちアシュケナジーム（ヨーロッパ・ユダヤ人）中心主義に陥っていることを指摘する。[22]

確かにレヴィナスの倫理思想に関する肯定的な立場の研究においては、しばしば以下のように論じられる。レヴィナスは、ヨーロッパ近代の国家とキリスト教との関係における政教分離、つまり「ライシテ／脱宗教性」に異議を唱え、イスラエル国家をユダヤ的実存に基づくべきものとした。それは一方で純全たる世俗権力による非宗教的な国家であることを否定しつつ、他方で単純に国家と宗教を一致させる神権政治をも否定する立場であった。レヴィナスはとくに世俗的な「政治シオニズム」に対しては、まさにその世俗性ゆえに否定的な立場にあるのだ、と。またレヴィナスにとってユダヤ教は狭義の宗教ではなく、「倫理としての宗教」「ライックな宗教」と位置付けることができ、その意味でレヴィナスはヨーロッパ近代の「普遍性」とユダヤ教の「特殊性」との対立を乗り越えているのだ、と。たしかにユダヤ教を土台としつつヨーロッパ哲学へと昇華させたかのようなレヴィナスには、ブーバーに代表されるような「文化シオニズム」にも通ずるものがある。つまり、世俗的政治権力による国家としてのイスラエルは支持しないが、ユダヤ人の民族的アイデンティティの精神的な拠り所として思想上の〈イスラエル〉を持つ、というものだ。このようにレヴィナス研究者は、レヴィナスを文化シオニストの流れに置くことで、あたかもパレスチナ人との共存思想を持っていたかのように論じるのだ。

政治シオニストとしてのレヴィナス

ところが、レヴィナスその人のまさに政治的な発言を追いかけていくと、レヴィナスはシオニズムに否定的でないどころか、むしろ政治シオニズムの立場にあるのではないかと言わざるを得ない。具体的に見ていこう。

一九五〇年の「イスラエル国とイスラエルの宗教」においてレヴィナスはこう語る。「イスラエル国の重要性は、ユダヤ教の社会法を実現するためにようやく与えられた機会にある。…イスラエル国は、まさに自己を国家として認めさせる行為そのものによって宗教的であらねばならない」[23]。五〇年というのは、イスラエルが建国された四八年からわずか二年後であり、ここで言うイスラエル国は、政治シオニストの世俗的な政治権力と軍事力で打ち立てたばかりの近代国家のことだ。レヴィナスは、イスラエルのその断固たる世俗性に対して、つまりその政治性と暴力性に対して、ユダヤ教によって倫理的正当性を与えているかのようだ。

それゆえ、レヴィナスにとってユダヤ教の法や倫理は、単純な世俗政治にも神権政治にも陥ることなくユダヤ的実存に基づいた国家を支えようという緊張関係にあるのではなく、政治シオニズムによるイスラエル国家との共謀関係にあるのではないか。一九六一年の「今日のユダヤ教」においてはこう語る。「シオニズムとイスラエルの創設は、ユダヤ思想にとって、語のあらゆる意味での自己回帰と千年を超える疎外の終わりを意味している。…イスラエル国は、正義の世界を実現することで歴史を越えるための、初めての機会である」[24]。ここからも明らかなように、レヴィナスの語るシオニズムは、思想上の〈イスラエル王国〉なのではなく、眼前のイスラエル国家を創設した政治シオニズムなのだ。

さらにレヴィナスを見ていこう。一九七一年の「カエサルの国とダヴィデの国」にはこうある。

「一神教徒たちに見合った政治理論を忍耐強く練り上げていくこと、かかる営為をアブラハムの後継者たちに許すはずのもの、それは、アブラハムに約束された土地に対して行使される、近代国家（イスラエル国家：筆者補）の責任のみなのである」[25]。七一年というのは、イスラエルが六七年に第三次中東戦争でヨルダン川西岸地区とガザ地区とを軍事占領した後のことであり、全面的に「エレツ・イスラエル」、つまりパレスチナの全土が手に入ったことを神懸かり的なこととして、露骨な軍事的拡張主義が極右的な宗教言説によって意味づけられ正当化されるようになった時期である。

ちなみに、「アブラハムの後継者」には、ユダヤ人の祖とされるイツハク（アラビア語でイスハーク）と、アラブ人の祖とされるイシュマエル（アラビア語でイスマーイール）とがいる以上、そして古代ユダヤ教徒はのちに改宗してキリスト教徒やムスリムとなっていった現代のパレスチナ人である以上、いずれにせよその直接的な「後継者」はパレスチナ人であって、シオニズム運動を始めたヨーロッパのユダヤ人（中世の改宗由来のユダヤ教徒）ではない。「約束の地」を、ヨーロッパ出身のシオニストによる近代国家に直結させるのは、宗教でも倫理でも民族でもなく、たんなる政治的簒奪《さんだつ》、植民地主義的かつ人種主義的な暴力と言わざるを得ない。

植民地主義を正当化するナラティヴの利用

続けて一九七九年の「政治は後で！」では、「この不毛な土地は、今から三千年前にはイスラエルの民に属していた。…今世紀の初めには、自分たちの労働によってこの土地を甦らせたのだ」[26]とレヴィナスは述べている。これも同様に、政治シオニストが捏造した典型的な政治プロパガンダ「土地なき民に、民なき土地を！」そのままなのだが、しかもそれが「政治は後で！」という題名のもとで語られることの歪さも指摘せざるを得ない。七九年、時あたかも、イスラエルがエジプトと平和条約を結び、その国家的正当性を、アメリカ合衆国の支援を得てアラブの盟主に承認させた、きわめて政治的な行為の余波の中で、レヴィナスは政治シオニズムを語りながら、「政治は後で！」という題名で政治プロパガンダを復唱したのである。さらにレヴィナスはこう続けている。「この国家を築き、防衛しようとする努力は、全ての近隣諸国の異議と脅威にさらされている。…土地はイスラエルにとっては、掛金であり袋小路である。…以上のことから、サダトの偉大さと重要さが帰結する。…サダトはまた、イスラエルとの友好関係がもたらす数々の好機をも理解した」[27]と。サーダート（サダト）というのは当時のエジプト大統領であり、この大いなる政治的妥協をした人物を、レヴィナスは「政治は後で！」の中で政治的に絶賛したのである。皮肉と言うほかない。

続けてレヴィナスは、一九八二年にイスラエル国家がレバノン侵攻を行ない、その過程でサブラーとシャティーラの難民キャンプの大虐殺を煽ったことで、大きな国際的批判にさらされているその最中に、公然とシオニズムを正当化してみせた。曰く、「シオニズムは倫理的な正当性をもった政治的理念であり、ユダヤ人が多数を占める政治的単位がどこでもよい場所にではなく存在することが必要である」[28]。これは、まさにイスラエルがその倫理性に批判が差し向けられていることに対する弁護であり、そして、政治的イスラエル国家の擁護である。レヴィナスが、政治シオニズムおよびイスラエル国家に関してその正当性と必要性をもって擁護しようとする時、その振る舞いは徹頭徹尾「政治的」なのであって、それは哲学思想的な議論とは無縁のもの、あるいは哲学的な用語で粉飾しながら実際には政治シオニズムを説くものになっている。

このように見てきた時に、レヴィナスは一般にはレヴィナス研究者らによってシオニズムに対して批判的であるなどと言われるが、実際には強固なシオニストである。レヴィナスの言動は、そのタイミングと内容とにおいて、むしろ政治シオニストの振る舞いそのものだと言わざるを得ない。哲学者としてのレヴィナスの立場とその倫理学的な主著の存在のために政治的に見られにくいが、レヴィナスは一貫して周到に政治的発言を重ねてきたことが確認できる。

6 ジャック・デリダ（一）

コーエンが黙殺したアラブ・イスラームの存在

ハンナ・アーレント、エマニュエル・レヴィナスには共通して、ヨーロッパ・ユダヤ人（アシュケナジーム）中心主義、ひいてはヨーロッパ中心主義を見て取ることができる。先のジュディス・バトラーは、アーレントのヨーロッパ中心主義の基底にあるカント哲学への依拠を指摘する際に、これまた先に論じた新カント派の哲学者でユダヤ系ドイツ人のヘルマン・コーエンに目を向けている。第一次世界大戦中の一九一五年にシオニズムに反論する流れで、コーエンは「ドイツ性とユダヤ性」という論文を書き、ユダヤ人はヨーロッパに帰属する以上、ユダヤ人国家は必要がないとして、ドイツ・ナショナリズムへの熱心な支持を論じた。反シオニズムという立場ではあるが、ドイツ人とユダヤ人、ドイツにおけるキリスト教徒とユダヤ教徒の特別なつながりと両者の歴史的一体性を強調するもので、ヨーロッパ・ユダヤ人中心主義、ヨーロッパ中心主義の範例を示していると言える。

他方、レヴィナスのヨーロッパ中心主義を批判しつつ、このコーエンの論考を徹底的にかつ批判的に読解したのが、アルジェリア出身でスファラディの哲学者であるジャック・デリダである。[29]デリダの思想は、「脱構築《デコンストラクション》」という独特の内在的読解によるヨーロッパ哲学批判で知られるが、デリダには、このヨーロッパとユダヤとを特権的に結び付ける思考パターン、しかもそれをカント的理性の分有によって基礎づけるような哲学に関する重要な講演論文がある。

デリダは、一九八八年にエルサレムのヘブライ大学で「戦争中の諸解釈――カント、ユダヤ人、ドイツ人」を発表したが、それは前年の八七年から始まったパレスチナ民衆による組織的な抵抗運動（インティファーダ）の真っ只中でのことであった。デリダは、この哲学史に深く分け入る発表が、パレスチナ／イスラエルの厳しい暴力のもとでなされることを強く意識していると冒頭で明言している。[30]この論考の中でデリダは、ヘルマン・コーエンがユダヤ民族とドイツ民族、ユダヤ教とプロテスタントを結び付ける親近性を、プラトンのイデア論（ギリシャ哲学）とルターによる宗教改革によって基礎づけた一方で、イスラーム統治下の中世スペインでマイモニデス（一三四ページ）をはじめとするユダヤ人学者らがギリシャ哲学をアラビア語へと翻訳し、さらにラテン語へと重訳していたという契機を無視したことを指摘している。「マイモニデスは自分のことをむしろユダヤ－アラブ的だと…感じていたのだが、その彼がポスト・ルターのドイツとの同盟に知らないうちに署名させられ」た。[31]すなわち、コーエンは、アラブ・イスラームの介在を黙殺することで、ギリシャ－ユダヤ－ドイツの紐帯を、あるいはギリシャ哲学－ユダヤ教－キリスト教の紐帯を本質化しているのであり、その紐帯を最も代表するのがカント哲学である、と言うのだ。

このドイツ系ユダヤ人哲学者たちによる、キリスト教徒との一体化およびドイツ・ナショナリズムの支持か、あるいはユダヤ・ナショナリズムおよびシオニズムへの傾倒か、あるいはいずれにも与しないディアスポラ主義かという論争や影響関係は、コーエンの議論を範例としつつ、コーエン以降、第一次世界大戦後のナチズムの台頭と第二次世界大戦を挟んでイスラエル建国に至るまで、フランツ・ローゼンツヴァイク、ヴァルター・ベンヤミン、ゲルショム・ショーレム、マルティン・ブーバー、ハンナ・アーレントらをことごとく否応なしに巻き込んでいった。だが、その誰一人として、イスラームはもちろんのこと、中東のユダヤ人であるスファラディームに向き合えた者はいなかった。

「最後のユダヤ人」としてのジャベスとデリダ

それに対して、アルジェリアのユダヤ教コミュニティ出身のジャック・デリダは、その最初期の著作『エクリチュールと差異』（一九六七年）から最晩年の講演をもとに死後刊行された『最後のユダヤ人』（二〇一四年）に至るまで、繰り返しこの中東のユダヤ人を論じてきた。『エクリチュールと差異』では、浩瀚《こうかん》で緻密なミシェル・フーコー批判の論考とエマニュエル・レヴィナス批判の論考とのあいだに、「エドモン・ジャベスと書物の問い」という詩的な響きを持つ短い散文が挟まれている。これは、エジプト出身のスファラディのユダヤ人の詩人、エドモン・ジャベスの『問いの書』[32]をめぐる文章である。ジャベスは一九一二年にエジプトのカイロに生まれるが、一九五七年に独裁的なナーセル政権によってエジプトを追放されフランスに移住した。

同じく北アフリカ地域出身のユダヤ人として、デリダはジャベスに限りない親近感を示し、その前後の章でフーコーやレヴィナスに対して執拗に徹底した批判を加えたのとは異なり、ジャベスの声、しかもそれは架空の無数のレブ（ユダヤ人の師）の声を借りて発せられるアフォリズムを反響させるように敷衍している。「ユダヤ人や詩人が〈場所〉を声高に主張するとき、彼らは戦争を布告しているのではない。なぜなら、記憶の彼方からわれわれを呼び起こす、この〈場所〉、この大地はいつであっても〈向こう〉であるのだから。〈場所〉は領土に属する経験的で国家的な〈ここ〉ではない」。さらに別の箇所では、「〈場所〉や〈大地〉への懇請は、…領土や地所に対する情念的執着とは何の関連もない。…この懇請が経験的「ナショナリズム」と結びつかないのは、少なくとも、〈大地〉に対するヘブライ的郷愁…がそうしたものと結びつかない、あるいは結びつくべきではないのと同じである」[33]としている。

ここでデリダが、ユダヤ人やヘブライズムを現実の領土国家、つまり政治シオニズムやイスラエル国家に結び付けていないことは明らかだ。この点は、つねに明確に政治シオニストとしてイスラエル国家を肯定し続けたレヴィナスとは対照的である。デリダやジャベスにとって、ユダヤ人の〈場所〉は国境線に画定された国家ではなく、むしろ北アフリカの出身者らしく砂漠的な曖昧な広がりでイメージされる〈向こう〉、あるいはトーラーに対してラビ（宗教指導者）たちが解釈に解釈を重ねた「書物」の〈向こう〉、むしろ〈非・場所〉である。つまり領土国家イスラエルは拒絶されていると言える。ユダヤ人は、領土国家にではなく「書物」に、砂漠で生まれた砂でできた聖書に、そして「砂漠」という場所ならざる場所に、帰属することなく帰属する「遊牧民＝ノマド」であるという。[34]

そのようなユダヤ人としてのジャベスは、「ユダヤ人以上のユダヤ人であるとともに、ユダヤ人以下のユダヤ人」であるとデリダは言うが、これはまさに「最後のユダヤ人」としてのデリダ本人のことでもある。すなわち「最もユダヤ的でない人」の意としての「最後のユダヤ人」だ。[35]砂漠は、もちろんジャベスとデリダがルーツを持つ中東・北アフリカを象徴しているが、それはヨーロッパではない場所のことであり、アシュケナジームによるヨーロッパ・ユダヤ思想がユダヤ思想の中心であるかのように論じられていることに対する強い異論になっている。そしてそれは、シオニズム思想に対する根底的な批判でもある。

7　ジャック・デリダ（二）

アブラハムの一神教をめぐる決定的欠如

ところでジャック・デリダは『最後のユダヤ人』の中で、エマニュエル・レヴィナスがユダヤ教－キリスト教のつながりのうちに預言者アブラハムを置いているのに対して、「レヴィナスとは異なるユダヤ教の岸から、地中海の対岸からやって来たユダヤ人」を自認して、レヴィナスに「イスラーム－イブラーヒーム的なものの不在」を指摘する。[36] 先にも「戦争中の諸解釈」で見たように、デリダは、ユダヤ－アラブ的なマイモニデスを、ドイツ・ユダヤ人の哲学者らが隠蔽して歪曲し、ギリシャ哲学－ユダヤ教－キリスト教の紐帯を本質化する思想家へとこっそり描き直したことを批判していた。そして、その反アラブ・反イスラーム的操作をレヴィナスその人まで共有していることをデリダは指摘し、「地中海の対岸」としての自分との違いを明示しながら、レヴィナスにおいて「ユダヤ－カトリック－プロテスタントというアブラハム的三角形」のうちに「イスラーム－イブラーヒーム的なものの不在」を見抜くのだ。

実際、「アブラハムの一神教」は、ユダヤ教とキリスト教とイスラームとを指すのであり、アブラハムを含む共通の預言者たちと、『モーセ五書』を含む共通の啓典を共有している以上、そもそもの三つは別々の宗教と言うよりも、「三つの宗派」と呼ぶべきであろう(さらにそのそれぞれが細かな宗派に細分される)。また、アブラハムはアラビア語では「イブラーヒーム」と発音するが同一人物を指し、その子であり異母兄弟となるイツハク(アラビア語でイスハーク)とイシュマエル(アラビア語でイスマーイール)とは、前者がユダヤ人の祖先、後者がアラブ人の祖先となる。すなわちユダヤ人とアラブ人とは、アブラハム＝イブラーヒームを共通の祖先としているのである。

したがって、その墓廟であるイブラーヒーム・モスクのあるヨルダン川西岸地区のアラブ人の街ヘブロン(アル＝ハリール)は、ユダヤ教原理主義者・過激派が自ら武装しつつイスラエル軍にも守られながら強硬に集団入植して占領したことで、パレスチナで最も暴力と緊張が蔓延してきた場所である。そのユダヤ人過激派の入植と暴力の結果、イブラーヒーム・モスク内部は、アブラハムの墓を挟んでイスラームのモスク側とユダヤ教のシナゴーグ側とに二分割され、アラブ人(パレスチナ人)とユダヤ人(イスラエル人)とは建物の正反対側にある別々の入り口を用いて、鉄格子に囲まれたイブラーヒーム＝アブラハムの墓をそれぞれ別々の側から拝むかたちになっている。それはまるで一人の預言者の身体が真っ二つに切断されたかのようにも映る。

デリダがヨーロッパのユダヤ思想家たちに、中東のスファラディームとイスラームの「不在」を指摘する時、デリダはシオニズムに対して否定的なのはもちろんのこと、一般的なユダヤ教からも距離を置いた。「もっとも少なくユダヤ的である者、もっともユダヤ人にふさわしくない者」としての「最後のユダヤ人」である、と自らを称して。[37]

〈来たるべき民主主義〉とその限界

それゆえにであろう、デリダはこの『最後のユダヤ人』の元になる講演の後、亡くなる前年の二〇〇三年に、パリのアラブ世界研究所で開催された故郷アルジェリアに関するシンポジウムに出席し、アルジェリアのイスラーム学者ムスタファ・シェリフと対談を行なっている。その中でデリダは、自らのルーツがアルジェリア以前にはイスラーム統治下のスペインのユダヤ

イブラーヒーム・モスク内部にあるアブラハムの慰霊碑。慰霊碑はモスク側に位置しており、シナゴーグからも格子窓を通じて拝めるようになっている（Fallaner、Wikimedia Commonsより引用）。

人にあることに触れながら、その地でギリシャ思想とアラブ思想とユダヤ思想とが親密なやり方で混ざり合っていること、それゆえアラブ・イスラーム文化と西洋文化とを対立させることを批判し、複数形のイスラームと複数形の西洋とが相互に豊かにし合う共存を論じている。[38] そして、ヨーロッパ中心主義にもアメリカ合衆国の覇権主義にも与しない〈来たるべき民主主義〉をアラブ・イスラーム世界と欧米とがともに達成すべきことを説いている。[39] それは、ヨーロッパのフランス人からアルジェリアのムスリムに対する呼びかけではなく、自らが「アルジェリア人でもある」デリダだからこそ、アラブ・イスラーム圏内のスファラディームのユダヤ人家系出身であるデリダだからこそ、可能である呼びかけである。内部でありかつ外部である場所から、越境的移動を経験した者として、イスラーム圏もキリスト教圏も知るマイノリティのユダヤ人として、つまり周縁からの視線と声をもって、呼びかけているのである。

とは言えデリダは、〈非・場所〉や〈来たるべき民主主義〉によって彼方の理想郷を求めたわけではない。それでもなお「フランス人でしかない」デリダは、フランスという植民地主義的な国家を引き受け、それに対する脱構築的改良主義のビジョンを持っていた。この点で、暴力なき世界、完全な非暴力を倫理として打ち出したかのようなレヴィナスに対して、デリダはいかなる非暴力の哲学であっても決して、歴史の中では、暴力のエコノミーにおける「最小の暴力」を選択することしかできないとして批判し、「最小の暴力」を、場合によっては対抗暴力も含めて、次善として受け入れた。[40] そうした点でデリダは、すでに存在してしまっているイスラエル国家そのものを否定しはしない。イスラエルの創設がいかに不当で、かつ現在のその維持もまた暴力に依拠するものであっても、その存在を抹消しようという正義がなす暴力の大きさを前に、イスラエルの直截的な否定を回避しているように見える。

またあらためてレヴィナスを振り返った時に、デリダと対比して、気になる点がある。つまり、レヴィナスは「他者の顔」を前にした暴力批判の倫理を提唱しながら、しかし現実政治においては、共存を目指す文化シオニズムではなく、アラブ・パレスチナ人という「他者」を弾圧し排除することでしか成り立ち得ない政治シオニズムの立場を取り、ユダヤ人の排他的な近代領土国家イスラエルを擁護した（文化シオニズムであれば排他的領土を主張しないという点でパレスチナ人の排除を含意しない）。レヴィナスにおいて、この倫理思想と政治的立場とはどのように両立するのか、しないのか。逆にデリダは、ユダヤ人の〈場所〉としては領土的なユダヤ人国家を、政治シオニズムを否定しながら、他方では非暴力の絶対的倫理のようなものも批判し、「最小の暴力」を肯定した。この整理で言えば、レヴィナスとデリダは、その思想と政治の関係において、完全にねじれているように見える。

このねじれは、端的に言えば、二人がともに「アブラハムの一神教」のことを思考し論じている時に、一方でレヴィナスがほかのヨーロッパ・ユダヤ人の思想家たちと同じように、ユダヤ教－キリスト教的紐帯のみを想定しているのに対して、他方でデリダはユダヤ教－キリスト教－イスラーム的紐帯を想定していることに由来する。この差異は、デリダにおいては意識的であり、そして決定的に大きい。

8　ハミッド・ダバシ（一）

閑却されてきた知の越境人、ゴルトツィーエル・イグナーツ

ジュディス・バトラーがカント哲学を、ジャック・デリダが新カント派を、それぞれヨーロッパ・ユダヤ思想が範例化しているものとして批判の俎上に載せたが、そのカントの言う「理性」や「判断力」が普遍的なものではなく、きわめてヨーロッパ的近代国家の主権的主体を無意識の前提とした論であり、すなわちそれが植民地主義的でかつ人種主義的なものであることを分析したのは、イラン出身で在米のイスラーム研究者ハミッド・ダバシによる『ポスト・オリエンタリズム』（作品社）である。

旧植民地の目から見た時に、カントの記述でダバシが看過しがたかったのは、「ヨーロッパ人だけを世界の頂点に立ち統治する唯一全治の主体として構想」し、「ヨーロッパ人は崇高なものと美的なものに関する卓越した感性をもっている」とした一方で、「ヨーロッパ人以外の地球上のあらゆる民族を人種差別的に蹴散らすカタログ」をつくり、非ヨーロッパ人を本質的に「退化した」「快楽に堕した」「不自然な」「怪物的な」「醜悪な」「無知な」存在として特徴づけたことであった、とダバシは指摘する。[41]

それとは対照的に、ダバシがきわめて高い評価をするヨーロッパの知識人が、ハンガリーのイスラーム研究者で、かつ自身はユダヤ教徒であったゴルトツィーエル・イグナーツ（一八五〇〜一九二一年）である。ゴルトツィーエルという当時においては卓越したイスラーム研究者は、最近まで悪意で歪曲された抄訳によって英語圏でも過小評価され忘却されていたのだが、ダバシは精確な全訳に長文の解説を付して再評価を与えたのであった。ここで重要な点は、ゴルトツィーエルが、一九世紀後半から二〇世紀初頭というまさにシオニズムが強く台頭していく時代に活躍した、ヨーロッパの敬虔なユダヤ教徒であり、かつ明確にシオニズムに反対していたということ（長らく歪曲と忘却に晒されてきたのも反シオニズムに起因する）、そしてムスリムであるダバシがこの敬虔なユダヤ教徒を再評価し紹介したということだ。ユダヤ教とイスラームとが全く対立的でないことが、この二重に越境的な関係性からはっきりと示されている。

ゴルトツィーエルのイスラーム研究が当時のものとしてどれほど傑出していたのかは、イスラーム研究者であるイラン人のダバシが、「かくも広大な学問地図、歴史的洞察力の備わった文章、一つの文明全体のゲシュタルト的認識…、政治史・思想運動に関する議論の詳細…が行き届いた文章」と手放しで絶賛するほどである[42]。そしてゴルトツィーエルは机上の学問をするにとどまらず、エジプト・カイロの名門アズハル大学に学び、そのアラビア語とイスラームに関する知識の深さが地元の学者に強い感銘を与え、エジプトの教育大臣からは好条件で教育ポストの申し出まで受けたほどであった[43]。

しかもゴルトツィーエルは、これほど傾倒したイスラームに改宗することなく、敬虔なユダヤ教徒であり続けた。むしろ、ユダヤ教への信仰とユダヤ教についての学識を通してこそイスラームを深く理解し得たのであり、ユダヤ教の思想的可能性の実現をイスラームの中に見いだしていた[44]。ゴルトツィーエル自らが「ごく若い頃からヘブライ語聖書とクルアーンから得た二つのモットーが自分の人生の指針だった」と語ったように、「学者人生を懸けたイスラーム研究とゆるぎないユダヤ教への帰依とは、どちらも相互に不可欠のものであり、同じ人格をなす核心部分であった」とダバシは評する[45]。

またそれゆえにこそ、エジプトでも反植民地のデモに参加するなど、ヨーロッパによる植民地主義には一貫して反対していた一方で、エジプト文化の復興やエジプト・ナショナリズムを支持する文章を発表するなどした。さらに、これもユダヤ教の信仰とイスラーム研究から必然的に導き出されたことだが、ゴルトツィーエルは、まさに同時代に台頭してきたシオニズム運動に対して、それがヨーロッパによる中東に対する植民地主義であるとして断固として反対していた。多くのオスマン帝国のムスリム指導者たちやアラブ人の名士・学者らの信頼を得ているヨーロッパ・ユダヤ人としてゴルトツィーエルの元には、「シオニズムの父」テオドール・ヘルツルも含むシオニストの指導者たちが協力を求めて接近してきたが、それをことごとく拒否していたのである。ゴルトツィーエルのシオニズム拒否の姿勢は、ヘルツルが積極的にパレスチナを統治するオスマン帝国の皇帝に取り入ろうとしていた一九〇〇年前後も、またバルフォア宣言でイギリスがパレスチナでのユダヤ人の郷土建設を認めた一九一七年以降も、一貫して変わることがなかった。[46] 他方で、ゴルトツィーエルの同僚や上司らは、台頭するシオニズムに迎合する見返りに多額の報酬を得て出世していったのだが、それを横目にゴルトツィーエルはシオニズムへの協力拒否を理由に閑職に追いやられ困窮させられていき、さらにシオニズムを前提に受け入れている後世の研究者らからも長いあいだ歪曲され忘却されてきたのであった。ダバシによって発掘されるまで。

ヨーロッパの反中東思想に対抗する

先に見たデリダにマイモニデスに対する言及があったが、ダバシもまた、ゴルトツィーエル・イグナーツの思想的立場をマイモニデスに、あるいはアヴィケンナに直結する思想的伝統に位置付けている[47]。ラテン語名マイモニデス、あるいはヘブライ語名モーシェ・ベン＝マイモーン、アラビア語名ムーサー・イブン＝マイムーンは、一二世紀イスラーム統治下スペインのスファラディのユダヤ教徒のラビで、ユダヤ・アラブ・ギリシャ・ラテン世界の言語と学問に精通していた。ラテン語名アヴィケンナ、ペルシャ語名イブン・スィーナーは、一一世紀に活躍したペルシャ出身の科学者・医学者で、ペルシャ語・アラビア語・ギリシャ語・ラテン語に通じ、そのそれぞれで自然科学・医学・哲学・宗教学を極めた。プラトンやアリストテレスの思想は、そのまま古代ギリシャからヨーロッパ世界へと継承されたのではない。アヴィケンナやマイモニデスらをはじめとする中世イスラーム圏でギリシャ語とアラビア語に通じたペルシャ人やユダヤ人がラテン語に翻訳したりラテン語で論じたりしたことによって、ようやくヨーロッパ世界に紹介されていったのである。

ギリシャ－キリスト教の紐帯を本質化したヨーロッパが、いかに欺瞞的で反イスラーム的、反アラブ的、反スファラディ的かはいくら強調しても過ぎることはない。在米イラン人のハミッド・ダバシが、こうした中東世界で越境的なスファラディのユダヤ教およびイスラームとの関係性を重視する視点は、ジャック・デリダにも通底するものである。そして、この二人のユダヤ人がシオニズムに批判的であるのも、中東世界におけるユダヤ教とイスラームの越境性ゆえなのだ。

9　ハミッド・ダバシ（二）

侵略と虐殺が加速する三つの理由

ハミッド・ダバシは、二〇二三年一〇月七日のガザ蜂起を契機としたイスラエルによる大規模なガザ地区侵攻の最中に、そのイスラエルの壊滅的なまでの攻撃性はどこから来ているのかを考察する一連の重要な論考を、中東問題を中心に扱うロンドンのジャーナル誌『ミドルイースト・アイ』に精力的に発表している。政治シオニズムがパレスチナの乗っ取りをその本質としていること、またその一段階としてのパレスチナ入植がヨーロッパの排外主義的なナショナリズムとともにヨーロッパのアジア・アフリカに対する植民地主義に基づいていることを、あらためてこのガザ攻撃の基底に再認することが重要だという。すなわち、シオニズム発生の経緯を振り返ると、その暴力性の深淵は近代のヨーロッパそのものに根ざしているというところから考える必要があるのだ。

　ダバシは、記事「イスラエルの対ガザ戦争にはヨーロッパ植民地主義の歴史全体が含まれている」（二〇二三年一二月二九日）[48]において、「入植者植民地主義《セトラー・コロニアリズム》」、「明白なる天命《マニフェスト・デスティニー》」、「野蛮人の根絶やし」（コンラッド『闇の奥』）、この三つの思想がヨーロッパのアジア・アフリカ支配の原理をなしており、イスラエルのガザ攻撃にもそれが濃厚に現れ出ている、と整理する。

　この三つは密接に関連するが、ヨーロッパが南北アメリカや南アフリカやオーストラリアに入植していった際に、入植者が先住民を奴隷化し、土地や資源を奪い、労働力を搾取し、そしてそこに入植者コミュニティが中心となる国家を建設した歴史はまさにセトラー・コロニアリズムに基づくものである。イスラエルもそこに連なるセトラー・コロニアル国家である。

　そしてその先住民からの収奪や殺害は、アメリカ合衆国の場合は、神から授けられた「明白なる天命」によって正当化のイデオロギーを得た。テキサス共和国の併合を「神による意思」として煽動する標語として使われ始め、その後さらなる西部侵出、さらにはハワイやフィリピンなどの海外膨張時まで一貫して使われた。ダバシによれば、シオニズムにおける「聖地」や「約束の地」という短絡した聖書解釈でパレスチナの全面占領を正当化することが、マニフェスト・デスティニーに当たる。

そして「野蛮人の根絶やし」は、一八九九年に発表されたイギリスのジョゼフ・コンラッドの小説『闇の奥』に登場する、アフリカ中部ベルギー領コンゴに来たヨーロッパ商人が象牙を扱うブローカーから耳にした「すべての野蛮人を根絶やしにせよ」という言葉である。ヨーロッパ人は「文明人」、アフリカ人は「野蛮人」という典型的なヨーロッパ中心主義的な人種主義と植民地主義に基づき、先住のアフリカ人のジェノサイドが正当化される。ガザ地区ではパレスチナ人が無差別に虐殺されているが、この常軌を逸した殺戮が長期にわたって継続しているのも、自分たちヨーロッパ・ユダヤ人が「文明人」でパレスチナ人が「野蛮人」だという絶対的な差異を認め、そして野蛮人は同じ人間ではないと認識しているからだ。

事実、〈一〇・七〉ガザ蜂起の直後に、イスラエルのガラント国防大臣が「われわれは人間動物を相手にしている」と発言し、またネタニヤフ首相やヘルツォグ大統領が「ガザ攻撃は西洋文明を守る戦争である」と相次いで繰り返すなど、文明対野蛮という図式での発言が際立っているのは、その明確な証左である。

このダバシの整理した「入植者植民地主義」「明白なる天命」「野蛮人の根絶やし」の三点は、イスラエルによるガザ侵攻の非人道性についての思想的基盤の指摘としてきわめて説得的である。

人種差別の歴史を体現したハーバーマスの発言

続いてダバシは、「ガザのおかげでヨーロッパ哲学の倫理的破綻が露呈した」（二〇二四年一月一八日）[49]という記事において、「私たちアラブ人、イラン人、ムスリムらは、カントやヘーゲルに始まり、レヴィナスやジジェクに至るまでオリエンタリストたちが解読する任務を負った奇異な存在であり、物体であり、知覚対象であるため、イスラエルとアメリカ、そしてヨーロッパの同盟国によって何万人もの人間が殺されても、ヨーロッパの哲学者たちの心にはほんのわずかも響かない」として、近現代ヨーロッパ哲学に通底するレイシズムを厳しく批判する。

そして、ドイツを代表する社会哲学者ユルゲン・ハーバーマスが同僚らとともに、ガザ攻撃において断固としてイスラエルの側と連帯すべきであると共同声明を発表したことを取り上げて、このパレスチナ人に対するジェノサイドを正当化するような発言が、近代民主主義者としてのハーバーマスの思想と矛盾しているのではなく、ダバシはむしろ、非ヨーロッパ人であるパレスチナ人の命を軽視することはハーバーマスの暴力的なシオニズムに対する支持と完全に一貫していると指摘する。

しかもそのハーバーマスの姿勢は、かつてドイツ帝国がドイツ領南西アフリカ（現ナミビア）で行なった先住民のヘレロ人とナマクア人への大量虐殺（一九〇四〜〇八年）と一貫し、さらにドイツを代表するもう一人の哲学者、マルティン・ハイデガーによるナチズムへの協力と同類の問題であるとダバシは言う。これはハーバーマスだけでなく、現在のドイツの左派知識人らが、人種差別的・イスラーム嫌悪的・外国人嫌悪的にアラブ人やムスリムに否定的な感情を持ち、イスラエルによるパレスチナに対する入植活動や軍事攻撃を支持していることとも一致していると言う。

ガザ侵攻が明らかにしたヨーロッパ哲学の暴力的本質

さらにダバシは、記事「ヘーゲルの人種主義哲学がヨーロッパのシオニズムに与えた影響」（二〇二四年三月一五日）[50]において、「世界全体が、長いあいだ「西洋文明」として自らを売り込んできた人種差別的なヨーロッパの蛮行に目を向けている」として、イスラエルが自らをその一部として主張している「西洋文明」そのものに切り込んでいる。まず、その文明史観の根底にいる代表的な思想家としてヘーゲルを挙げ、そこに「大胆に書き込まれている低俗な人種差別主義」が果たした重い役割に注目を促している。ダバシは近年次々と批判的研究の進んでいるヘーゲル研究に論及しながら、ヘーゲル哲学がドイツをはじめとするヨーロッパ諸国（ギリシャ・ローマ・ゲルマン）を、アジア・アフリカに対する優越的な発展段階史に置いていること、それゆえにヘーゲルがアフリカについて「まだ暗い夜に包まれた幼い大地」で「道徳、政治、宗教が欠けている」とみなしていること、そしてアフリカ人については「完全に野性的で未開の状態にある自然人」と表現していることを指摘した。

つまり、「理性の自己実現」という啓蒙的な近代哲学の基礎を築いたとされるヘーゲルその人こそが、アジア・アフリカに対するヨーロッパの植民地支配と人種差別を正当化する代表的イデオローグだったというわけだ。

前記事でも触れたドイツ領南西アフリカでの先住民虐殺はきわめて象徴的な出来事であるし、これは「西洋文明」の行なった数々の蛮行の一例に過ぎない。ナチスのユダヤ人に対するホロコーストも、シオニズムのパレスチナ人に対する民族浄化も、その一直線上にある。この「西洋文明」の一員を自任するシオニズムが、イスラエル建国以降もその本質を何ら変えることなく占領政策を続けてきた以上、現代イスラエル国家が植民地主義的で人種主義的であることは避けられない。二一世紀のガザ地区で進んでいるジェノサイドも、全く同じ範疇に入る。「文明」を装った最悪の「野蛮」が横行しているのだ。

ダバシはこうまとめる。「問題なのは、ヨーロッパの一流哲学者の諸著作を貫くのは、偶発的で無視し得る不運な人種差別などではない。イスラエルがガザに与え続けている大惨事は世界の衆目に晒されており、私たちはリベラルなおしゃべりなどをはるかに通り越した道にいる。人種差別は、ヘーゲルをはじめとするドイツやヨーロッパの哲学者たちの哲学装置全体にとって決定的なものだった。ヨーロッパと世界中の入植者植民地にある人種差別的な銅像を撤去したように、このシステム全体を崩壊させなければならない」。

すなわち、普遍を誇るヨーロッパ哲学が本来の役割から逸脱しているのではなく、ヨーロッパ哲学はその本質において人種差別的で植民地主義的である、とダバシは結論付けつつ、それがこのガザ攻撃で完全に露呈したと言うのである。

10 ボヤーリン兄弟とパレスチナ・フェミニスト・コレクティヴ

シオニズムの反動的マッチョ性

ここまでシオニズムが内在させている植民地主義と人種主義について取り上げてきたが、同時にシオニズムにはその起源において性差別主義が含まれていることを考察しなければならない。それは、シオニズムの実践する侵略・占領の軍事暴力にマッチョさが露呈しているというにとどまらず、ユダヤ・ナショナリズムとしてのシオニズムの核心に関わってくる。

イスラエルによる占領地に対する軍事的暴力や収奪に先立ち、そもそも入植型植民地主義（セトラー・コロニアリズム）の典型とされるシオニズムは、パレスチナの地を乗っ取るのに際して、先住のパレスチナ人を虐殺・追放して人口数を削減させながら、イギリス委任統治政府を利用したり、場合によってはそれさえも敵視したりしながら、パレスチナ全土を奪取しようという思想運動であった。それゆえ、それが極度に攻撃的になりがちなのは、実はイスラエル建国前から一貫しており、不可避なことである。力に訴え支配するという振る舞いがマッチョ性の発露であることは言うまでもない。とりわけ、一九四八年の建国直前にエルサレム郊外のデイル・ヤースィーン村でパレスチナ人数百人を虐殺し、その恐怖を周辺村落の住民たちの追放に利用したことは有名であるが、そうした虐殺と追放に際してシオニストによるパレスチナ人女性に対する集団レイプも発生している。[51] ジェノサイドや民族浄化の際に、敵対する民族集団の女性に対する集団レイプは、民族を生む女性性への攻撃であると同時に、自民族の女性を守るべきとされる男性性に対する攻撃でもあることは、広く知られており、こうした性暴力を手段として使っていることにシオニストのマッチョ性が表れ出ている。

このシオニズムの攻撃性に潜むマッチョ性の歴史的由来も重要な転換点である。というのも、シオニズムにおけるマッチョ性というのは、ひじょうに近代的でかつ人為的なものだからである。在米ユダヤ人でユダヤ教・ユダヤ文化の研究者であるジョナサン・ボヤーリンとダニエル・ボヤーリンの兄弟は、亡国・追放後のラビ・ユダヤ教の発展を、国家なきユダヤ文化として、つまりナショナルな同質性を否定したディアスポラ主義として特徴づけつつ、その基盤が暴力や支配を回避した生存戦略としての「女々しさ」にあるとした。[52] これは古代にローマ帝国に国を滅ぼされてディアスポラ（追放された者）となったユダヤ人が、国家を持つことなく異教徒支配のもとで争いを避けて生き抜く知恵でもあり、「雄々しく」戦って支配者になるか、あるいは国家のために命を賭けて戦って死ぬのではな

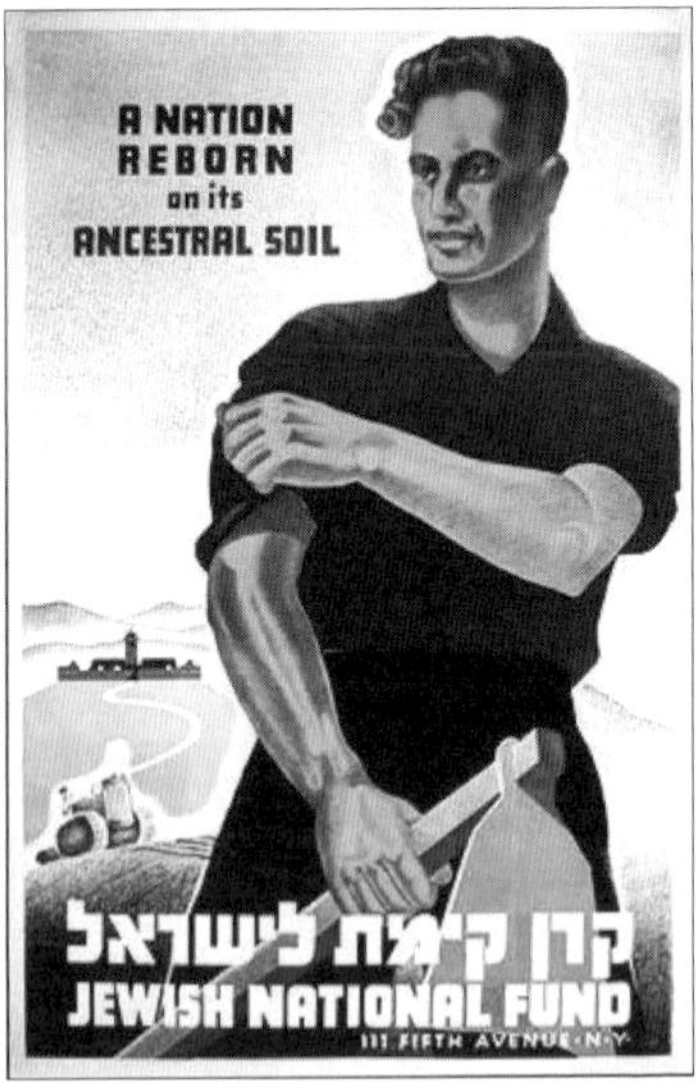

「A Nation Reborn」エルンスト・メヒナー、オッテ・ヴァリッシュ、1940年（The Palestine Poster Project Archives、https://www.palestineposterproject.org/poster/a-nation-rebornより引用）。

く、「女々しく」戦わずにひっそりと生き延びることを、亡国の教訓、つまりディアスポラの思想としたのだった。それゆえに前近代までのヨーロッパにおける反ユダヤ主義言説では、マイノリティであるユダヤ教徒の男性を「女々しい」つまり「女性的」であり、そして「同性愛的」である、とすることが広く流布していた。

近代シオニズムは、まさにユダヤ人が自らの国家を持ち、その国民になろう（土地を支配し自ら支配者となろう）というものである以上、徹底してこの「女々しさ」の否定、「弱々しさ」の否定、ディアスポラの否定であるほかなかった。ユダヤ人の特質とされた「女性性」ないし「同性愛性」は、ユダヤ教徒が「ユダヤ民族」、ひいては「ユダヤ国民」になることによって、克服されようとした。すなわち、力強く戦い土地を勝ち取ることで、ディアスポラ（離散状態）を終わらせなければならないと、シオニズム運動の初期において意図的にがらっと塗り替えられたのである。[53] このシオニズムのために戦うユダヤ人は、「筋骨たくましいユダヤ人（マッスル・ジュー）」とも呼ばれ、文字通りにマッチョな性格を帯びさせられた。これは、国家のない離散の民であることを「不健康」な状況と捉えて、「健康」的な国民へと転換するということでもあったのだが、それは同時に、「異常な同性愛」から「正常な異性愛」へという転換でもあったのだ（なお、「離散」というのはそもそも「帰還」的移民を正当化するための神話であり、各地のユダヤ教コミュニティが古代ユダヤ王国から離散したわけではなく、とくにヨーロッパのユダヤ教は宗教文化の伝播、伝道による集団的改宗の結果として生まれたものであることは忘れてはならない）。

またシオニズム運動の初期においては、力強い「開拓者」のイメージも重視され、これもまたジェンダー的役割分担の強調につながった。というのも、シオニズムにおいては、離散と帰還を正当化するスローガンとして「土地なき民に、民なき土地を」が掲げられたのだが、この「無人の荒野」を「開拓する」というイメージが、先住パレスチナ人の追放という残虐さを隠蔽しシオニズムを美化するために必要だったのだ。そして、ここでも筋肉質のユダヤ人が農機具で土地を開墾するという絵図が多用された。

リプロダクティヴ・ヘルス／ライツへの介入と破壊

イスラエル建国後の占領政策においても、セクシュアリティは巧妙に使い続けられている。ユダヤ人国家、つまり「ユダヤ人人口比を極大化する」ことを至上命題とした国家は、デモクラシー（民主主義）国家ではなく「デモグラフィー（人口統計）国家」だとも揶揄された。またユダヤ人のみを本来的国民としながら先住パレスチナ人を公然と差別・排除する政治体制は、デモクラシーではなく「エスノクラシー」（エスニシティで分断する体制）だという造語まで生んだ。[54] そこではパレスチナ人は人口総体として「邪魔者・脅威」とみなされる以上、パレスチナ社会の女性性と男性性はイスラエル側からの操作対象・攻撃対象とされてしまう。つまり、パレスチナ女性のリプロダクティヴ・ヘルス／ライツを根底的に破壊し、パレスチナ人の再生産すなわち民族集団を継承する次世代の出産・育児と教育を阻害することを意図した占領政策として、ヨルダン川西岸地区・ガザ地区では執拗に病院と学校がイスラエル軍の破壊対象とされるのだ（パレスチナ・フェミニスト・コレクティヴ「ガザにおけるリプロダクティヴ・ジェノサイドを非難する」）。[55]

また占領政策においては、イスラエル軍兵士はパレスチナ人女性に対して性暴力を組織的に行ない（刑務所内での性暴力も含めて）、そのことを通して民族集団への身体的かつ心理的な攻撃が行なわれている。アラブ社会はしばしば家父長制が強く保守的とされるが（本書第Ⅲ部でも触れるようにこの言説自体に問題はあるのだが）、女性を守ることのできない男性というかたちで男性性もまた毀損されるのである。同時にパレスチナ人男性の身体に対しても、イスラエル軍・警察に拘束された際に、しばしば性的拷問が用いられるのだが、これはあえて性的な屈辱を与えることで、家父長的な威厳を傷つけ、家族社会の破壊が意図されている（パレスチナ・フェミニスト・コレクティヴ「植民地主義フェミニズムを封じ込めよ」[56]）。

これらの諸点は、「パレスチナはフェミニズムの課題である」と宣言したパレスチナ・フェミニスト・コレクティヴという運動体による重要な指摘である。

保守的なアラブ／先進的なイスラエルという印象操作——ピンク・ウォッシング

ところで、この「アラブ社会（パレスチナも含む）は家父長制が強く、女性に対して抑圧的である」という言説は、一面でそのような側面があるのは事実としても、それがあたかもアラブ社会の本質であるかのように語るのは、明らかに間違いである。というのも、第一に、そもそもアラブ世界に対するヨーロッパ諸国による分割植民地支配時に、地域の家父長的な男性権力者が傀儡的に利用されてきた結果として、家父長制は植民地下で維持・強化されてきたからであり、それはヨーロッパ支配との共犯関係だからである。第二に、イスラエルによるパレスチナの軍事占領が、パレスチナ社会の民主化や政治・経済・行政の発展を阻害し、その結果として経済や福祉などの役割が家族社会に依存せざるを得ない状況が続いているからである。加えて言えば、イスラエル軍による占領の暴力によって負傷や屈辱を受けたパレスチナ人男性が、家庭内でかろうじて家長的威厳を保つために、過剰に妻子に対して権威的になる傾向もある。すなわち、アラブ・パレスチナ社会における家父長制や保守性は伝統や本質としてそうあるのではなく、ヨーロッパによる植民地支配とイスラエルによる軍事占領とによって利用・強化されてきたのであって、それを無視して家父長制を本質化するのは、アラブ世界への蔑視だと言える。

さらに、この「アラブ社会は家父長的・保守的」という言説と対比的に、近年イスラエルが戦略的に用いているのが、「ピンク・ウォッシング」と言われる、「性的マイノリティ（LGBTQ）の人権に配慮している先進国」という印象操作である。イスラエルは、この「人権先進国」というイメージによって、国内のパレスチナ人に対する差別やパレスチナ占領地・周辺アラブ諸国に対する軍事的暴力を隠蔽・糊塗しているのである。一九九〇年代後半からイスラエルの首都テルアビブ（イスラエルは軍事占領地であるエルサレムを首都と主張しているが、日本を含む国際社会では認められていない）では毎年プライド・パレードが大規模に開催されており、「イスラエルは中東で唯一、性的マイノリティの権利が守られている民主国」という対外的な宣伝がなされているが、それは実は、返す刀で、「アラブ社会には伝統的な男性支配のもとで性暴力が溢れている」とか、「イスラーム社会にはＬＧＢＴＱ差別が蔓延している」といった宣伝とセットになっていることに注意を要する。[57]

ここで利用されているのは、典型的なオリエンタリズムであり、先進文明国として欧米と一体化したイスラエルと、野蛮で未開なパレスチナという、捏造された対比によるプロパガンダである。また同時に、イスラエル軍は西岸地区とガザ地区とで、性的マイノリティを探り出しては、それを周囲にばらすぞと脅迫材料にして、密告者・協力者になることを強要していることも指摘しなければならない。つまりイスラエルは、一方でパレスチナ人の性的マイノリティに対する暴力・差別を占領政策に利用しながら、その一方で自国を性的マイノリティの人権に配慮した先進国という印象操作、つまり「ピンク・ウォッシング」をしているのだ。

おわりに

ここまで見てきたように、イスラエル建国をもたらしたシオニズムは、ヨーロッパの植民地主義と人種主義とを背景に、中東アラブ地域の、とりわけエルサレムを擁するパレスチナを標的とした支配欲によって生み出されてきたものであり、そしてヨーロッパ諸国の国民国家化と並行してユダヤ人自身のナショナリズムとして、つまりヨーロッパ・ユダヤ人の民族意識と国家建設として展開されたものであった。そうした点では、パレスチナ／イスラエル問題とは、徹頭徹尾「ヨーロッパ問題」なのであり、またイスラエル建国時からは大英帝国に代わりアメリカ合衆国（アメリカ自身が典型的なイギリスのセトラー・コロニアル国家であるが）が中心的に介入し続けており、その意味では「欧米問題」なのだと言える。

また、ナショナリズムあるいは国民創出には、ジェンダー／セクシュアリティの規範化が必然的に関わるが、とりわけシオニズムにおいては、ヨーロッパのユダヤ教徒は、マイノリティとして、ディアスポラとして、「女々しさ」を付与されていたところから、「力強い国民」へ、「荒野の開拓者」へ、「戦う入植者」へという一大転換をはかることが決定的に重要であり、「筋骨たくましいユダヤ人

（マッスル・ジュー）」へと変身することとなった。さらに、先住パレスチナ人を暴力的に支配・追放（場合によっては虐殺）することでパレスチナの土地を乗っ取ることが、ユダヤ人国家建設には不可避であったため、シオニズムはきわめて強いマッチョ性をともなった。他方で近年は「欧米並みの人権先進国」を強調しながらパレスチナ社会の家父長主義を批判し、自らの占領暴力を隠蔽するという「ピンク・ウォッシング」が行なわれてもいる。

こうして植民地的・帝国主義的欲望と、人種差別・民族主義と、ジェンダー／セクシュアリティとが、シオニズムにおいて交差して作用していることがわかる。近年「インターセクショナリティ」（交差性）という、複数の要素（セクション）の差別的権力が同時にかつ内在的（インター）に作用するという分析視角が注目されているが、まさにシオニズム分析には必要な視角と言える。[58]

このように、パレスチナ／イスラエル問題は、アラブ人とユダヤ人の対立でもなく、イスラームとユダヤ教の対立でも全くないことが明確になった。そして中東世界ではむしろ「ユダヤ人／アラブ人」の区分も、「ユダヤ教／イスラーム」の区分も絶対的な差異でないどころか、緊密に結びつきあっているものであった。ジャック・デリダやゴルトツィーエル・イグナーツはまさにこの両者の緊密な紐帯にこそ思想的な豊かさと可能性を見いだそうとしていたのであったし、逆にシオニズムはここに決定的な分断を捏造したのであった。パレスチナ／イスラエル問題をわたしたちが根本から考え直すためには、こうした欧米思想史的観点が不可欠である。

注

1 モーゼス・ヘス「ローマとエルサレム――最後のユダヤ人問題」（野村真理／篠原敏昭訳、良知力／廣松渉編『ヘーゲル左派論叢第3巻 ユダヤ人問題』御茶の水書房、一九八六年）、一五四－一六五頁

2 同前、一九六頁

3 テオドール・ヘルツル『ユダヤ人国家――ユダヤ人問題の現代的解決の試み』（佐藤康彦訳、法政大学出版局、一九九一年）

4 イラン・パペ『パレスチナの民族浄化――イスラエル建国の暴力』（田浪亜央江／早尾貴紀訳、法政大学出版局、二〇一七年）に詳しい。

5 フランツ・ローゼンツヴァイク『救済の星』（村岡晋一／細見和之／小須田健訳、みすず書房、二〇〇九年）

6 パレスチナに移住するまでの経緯は、ゲルショム・ショーレム『ベルリンからエルサレムへ――青春の思い出』（岡部仁訳、法政大学出版局、一九九一年）で自ら述懐している。

7 「ブリット・シャローム（平和同盟）規約」、マルティン・ブーバー『ひとつの土地にふたつの民――ユダヤ－アラブ問題によせて』（合田正人訳、みすず書房、二〇〇六年）、四九－五〇頁

8 ゲルショム・ショーレムのブリット・シャロームでの活動と挫折については、デイヴィッド・ビアール『カバラーと反歴史――評伝ゲルショム・ショーレム』（木村光二訳、晶文社、一九八四年）の第七章を参照。

9 「「イフード」の綱領」、ブーバー『ひとつの土地にふたつの民』、一三三－一三四頁

10　これら一連のブーバーのシオニズムおよびバイナショナリズムに関する諸論考は、ブーバー『ひとつの土地にふたつの民族』、一八一－二〇九頁を参照。
11　ブーバー「イスラエルと精神の命令」、ブーバー『ひとつの土地にふたつの民』、二七一－二七五頁
12　ブーバー「少数派に真の権利平等を！」、ブーバー『ひとつの土地にふたつの民』、二八〇七－二八一頁
13　ハンナ・アーレント「シオニズム再考」（『アイヒマン論争――ユダヤ論集2』齋藤純一ほか訳、みすず書房、二〇一三年）
14　ハンナ・アーレント「ユダヤ人の郷土を救うために」（同『アイヒマン論争』）
15　エリザベス・ヤング＝ブルーエル『ハンナ・アーレント――〈世界への愛〉の物語』（大島かおりほか訳、みすず書房、二〇二一年）、六八四－六八五頁
16　ジュディス・バトラー『分かれ道――ユダヤ性とシオニズム批判』（大橋洋一／岸まどか訳、青土社、二〇一九年）、九六頁
17　バトラー『分かれ道』、二六四頁
18　バトラー『分かれ道』、二六六－二六七頁
19　エマニュエル・レヴィナス『全体性と無限』（藤岡俊博訳、講談社学術文庫、二〇二〇年）など参照。
20　ジュディス・バトラー『分かれ道――ユダヤ性とシオニズム批判』、八〇頁
21　エマニュエル・レヴィナス「政治は後で！」（レヴィナス『聖句の彼方』合田正人訳、法政大学出版局、一九九六年）や、エマニュエル・レヴィナス「いまここで」（レヴィナス『困難な自由（増補版・定本全訳）』（合田正人監訳、三浦直希訳、法政大学出版局、二〇二二年）など参照。
22　バトラー『分かれ道』、九六頁
23　レヴィナス『困難な自由』、二九二頁
24　レヴィナス『困難な自由』、二一七－二一八頁
25　エマニュエル・レヴィナス『聖句の彼方』（合田正人訳、法政大学出版局、一九九六年）、二九八頁
26　レヴィナス『聖句の彼方』、三〇一頁
27　レヴィナス『聖句の彼方』、三〇八－三一〇頁

28 エマニュエル・レヴィナス＋アラン・フィンケルクロート「虐殺は誰の責任か　イスラエル——倫理と政治」内田樹訳、『ユリイカ』一九八五年八月号）

29 ジャック・デリダがアルジェリア出身のスファラディ・ユダヤ人であることにいち早く注目していたのが、イスラーム学者・東洋思想学者の井筒俊彦であったことは、必然的なことであり、あらためて注意すべきことである。井筒俊彦「デリダのなかの「ユダヤ人」」（『思想一九八三年九月号』岩波書店）参照。

30 ジャック・デリダ「戦争中の諸解釈——カント、ユダヤ人、ドイツ人」（ジャック・デリダ『プシュケー——他なるものの発明Ⅱ』藤本一勇訳、岩波書店、二〇一九年）、三六二頁

31 同前、四〇一頁

32 エドモン・ジャベス『問いの書』（鈴木創士訳、書肆風の薔薇、一九八八年）

33 ジャック・デリダ「エドモン・ジャベスと書物の問い」（ジャック・デリダ『エクリチュールと差異〈改訳版〉』谷口博史訳、法政大学出版局、二〇二二年）、一三九頁、および「暴力と形而上学」（同書）、三〇七頁

34 デリダ『エクリチュールと差異』、一四二－一四四頁

35 フランス語で「最後のユダヤ人」と訳される「Le dernier des Juifs」の「le dernier」は、英語で言う「the last」と同様に、「最後の」という意味と、「最もそうでない人」の意味とが掛け合わされており、「最もユダヤ的でない人」をも含意する。

36 ジャック・デリダ『最後のユダヤ人』（渡名喜庸哲訳、未來社、二〇一六年）、一八－一九頁

37 デリダ『最後のユダヤ人』、九四頁

38 ムスタファ・シェリフ『イスラームと西洋——ジャック・デリダとの出会い、対話』（小幡谷友二訳、駿河台出版社、二〇〇七年）、五四頁

39 シェリフ『イスラームと西洋』、八三頁

40 ジャック・デリダ「暴力と形而上学」、デリダ『エクリチュールと差異』、二七三－二七四頁

41 ハミッド・ダバシ『ポスト・オリエンタリズム——テロの時代における知と権力』（早尾貴紀／本橋哲也／洪貴義／本山謙二訳、作品社、二〇一七年）、二一〇－二一一頁

42　ダバシ『ポスト・オリエンタリズム』、五一頁
43　ダバシ『ポスト・オリエンタリズム』、八〇－八四頁
44　ダバシ『ポスト・オリエンタリズム』、一二八－一三一頁
45　ダバシ『ポスト・オリエンタリズム』、七〇頁
46　ダバシ『ポスト・オリエンタリズム』、九一－九三頁、九九－一〇〇頁
47　ダバシ『ポスト・オリエンタリズム』、七〇－七一頁、七四頁
48　Hamid Dabashi, "Israel's war on Gaza encapsulates the entire history of European colonialism", *Middle East Eye*, 29 December 2023, https://www.middleeasteye.net/opinion/israel-war-on-gaza-encapsulates-entire-history-European-colonialism
49　Hamid Dabashi, "Thanks to Gaza, European philosophy has been exposed as ethically bankrupt", *Middle East Eye*, 18 January 2024, https://www.middleeasteye.net/opinion/war-gaza-EUropean-philosophy-ethically-bankrupt-exposed
50　Hamid Dabashi, "How Hegel's racist philosophy informs European Zionism", *Middle East Eye*, 15 March 2024, https://www.middleeasteye.net/opinion/war-gaza-hegel-racist-philosophy-informs-european-zionism-how
51　前掲、パペ『パレスチナの民族浄化』、三〇七－三一〇頁
52　ジョナサン・ボヤーリン＋ダニエル・ボヤーリン『ディアスポラの力――ユダヤ文化の今日性をめぐる試論』（赤尾光春／早尾貴紀訳、平凡社、二〇〇八年）、とりわけその第一章「トリックスター、殉教者、利敵協力者」、五五－六七頁を参照。
53　J・ボヤーリン／D・ボヤーリン『ディアスポラの力』、七一－七八頁
54　オレン・イフタヘル「民主主義とエスノクラシーの間――イスラエル／パレスチナにおける紛争と平和の政治地理学」（黒木英充訳）、城山英明／石田勇治／遠藤乾編『紛争現場からの平和構築――国際刑事司法の役割と課題』（東信堂、二〇〇七年）
55　Palestine Feminist Collective, "The Palestinian Feminist Collective Condemns Reproductive Genocide in Gaza", 10 February 2024, https://palestinianfeministcollective.org/the-pfc-condemns-reproductive-genocide-in-gaza/
56　Palestine Feminist Collective, "Shut Down Colonial Feminism on International Day for the Elimination of Violence Against Women", November 25, 2023, https://palestinianfeministcollective.org/shut-down-colonial-feminism-2023/
57　これらの諸点に関しては、保井啓志「パレスチナと性／生の政治」（在日本韓国ＹＭＣＡ編『交差するパレスチナ――新たな連

帯のために』、新教出版社、二〇二三年）および保井啓志「中東で最もゲイ・フレンドリーな街――イスラエルの性的少数者に関する広報宣伝の言説分析」（『日本中東学会年報』三四巻二号、日本中東学会、二〇一九年）などに詳しい。

58 在日本韓国ＹＭＣＡ編『交差するパレスチナ――新たな連帯のために』（新教出版社、二〇二三年）は、インターセクショナリティに基づいたパレスチナ／イスラエル論集であり、とりわけ金城美幸「パレスチナとの交差を見つけだすために――交差的フェミニズムと連帯の再検討」がインターセクショナリティを強く主題化している。

第Ⅲ部

世界の矛盾が集約したパレスチナ

世界の矛盾が集約したパレスチナ

ふたたび過ちを繰り返さないための日本・朝鮮・南アフリカ

牧野久美子×李杏理×早尾貴紀

（二〇二四年一〇月一九日、於・皓星社）

李杏理氏と牧野久美子氏とのこの鼎談は、本書のために企画して実施・収録したものである。二〇二三年の〈一〇・七ガザ蜂起〉からちょうど一年後の二〇二四年一〇月に鼎談を行なった。

李杏理氏は、植民地期および解放期における在日朝鮮人の生活史・ジェンダー史の研究者であり、牧野久美子氏は南アフリカ現代史の研究者である。パレスチナ／イスラエル問題を真に「普遍的な問題」として考えるために、三点測量とも言うべき方法を試みた。東アジアとの関わりについては、本書の第I部でも論じたことであるが、わたしたちが日本という場から考えるうえでも不可欠な視点であり、とりわけ在日朝鮮人当事者でもある李氏の見解と感性は貴重なものであった。

南アフリカについては、アパルトヘイトの歴史との比較ということに加えて、南アフリカが今回のイスラエルによるガザ攻撃をジェノサイド条約違反だとしてICJ（国際司法裁判所）に提訴したことで注目されたという文脈もあった。さらに言えば、日本のレイシズムや資本主義と南アフリカ・アパルトヘイトとの具体的な関わりという側面も考えなくてはならない。

これは、日本の植民地主義とイスラエルのシオニズムと南アフリカのアパルトヘイトが偶然「似ている」という、たんなる類型性の問題ではない。植民地主義と人種主義が席巻した共時性・同時代性を背景としつつ、有限な地球空間において帝国どうしが朝鮮やパレスチナや南アフリカを陣取り合戦のごとく支配と収奪を競ったし、それを正当化するための思想と言説を紡ぎ出した。曰く、「文明」「人道」「統治」……。

またポストコロニアリズムおよび体制転換の問題についても、これらの三地域は共振するものがある。朝鮮の南北分断体制、ポスト・アパルトヘイト、オスロ和平体制についてもまた、全て個別地域の問題ではない。間違いなくグローバルかつネオコロニアルな問題である。わたしたちがパレスチナについて考える時に、三点測量が意味を持つのはこうしたことのためである。

グレート・ゲームにおける日本の責任

早尾　この鼎談を収録している今日は二〇二四年一〇月一九日ということで、二〇二三年の一〇月七日のガザ蜂起以来イスラエルによるガザ地区への攻撃が激化して一年というタイミングです。しかしこの鼎談は、もう少し歴史的に長いスパンで、パレスチナ／イスラエルを世界大で捉え直すことで、問題の本質と広がりを探ろうという目的として企画しました。したがって、直接的にいまのガザ情勢を主題としたものではありません。

今日は東アジアの植民地主義の歴史を研究されてきた李杏理さんと、南アフリカの現代政治を研究されている牧野久美子さんにご参加いただき、パレスチナ／イスラエル問題の歴史と現在を考えるうえで、グローバルな視野から日本の責任というものを加えて考え、一緒に議論していきたいと思います。

お二人はもちろんご存じのことと思いますが、パレスチナ／イスラエルの問題は、二つの民族の争い、宗教的な紛争ということでは全然なく、根本的には世界大の帝国主義の文脈にあるわけです。それはイギリスやフランス、ロシアが中東地域に長いあいだ、何度も介入し続けていったというヨーロッパ世界の膨張主義、植民地主義がまず基本にあるということです。その時に、暴力的な支配、侵攻を許容するものは、やはりレイシズム、人種主義です。こういった植民地主義と人種主義が混合しながら進んでいく。

その対象はパレスチナを含む中東だけではなく、広くアジア、アフリカも含んで同時進行していきます。また、各地の植民地主義もいろいろな利害対立の中で相互に連関しています。そのような中で、パレスチナのイギリスによる支配統治が発生し、そこにヨーロッパのユダヤ人を入植させてユダヤ人国家を建国するという運動——シオニズム運動が発生したわけです。

この帝国どうしの関係を世界史の用語で「グレート・ゲーム」と言います。教科書にも載るぐらいの一般化した用語ですけれども、そのグレート・ゲームが世界大で拡散して、同時多発的に「ゲーム」が行なわれています。一八世紀頃から語ることもできますが、今日はこの一〇〇年強、日清・日露戦争とボーア戦争（南アフリカ戦争）くらいから考えたいと思います。

イギリスは、ボーア戦争だけでなく、東アジアでは日本・ロシアとも深く競合関係になります。中東地域ではアフガニスタンやイラン、あるいはオスマン帝国を挟んで、やはり大英帝国、あるいは英仏とロシア帝国がその後ずっと対峙し続けてきました。

そういう中で大日本帝国と大英帝国は、共通の敵であるロシアとの関係において優位に立ちたいということから、一九〇二年から一九二三年の失効まで三次にわたり長期的な日英同盟を結んでいく。その延長上に第一次世界大戦があり、オスマン帝国が崩壊し、イギリスがパレスチナを支配します。ということは、日本もイギリスのパレスチナ支配に対して責任があるということになりますし、またボーア戦争へ軍事力を注入するために日英同盟を結んだという側面もある以上、歴史的な展開においても、南アフリカのことはやはり日本の帝国主義・植民地主義とは無関係とは言えません。

李　日英同盟がロシアとの競合を有利にしたという話がありましたが、日清戦争後の三国干渉によって日本が朝鮮内政に干渉しづらくなった時、朝鮮政府はロシア帝国を通じて日本帝国の侵略を防ごうとしました。そこで日本は朝露関係の核心人物とみなした閔氏《ミン》(王の正室)を除去しようとします。これに対し、伊藤博文が任命した三浦梧楼駐韓日本公使が、日本軍を動員して王宮に攻め入り、閔氏と宮中の人士を殺害しました。また、この事件で日本に対する民衆の反感は高まり、義兵が勃発し王宮に監禁されていた王・高宗がロシア公使館に脱出しました。

帝国日本が東アジアの覇権を確立する過程で、アメリカ人記者やロシア人技師も目撃する朝の光のもとで王妃が惨殺されるという史上驚くべき事件が起きたのですが、それも日本の歴史教科書には十分に取り上げられず、わたしも本で読むまで知りませんでした。日本の公教育や、リベラルなメディアも含めて、根のところでは帝国主義史観が継続していると感じます。

一般書や新聞記事などで、台湾や朝鮮の植民地支配を「統治」と言い換え「支配」という言葉を避けることも、そうした歴史認識が端的に表れています。韓国併合条約があたかも大韓帝国から日本に統治権を譲渡したものであるかのような歴史観が広がっているのではないかと思います。

その背景には、徐京植さんがサラ・ロイさんとの対談でおっしゃっていた「痛みを伴うような自己認識を避けるような心理的機制」（「〈新しい普遍性〉を求めて」、サラ・ロイ『ホロコーストからガザへ』）が働いているのかもしれません。加害の歴史に正面から向き合わないことは、被害の意味も見誤ります。一般市民の戦意喪失のためになされた原爆の投下という悲劇の根元を知るうえで、重要な障壁となるのではないでしょうか。一般市民の「戦意」というのは、たんに国内的に「お国のために戦う」というものとしてではなく、対外的に帝国主義戦争に勝利すれば特権や利権が得られるものとして歓喜し、日本人としての選民意識とレイシズムを是として挙国一致してきたものです。その日本人民衆の「戦意」とは侵略の意思だったということを忘れてはならないからです。このような回避は、市民がどのように総力戦に巻き込まれ、あるいは総力戦以前から自発的に協力したのか、その背後にある要因を見落とすことになります。近年も多くの映像作品が空襲や引き揚げといった戦争の被害を描いています。例えば、ＮＨＫの朝ドラ『虎に翼』（二〇二四年）では、戦争動員による日本人の苦しみが描かれています。しかし、なぜ日本人民衆が帝国主義戦争の担い手や「道具」となったのか、その背景に目を向ける必要があります。そのためには、アジア太平洋戦争からでは不十分で、一九世紀からの植民地化過程にまで遡り、後に述べる東学ジェノサイドや義兵戦争といった軍事的な権益の囲い込みがどのようになされたのかを問うことが欠かせません。これらを無視してしまえば、日本人の戦争被害も真に捉えることは難しいのではないでしょうか。

天皇制による集団心理や社会的な規制の中で、「お国のために」自身の人生を捧げてきた一般市民、そして銃後において家族や共同体を支えた人々が、どのように労働問題や国内の矛盾を外部に転化し、暴力や差別に関与してきたのかを再検討する必要があります。その際、ジェンダーや交差性の視点を取り入れ、個人の具体的な行動や社会的な権力の影響に注目しながら、ミクロな領域から歴史を問い直すことが、構造的な差別や全体主義を抑止するための重要な糸口になるのではないかと思います。

牧野　わたしは南アフリカの政治、とくにアパルトヘイト以降の再分配をめぐる政治、また国際関係を研究しています。また、今日のテーマと関わるところでは、グローバルな反アパルトヘイト運動や、その中の日本の反アパルトヘイト運動についても、市民運動に関わった方々への聞き取りや資料調査などをしており、またその当時の日本政府が南アフリカに対してどのような政策を取っていたかについても研究をしています。帝国主義の歴史を専門的に見てきたわけではないので、今日は本当に学ばせていただく一方になるのではないかと思います。どうぞよろしくお願いします。

南アフリカのアパルトヘイト撤廃の歴史から学ぶもの

牧野　南アフリカでは、政治犯として二七年間投獄されていたネルソン・マンデラが一九九〇年に釈放され、その後の民主化交渉を経て、九四年に初めての全人種参加による総選挙が実現し、民主化しました。ちょうど九三年のオスロ合意と同じようなタイミングで民主化しているのですが、いまそれから三〇年が経過して、あの民主化は何だったのかということが、南ア研究の中でも問われています。確かにアパルトヘイトという制度はなくなったけれども、果たして南アフリカの社会や経済構造はどれほど変わっただろうかということです。

南アフリカの民主化は、一般には成功例のように見られています。けれどもそれは、白人が失うものを限定的にとどめるように配慮することによって、平和裏の体制移行が可能になったという妥協の産物としての側面もありました。交渉による民主化ではあるのですが、お互い妥協しているところがあるのです。

そのように交渉が成立したことで南アフリカはいまの体制に移行することができて、その後も内戦に戻ることはなくてよかったという部分と、しかしそれによって、あの時に白人側に譲り過ぎてしまい、結局失われた機会もあったのではないかという問い直しがあります。

昨今の、パレスチナ／イスラエルに関して南アフリカから国際的に発信される言説の前提には、自分たちは成功した、問題があったけれどもなんとかうまくそれを乗り越えて克服したという自己認識があるようにわたしには見えます。パレスチナ／イスラエルも性質の似た問題を抱えている中で、南アフリカ政府の対応の仕方は、自分たちをある種のモデルとして、解決に向かうようになんとか手助けできないだろうかという感じだと思うのです。

しかし南アフリカでは、体制移行によって白人が失ったものはほんのわずかで、その分黒人が得たものが減ってしまった側面もある。そのことをパレスチナの人々、またその人たちを支援する連帯運動などからどう見るのか、南アフリカの経験が果たしてモデルになり得るのか、それとも反面教師のようなところもあるのか、といったことをお話ししたいと考えています。

早尾　今日の鼎談を大きく分けると、第一段階は、南アフリカにおけるアパルトヘイト体制の成立史、イスラエル建国までのシオニズム運動史、そして東アジアでの日本の植民地支配史になります。

次の第二段階は、アパルトヘイト体制が成立し、イスラエル建国の一九四八年以降、そして東アジアでは一九四五年の敗戦で植民地を手放すとともに始まった冷戦的分断体制です。

さらに第三段階は、一九九〇年前後を画期とする、南アのポスト・アパルトヘイト期、パレスチナ／イスラエルで言えばオスロ体制期で、日本を含む東アジアで言うと脱冷戦、韓国もまた独裁の終焉、民主化の時期です。それは同時にグローバリズムでありネオリベラリズムの時代でもあり、そのもとでの「和解」や協調路線でもあると思います。

それで、まず第一段階についてです。先ほども触れましたが、日英同盟の前の一八四一年にイギリスはすでに香港を取り、そこからさらに広州や厦門《アモイ》や上海を拠点に、清朝中国に植民地的利権を広げていきました。これに対して、日本とロシアがともに朝鮮およびそこに隣接する中国東北部の満洲を狙っていました。日清戦争（一八九四～九五年）で日本が台頭する一方、イギリスはボーア戦争（一八九九～一九〇二年）に戦力・戦費を注入しており、両国が共通の敵としてのロシア対策のために手を結ぶことにしたのが、一九〇二年の第一次日英同盟ですね。

大英帝国（英領インドも含む）とロシア帝国は、すでに広く中東地域、つまりアフガニスタン、イラン、オスマン帝国を挟んで、長いあいだ利害対立の関係にあったので、朝鮮・満洲をめぐってロシアと対立する日本とは手を打っておこうというのが、第一次日英同盟の背景でした。

それから日露戦争の最中の一九〇五年に結ばれた第二次日英同盟の目的はインド利権です。イギリスのインド利権を尊重する、つまり日本はインドには手を出さず、それはもちろんインドよりも西には行かないということも含意しますが、引き換えにイギリスは日本の朝鮮利権を尊重する。おかげで日本は日露戦争およびそれ以降も対ロシアに注力できたわけです。

さらに日露戦争以降、一九一〇年頃になってくると、南アフリカ連邦が成立する。その頃に日本は韓国を併合する。日露戦争で外交権を奪って保護領にしているので、もう事実上そこで植民地支配はなされているわけですが。

そして第一次世界大戦の途中で、オスマン帝国は列強によって解体されます。そういう路線が敷かれて、一九一六年にサイクス＝ピコ協定が結ばれます。あの協定にはロシアも入っているのですが、ロシア革命で国内がばたばたしたので、実際に中東を分割したのはイギリス、フランスということになります。

そして一九一七年のバルフォア宣言によって、パレスチナの土地にヨーロッパのユダヤ人、シオニストを入植させ始めた。宣言ではユダヤ人の「民族的郷土」という表現をしましたが、それは事実上「ユダヤ人国家」をつくることをイギリスは支持するということです。そして「委任統治領」という名前を使って、パレスチナにおける植民地支配を事実上正当化するロジックを第一次大戦後につくり出したわけです。

李さんが問題視された、植民地支配を「統治」という言葉に置き換えるということは、そこに端を発すると思います。民族自決という原則ができて、公然とかつてのように「ここを自分たちの植民地にする」とは言えなくなり、「その地域が独立できるまでのあいだ国際連盟から統治することを委任された」というふうに、支配のお墨付きを得るという仕組みです。実際には植民地支配なのですが、それを巧妙に隠しているわけです。

その国際連盟も、第一次世界大戦の戦勝国が一九二〇年につくった国際的な利害調整機関ですから、自分で自分に支配のお墨付きを与えているようなものです。それで、イギリス委任統治領パレスチナ、フランス委任統治領シリア、それから日本委任統治領の南洋諸島が、第一次大戦の戦勝国同士の相互承認で成立します。つまり日本はイギリスのパレスチナの分割支配を承認して、その見返りに南洋諸島を手に入れている以上、ここでもやはり日本のパレスチナ問題に対する歴史的な責任は明らかにあると言わざるを得ません。

このあたりは社会運動などでも看過されており、歴史的責任の認識をなかなか持てずに、たんにパレスチナで酷いことが起きているという関心の持ち方になってしまいがちです。確かに悲惨な状況だし、それでパレスチナに対する連帯が語られたりもしますが、その時にこういう歴史的な反省まで進んでいかなければ、関心の持続にもつながりませんし、日本社会を変える力にもなりません。表面的に「停戦」が成立すると、それだけで多くの人が関心を失うのです。

そこで、南アフリカ、中東、東アジアにおける帝国主義の歴史的な並行性と相互連関、それから共犯の構造について、お二人にご意見をお伺いします。

牧野　まずは南アのアパルトヘイト体制が一九四八年にできる以前の、とくに一九世紀後半から二〇世紀前半の帝国主義的な展開の話をします。

アフリカ全体としては、一九世紀になってから植民地化が活発化していくわけですが、南アフリカに関しては少し特殊な歴史があります。一七世紀にはすでにオランダ東インド会社の補給基地としてケープ植民地がつくられていました。オランダ系の定住者は、一七〜一八世紀を通じてすでにそれなりの規模のコミュニティになっていたのです。

そこにイギリスが後からやって来て、ケープ植民地がイギリス領になり、奴隷制が禁止されたことなどもあり、先に入植をしていたオランダ系の人たちが、自分たちの新たな場所を求めてケープ植民地から北東のほうに大移動――グレート・トレックをしてきました。

いまの南アフリカの領域にはヨーロッパ人が来る前からコイ・サンと呼ばれる先住民やアフリカ人たちがいたので、いま話しているのはあくまでも、後から来たヨーロッパ人どうしの話です。

ともあれ、まずは帝国主義の話として、ボーア人、後にアフリカーナーと呼ばれるようになるオランダ系の人たちは、グレート・トレックを経て、内陸にトランスバール共和国とオレンジ自由国という二つのボーア人共和国をつくりました。その後、ボーア人のエリアとイギリスのケープ植民地のちょうど境目のあたりでダイヤが見つかって、さらにトランスバールで金が見つかった。

このように、ダイヤや金の発見もあって、イギリスとしてはボーア人共和国を自分たちの傘下に収めたいという野心を持って、何次かにわたる介入を行ない、最終的にはイギリス帝国主義戦争の代表的なものとされる南アフリカ戦争（ボーア戦争）が起こります。

この南アフリカ戦争にイギリスは多大な戦力を割きます。すぐに終わると思ったら、しぶとく抵抗されてなかなか終わらず、イギリスとしてはかなり消耗していきました。そのことと、イギリスが東アジアに手が回らず日本と手を結ぶことが連関しているわけですが、この南アフリカ戦争の顚末は、イギリスの帝国主義の野望、野心を代表する事例であると同時に、とくに軍事的な面での力の限界を示すものでもあったのではないかと思います。

ここまで帝国主義のイギリスとボーア人共和国の戦いとして話してきましたけれども、南アフリカ史的には、それがたんに白人どうしの争いだったのではなく、そこに住んでいるたくさんのアフリカ人やインド系人も、いろいろなかたちで戦争に参加をしていたことが注目されてきました。自分たちがここで功績を上げて貢献したと認められれば、政治的権利を与えられ、社会的地位が上がるのではないかという期待も込めてイギリス側に付いて参戦していた人たちもいました。ただ終わってみたら、イギリスは辛くも勝つことができたけれども、その後に結局、ボーア人共和国との和解に動き、イギリス植民地とボーア人共和国のエリアをまとめて、白人の国としての南アフリカ連邦をつくることになります。

両輪で進んだ植民地主義と人種主義

牧野　今日の鼎談の最初に、植民地主義と人種主義が混合しながら進んできたというお話がありましたが、まさに南アフリカはそうでした。人種というものには科学的根拠がなく、人種を客観的に区別することなどできません。人種主義は、白人優位を正当化するためのイデオロギーです。人種が違うから、政治的、法的に違う制度のもとにあっても何らおかしくないのだというロジックで、南アフリカ連邦ができた一九一〇年に白人支配のかたちが確立したのです。

南アフリカ戦争以前は、イギリスのケープ植民地と、ナタール植民地、ボーア人共和国のオレンジ自由国、トランスバール共和国という四つの政体があり、一九一〇年の南アフリカ連邦成立後、それらが四つの州となったのですが、そのうちケープ植民地では、白人以外の一部の人も選挙権を持っていました。南アフリカ連邦ができた時も、憲法にあたる南アフリカ法に、彼らの選挙権が維持されることが明記されました。

それを変えるには、議会の上下両院の三分の二の賛成を要するという、結構高いハードルを課していたのですけれども、結局なし崩し的に一九三〇年代以降、非白人の選挙権は段階的に剝奪されていきます。南アフリカ戦争後にできた南アフリカ連邦のもとで、イギリス系とオランダ系の白人どうしで和解して一緒にやっていくために、白人以外の人々は代償を払わされた、犠牲になったということです。

アパルトヘイトという言葉が広く使われるようになったのは一九四八年以降ですが、南アフリカ連邦ができてすぐ、一九一三年に原住民土地法という法律ができています。それはアフリカ人（＝原住民）の居留地として政府が指定した、南アフリカ連邦の国土全体の一〇％足らず（のちの法改正で一三％に拡大）の限られた地域を除き、アフリカ人が土地を所有することを認めないというものでした。当時からアフリカ人の人口は白人入植者たちと比べて圧倒的に多いにもかかわらずです。これがその後のアパルトヘイトにつながる、人種隔離（セグリゲーション）の基盤となりました。

限られた土地にたくさんの人が押し込められますから、そこで十分な農業生産ができなくなると、鉱山で働くなど、農業以外の仕事をしないと生きていけません。しかし、出稼ぎのためアフリカ人が際限なく都市に来ると、そこに住んでいる白人社会は労働市場で自分たちと競争が生じるのではないかなどと不安を感じるのです。一九一八年にスペイン風邪の世界的な流行があり、そうした疫病への怖れなどもあり、都市部へのアフリカ人の流入制限や、住む場所を人種ごとに分けるといったセグリゲーションは、四八年にアパルトヘイト政策を掲げて国民党が選挙に勝利する以前からすでに行なわれていました。

第一次大戦後の国際連盟の委任統治やバルフォア宣言に関して、ヤン・スマッツの話を少ししておいたほうがいいかと思います。南アフリカはイギリス帝国の一部として、第一次世界大戦に連合国側で参戦しました。ヤン・スマッツはアフリカーナーの政治家でしたが、南アフリカ連邦で二度にわたって首相を務め、国際連盟や国際連合の創設に深く関わりました。

早尾　わたしが企画で関わった『〈鏡〉としてのパレスチナ』（現代企画室、二〇一〇年）で、南アフリカ研究者の峯陽一さんにアパルトヘイトの経験をパレスチナ／イスラエルに交差させてお話しいただいた時に、ヤン・スマッツに触れていましたね。峯さんのお話では、「アフリカーナーの軍人であり、政治家であり、哲学者だった、ヤン・スマッツ将軍を忘れることはできません。スマッツは南アフリカの首相であり、さらには国連憲章の前文を起草した人物としても知られていますが、彼はシオニズム運動にひじょうに好意的でした」ということでした。

牧野　おっしゃる通り、スマッツはシオニズムの強力な支持者として知られています。スマッツは、シオニズム運動指導者で初代イスラエル大統領のハイム・ヴァイツマンと親交があり、ロイド＝ジョージ戦時内閣の一員として一九一七年のバルフォア宣言の起草に関与したとも言われています。スマッツは、この時期の南アフリカとパレスチナ／イスラエルをつなぐキーパーソンと言えると思います。

歴史修正主義の背後にある人種の優位性

李　気になったのは、パレスチナ占領の過程は、ジェノサイドかつ植民地戦争と言えるのではないかということです。朝鮮においては、植民地戦争を経て支配と占領が始まります。一九世紀末の東学農民革命（いわゆる甲午農民戦争、一八九四〜九五年）および日清戦争は、元々全羅北道古阜郡《コフ》（現井邑市《チョンウプ》）という地域の郡守（郡の長）の圧政に対する農民の反乱に、清軍と日本軍が介入したものです。西洋のキリスト教（西学）に対して、東学という思想・学問に基づき、東学農民たちが郡守と朝鮮政府に対して武装蜂起をしましたが、それに対し朝廷が清に派兵を要請しました。そこへ頼まれてもいない日本軍まで入ってくると、朝廷は態度を変えて東学農民軍と交渉に乗り出し、農民軍は全州和約を結んでいったん解散します。和解した朝鮮農民は、一時期「執綱所」を各地につくり腐敗政治の改革を進めました。ところが、日本軍がソウルの景福宮を占領し、日清戦争が相次いで勃発すると、農民軍指導者たちがふたたび蜂起して、第二次東学農民戦争とそれに対する日本軍によるジェノサイドが起こります。ナクバの命令において「アラブ人を見たらみな殺せ。燃えるものにはみな火をつけ、爆薬で扉を破れ」(イラン・パペ『パレスチナの民族浄化』)という「皆殺し」命令が出ていましたが、東学農民に対する討伐においても、皆殺しが指令されていたことが朴宗根《パクジョングン》らの研究から明らかになっています。それも捕虜を拷問のうえ殺すというジェノサイドがなされました。また、日清戦争が主に朝鮮半島で戦われたという事実も、今日では往々にして忘れられがちです。しかし、先ほど早尾さんが述べられたように、この戦争はイギリスの清国における利権、そして日本の朝鮮における利権を、それぞれ相互に承認するうえで決定的な役割を果たしました。このように、日清戦争は日本が朝鮮を軍事的に占領していく端緒となりました。

先ほどのセグリゲーションや土地収奪の話とつながりますが、韓国併合条約が結ばれた一九一〇年に土地調査事業が日本の総督によって推し進められたことで、多くの朝鮮農民が土地を追われることになります。土地調査事業では、共同で所有されていた土地や山林が国有地として編入され、さらに土地の売買が促進されたことで、多くの農民が耕作地や山林の墓地を失いました。

一九二〇年から数次にわたる「産米増殖計画」では、土地改良や治水事業、化学肥料を導入して、増産した米を日本内や兵士のために移出していき、朝鮮内はむしろ窮乏化していくという飢餓輸出をもたらしました。

また、ジェノサイドと関連して外せないのは、一九二三年の関東大震災における虐殺です。関東大震災時には、三・一独立運動および朝鮮独立軍と日本軍が中国領で戦争していた軍事的な状況を背景に、根拠の不明な朝鮮人や社会主義者の暴動説を官憲が流布し、東京にいる在日朝鮮人の四人に一人が殺されるという事態になりました。毎年続けられている追悼式典において、石原慎太郎元東京都知事すら送っていた虐殺犠牲者への追悼文を、小池百合子東京都知事は八年間一度も送っていません。この歴史否定の心理的基盤には、先ほど牧野さんがおっしゃっていた、人種の優位性・人種差別があると言えます。テロ行為をしかねない（「不逞」）朝鮮人を超法規的に殺害したのはやむを得ないとする帝国主義史観を保持していると推察します。

早尾　やはり一九一〇〜二〇年代は、植民地支配の構造的な大きな土台ができていく時代だと思います。東アジアと同時並行的にパレスチナでも、第一次大戦を経て分割支配、「委任統治」という事実上の植民地化が進んでいきます。

しかし委任統治とは言っても、一九二〇年代以降にイギリスがパレスチナで行なったのは、先住民族の自決や独立に向けた統治ではなく、ヨーロッパからのシオニスト・ユダヤ人の入植者についてのみ自治を認め、組織化を進めていくのです。つまりイギリスの認可と庇護のもと、ユダヤ人の評議会をつくり、ユダヤ人の労働組合をつくり、ユダヤ人の軍隊をつくる。これらがみな、のちに国家になっていく土台になるわけです。いきなり一九四八年に建国されたわけではなくて、入植者に政治・経済・社会的な自立の基盤を認めていった、いわゆるセトラー・コロニアリズム（入植者植民地主義）ですね。

それに対してパレスチナの先住アラブ人は、そういった自立をむしろどんどん阻害されていきます。土地も奪われていき、農業ができなくなっていく。アラブ人社会の発展につながるようなことはことごとく阻害され否定される。ですから、「委任統治」と言っていること自体が全く欺瞞であると言えます。

人為的に否定されるパレスチナ・ナショナリズム

早尾　さて、さらに第二段階として第二次大戦後の話を見ていきたいと思います。

第二次大戦後は、本来的には植民地からの独立、つまり脱植民地化の時代と言えます。しかしその時代に植民地支配を完全に終わらせるとか、あるいは人種主義に基づく分断体制を終わらせるとか、つまり建前で言っているような民主主義や自由主義の世界になったかというとそうではありませんでした。アラブ世界で進んだのは何だったのかと言えば、アラブ・ナショナリズムの否定です。まずアラブが一つの国家として独立することが阻止されて、各地に分断されていきました。

それによってシリア、レバノン、イラク、クウェート、サウジアラビアというようにばらばらの各国体制にされて、アラブの一体性が否定されていきます。とりわけパレスチナについてはその個別の独立さえも否定されます。本来であれば脱植民地化が進むべきところ、そしてパレスチナの先住民がいかに民族的に独立するのか、その時にはアラブ・ナショナリズムなのかパレスチナ・ナショナリズムなのか、という当事者たちの選択に委ねられるべきところが否定され、さらに各国体制のパレスチナ・ナショナリズムさえも否定されたのです。つまりパレスチナ先住民に対する脱植民地化の阻害です。支配者であるイギリスと、そして第二次大戦の末頃からはアメリカ合衆国が強く介入するようになって、脱植民地化と自立が阻止されたのです。

そして外来の入植者であるシオニストのユダヤ人についてのみ、民族自決としてのユダヤ人国家建設を認めてしまいました。ですからヨーロッパ中心主義的なレイシズムでもあるわけです。

このことを、またそれぞれ東アジア、南アフリカのほうにもつなげて考えていきたいと思います。

イスラエルが建国されたのと同じ一九四八年に南アフリカでアパルトヘイト体制が成立した背後には、

アフリカ各地の植民地の独立運動との関係もあるだろうと思いますし、それから朝鮮の分断もやはり一九四八年です。

朝鮮も本来であれば日本の植民地から解放されて、一つの朝鮮として独立すべきところ、しかし持ち込まれたのは分断であったという点では、ここでも脱植民地化の阻害が起きたのではないかと思うのですが。

牧野 第二次世界大戦後は植民地独立に向かう時代で、すでに戦時中から独立を求める声はアフリカでも上がってきていました。ただ、イギリスやフランスなどアフリカで植民地支配をしていた国々は、第二次世界大戦中の四〇年代や終戦直後に独立させることを現実的に考えていたかというとそうではなく、サハラ以南アフリカ諸国の脱植民地化は五〇年代に入ってから結構ばたばたと行なわれていきました。植民地でなくなり独立すること自体はいいけれども、独立国家になる準備が十分になされないまま、ぽんと投げ出されるような感じで独立したので、その後の国民統合・国家建設はどこもひじょうに大変でした。先ほどのアラブ・ナショナリズムの話ともつながる、パン＝アフリカニズムのような思想はあったけれども、結局、独立国のほとんどが植民地の国境線をそのまま引き継ぎました。

南アフリカでは、先ほど話に出たスマッツが当初セグリゲーションの政策を推進していたのですが、一九四〇年代には、そこまでやってきたセグリゲーションを緩和し、アフリカ人の都市流入規制なども少し緩めたほうがいいというふうに考えを転換します。

しかし、そうした流れに逆行し、セグリゲーションをもっと強化し徹底していくという、アパルトヘイト構想を掲げた国民党が、一九四八年の選挙でスマッツの統一党を破って勝利しました。九四八年に勝利した国民党は、その後一九九四年までずっと政権党であり続けました。

早尾　その成立はなぜ一九四八年だったのでしょうか。もう少し前でもあり得ただろうし、どうして四八年だったのかというのは少し気になるところです。

牧野　アフリカの植民地独立に向かう熱気は南アフリカにも及び、一九四〇年代にはアフリカ民族会議（ANC）などによる権利要求運動が活発化していました。これは多分南アだけではないと思いますが、第二次大戦中から戦後に向けて、結構リベラリズム的な、黒人の地位を向上させる改革の機運が高まっていました。スマッツ政権のセグリゲーション緩和に向けた動きも、そういう中で起きてきたものです。ただ、スマッツは人種主義者でなかったわけではなく、彼は白人社会の繁栄にとって安定的な黒人労働力が不可欠であるという点に関心を向けていただけでした。それでも、アフリカーナーの、とくに労働者階級の人々にとっては、自分たちの居場所が浸食されるのではないかという脅威を感じるには十分で、彼らの票が隔離の徹底を主張する国民党に流れました。小選挙区制で、得票総数ではスマッツの統一党が国民党を上回っていたのですが、農村部で多くの議席を獲得した国民党が選挙で勝利することになりました。

李　まず人種隔離に関連してオーバーラップするのは、植民地朝鮮内の工業地帯などで日本人居住区と朝鮮人地区が分けられていたことです。日本内では、一九四一年に東京市の政策によって塩崎・浜園地区から深川区（現江東区）枝川町への強制移住がなされました。ごみ焼却場や消毒施設以外に何もなかった土地に、簡易住宅が建設され当初朝鮮人のみが住まわされた、民族に基づく強制移住でした。東京市としては、塩崎・浜園地区の朝鮮人バラックは不法占拠であるという口実で、新しい簡易住宅の使用料として三〜十五円ぐらいの家賃を取りながら、共同水道や共同トイレなどの劣悪な環境を当てがうことになります。

簡易住宅による区画整理が全国で行なわれる中で、多くの地域は皇民化・同化の妨げになるという理由で分散主義を取っていたのに対し、枝川町では朝鮮人をまとめて住まわせていたのが特徴です。一〇〇〇人超がまとまって住んでコミュニティを形成したことで、当時の関東地区の在日朝鮮人労働者、留学生やキリスト教の運動拠点にもなっていました。そして一九四五年の東京大空襲の時には、一〇〇〇人を超える近隣の日本人住民を助け、寝床を与えたという報道記事もあります。

次に、植民地支配や人種隔離政策という体制が終わった後もいかに差別や分断が継続しているかということです。一九四五年の朝鮮解放後、各地の朝鮮人集住地、とくに枝川町は東京でも象徴的な朝鮮人集住地として、繰り返し「密造酒」の摘発対象となりました。例えば、「深川の密造部落急襲」(『読売新聞』一九四八年七月二一日)などという見出しで報道され、集団が一体として違法行為をしているかのように印象付けられました。酒税法違反の摘発が繰り返された際、日本農民の場合、東京財務局により悪質なもののみ取り締まられるのに対し、主として朝鮮人からなる「集団的密造部落」はたとえ自己消費用であっても果敢に取り締まると明言され、証拠や令状がなくとも捜索がなされ、公務執行妨害罪などの別件逮捕が頻発します。枝川町の朝鮮人に対し一九五〇年になされた生活実態調査(在日朝鮮科学技術協会)では、職業として最多の屑拾いは四四名中四三名が困窮状態にありました。分類としては、「半失業者」(自由労務者、職安労働者、屑拾い、農業日雇いなど)が最大の三九・七%を占めていました。次いで「プロレタリアート」(事務員、教員、店員など)が一八・二%、三番目に小商品生産者と自営業者が一六・五%です。さらに調査した一一六世帯中八九世帯が生活保護を受給していました。このように、植民地体制が終わった後も、警察・税務署をはじめ法執行権力による民族に基づく扱いや経済状況に差別が継続していました。

「アパルトヘイト」という言葉で語れるもの／取りこぼすもの

早尾　「分断」の話が出たので、ほかの地域の分断や差別を「アパルトヘイト」と名指すことの意義と問題点の話をしたいと思います。南アフリカではアパルトヘイト体制が一九四八年以降に実施され、用語としてもアパルトヘイトという言葉が正式に使われるわけですが、またそこで土地を大規模に分割、隔離するグランド・アパルトヘイトと、さまざまな制度上の公共空間の利用などで差別を行なうプチ・アパルトヘイトが起こります。

これを比較することの難しさもありますが、パレスチナで言えば西岸地区とガザ地区の土地をはっきりと分断して占領することをグランド・アパルトヘイトと言うこともできるかもしれません。そして、イスラエル国内にはアラブ人、先住のパレスチナ人のマイノリティが人口で約二割いますが、基本的にユダヤ人が中心ですから、その人たちはイスラエル国籍を与えられながら、現実にはさまざまな居住制限や職業制限もあり、二級市民扱いを受けているという意味ではイスラエル国内のアパルトヘイトとも言われていて、これはプチ・アパルトヘイトにひじょうに酷似していると思います。

また李さんから伺った東アジアと朝鮮半島のことで言えば、やはり南北に分断され、それから在日朝鮮人もまた地理的に分断されている。これはアパルトヘイトとは通常は言われませんが、居住地が体制的に分断され往来も制限されていることから、グランド・アパルトヘイトと全く異なるとも言えないと思います。また、在日朝鮮人に対して日本国内でレイシャル・プロファイリングや事実上の人種主義的な差別が、政治・行政・民間において行なわれているという点で、プチ・アパルトヘイト的だと言うことができると思います。

そのような共通性で見えることがある一方で、イスラエルの行為をアパルトヘイトとみなすことが適切なのかということ、その言葉を使うことで見えなくなることもあるのではないか、という懸念もありますね。

牧野　一九四八年以降、南アフリカで本格的に推進されるようになったアパルトヘイトの内容についていったん確認しておきたいと思います。アパルトヘイト政策の根幹にあった法律の一つが一九五〇年に制定された人口登録法です。これは、南アフリカの人口を白人、アフリカ人、カラード（白人にもアフリカ人にも分類されない人々のことを指し、先住民コイ・サン、白人入植者が連れてきたマレー系の人々の子孫を含む、多様なルーツの人々が含まれる）、というように人種ごとに分類するもので、人種区分はオフィシャルに身分証にも書き込まれていました。また同じく一九五〇年に制定された集団地域法により、都市部の土地が人種別に分けられました。元々さまざまな背景の人々が混ざってコミュニティができていたエリアも結構あったのですが、その場所が白人地区に設定されてしまうと、白人以外の人々はそこに住むことが許されなくなり、住み慣れた土地での生活を根こそぎ破壊され、インフラなども全然整備されていない遠く離れた場所に強制移住させられました。どの人種に属するかによって、どこに住めるか、どの学校に行けるのか、何の仕事をできるのか、さらには異人種間の性交渉や結婚も禁止されるので、誰と結婚できるのか、といったことまで法律で制限されていたのです。

さらに、グランド・アパルトヘイトとも呼ばれる、南アフリカの国土全体を分割し、白人の南アフリカからアフリカ人を物理的・政治的に切り離す政策が追求されました。そこでは、わたしたちは人種・民族的に違うのだから、それぞれがそれぞれのやり方で発展していきましょうという、「分離発展」という耳障りがいい言葉が使われました。アフリカ人の民族ごとの「ホームランド」を指定し、かたちばかりの自治や独立を与え、アフリカ人はそこに所属するのだからという理屈で、南アフリカの市民権を与えないことが正当化されたのです。しかし地図上のどこが誰の土地かは、全て白人のアパルトヘイト政権が一方的に決めていて、これは植民地化の過程でももちろんそうなのですが、そこにすでに住んでいる人、そこで生活をしている人たちの意見などはお構いなしに、勝手に「ここは白人地域であって、あなたたちは許可なしにいてはいけません」と言って追い出すのです。

ホームランドは訳せば「故郷」となりますけれども、地図上で勝手に指定されただけで、縁もゆか

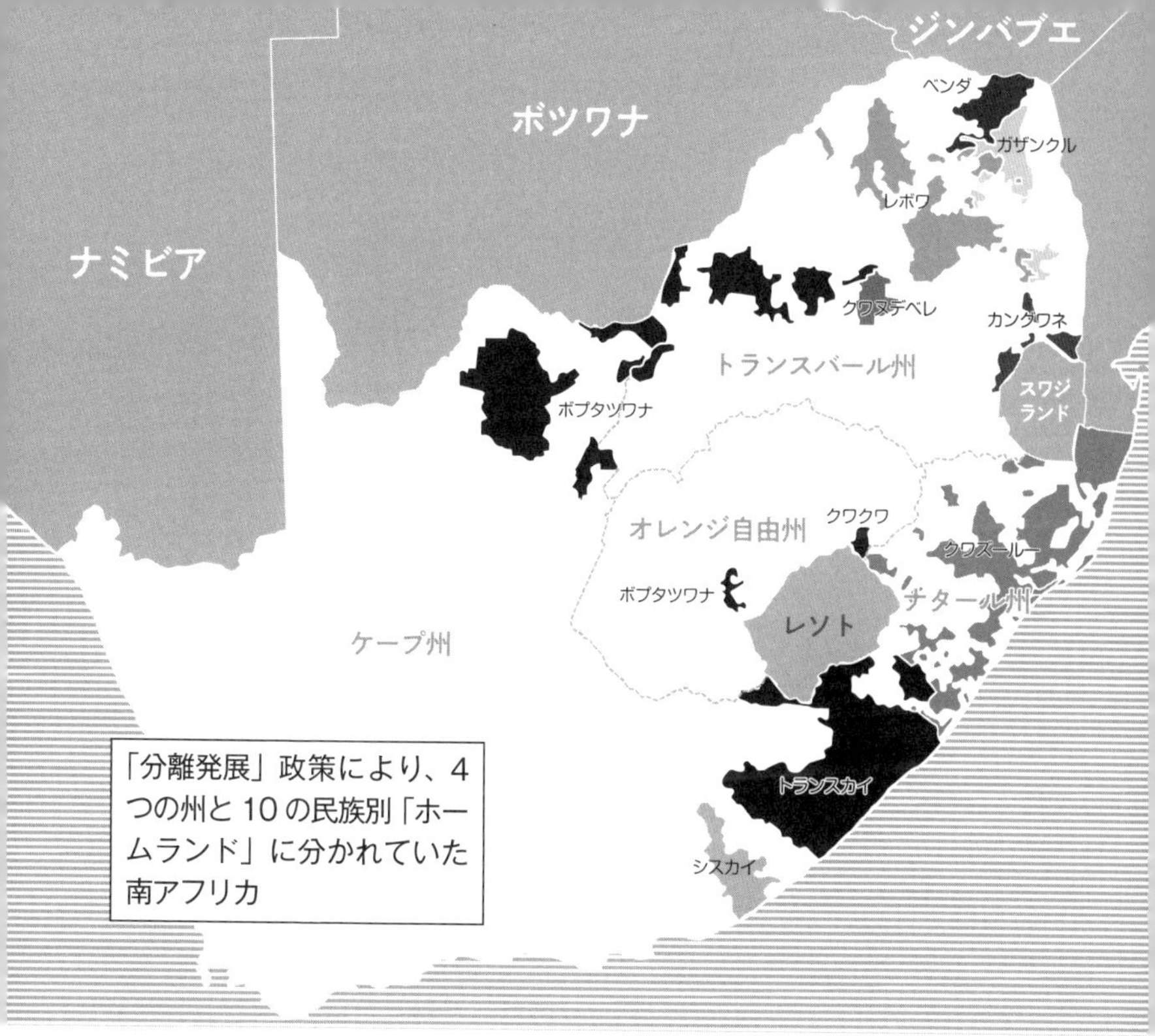

「分離発展」政策により、4つの州と10の民族別「ホームランド」に分かれていた南アフリカ

りもないことも多い。ホームランドに強制移住させられたアフリカ人の数は、三五〇万人にものぼるとされています。生まれ育った自分の場所なのに、「おまえの場所ではない」「おまえの国へ帰れ」と言われてしまう。日本でオーバーステイになった両親から生まれた子どもが、在留許可がないからと強制送還されてしまうというような話が時々報じられますが、自分が所属していると思っている場所で外国人として扱われる点において、感覚的には近いのではないかと思います。

　ホームランドは飛び地だらけで、経済的には南アフリカに完全に依存していました。イスラエルの入植地が拡大しパレスチナ人の土地が分断されている地図を見ると、南アフリカのホームランドを想起します。南アフリカがイスラエルをＩＣＪに提訴したのはジェノサイド条約に基づいていますが、二〇〇〇年代以降でしょうか、イスラエルのやっていることがアパルトヘイトだと言われることがひじょうに多くなってきたように思います。その背景には、アパルトヘイトが人道に対する罪として、国際法上違法なことであったという理解があるわけですよね。

一方で、最初の問題意識とも関わってきますが、アパルトヘイトという言葉は南アフリカ固有の歴史と強く結び付いており、南アフリカのアパルトヘイトがどのようなものであったか、アパルトヘイトの諸法がどうやって撤廃されたかという経緯などはひじょうに個別的な話なのです。

南ア政府が自分たちの経験からパレスチナを支持し、イスラエルによる攻撃を非難するというのはよくわかかるのですが、アパルトヘイトということを強調することは、それによって注意喚起できることもあれば、もしかしたら見えにくくなる部分があるのかもしれませんね。

早尾　いま、二〇〇〇年頃からと言われたのは、「アパルトヘイト・ウォール」と言われる隔離壁の建設が二〇〇二年からだからでしょう。第二次インティファーダを受けて、イスラエルが西岸地区の中に壁をつくっていきます。ジャーナリスティックには「分離壁（セパレーション・ウォール）」という言葉があり、イスラエルは治安を守るための「セキュリティ・フェンス」と表現したのに対して、そうではない、これはまるで南アのアパルトヘイトのような隔離政策なのだという声が上がりました。たんに西岸地区とイスラエルを、ガザ地区とイスラエルを、グリーンライン（一九四九年に決められた第一次中東戦争の休戦ライン）に沿って扱う準国境としての分離に過ぎないというようなイメージが付いてしまうのに対して、「いや、これはアパルトヘイトなのだ」という訴えなのです。パレスチナの中において、アパルトヘイトという用語を敷衍して使おうというもので、パレスチナ人が、それこそ居留区のように切り縮められた西岸地区の土地の中に、しかも移動の自由もなく閉じ込められていく、そういう壁だと。その壁の本質を国際社会に訴える時に、理解してもらいやすい言葉を探した結果だと思うのです。

ただその一方で、先述の『〈鏡〉としてのパレスチナ』で話していただいた峯陽一さんも、またその時に一緒に話された鵜飼哲さんも、アパルトヘイトとのアナロジーとして捉えることのメリットとデメリットを指摘しています。いまはメリットのようなところを言いましたが、鵜飼さんは類比への警戒と両者の相違点も示されています。

イスラエル＝ナチスという政治的類比が、第二次インティファーダの頃からひじょうに増えていることを鵜飼さんは指摘していて、その類比は現在のガザに対するジェノサイドでますます一般化しています。しかし鵜飼さんによると、かつてはイスラエル側から「ＰＬＯ（パレスチナ解放機構）のアラフアートはヒトラーだ」というキャンペーンがあったとのことで、そして現在なら「ハマースこそが反ユダヤ主義のナチスだ」というキャンペーンがあるでしょう。簡単に反転させられるこうした政治的類比は、感情的に訴える側面があっても、やはり危うい面があるのは確かです。

それからシオニズムと「ザ・アパルトヘイト」はどこまで一緒なのか、違うのか。牧野さんは、その違いを見えにくくしてしまう面もあるとおっしゃいました。鵜飼さんが指摘していた相違点というのは、国連が南アフリカのアパルトヘイト廃止に向けて積極的に機能したのに対して、イスラエルに対しては国連が完全に機能不全であること、また、南アフリカの白人入植者らは歴史的にヨーロッパから出てきたというにとどまるけれども、イスラエルのユダヤ人入植者らはなお世界中のユダヤ人コミュニティと関係を持ち続けており、新しいユダヤ人入植も絶えないということです。単純なアナロジーはそうした差異を見えづらくする危険があります。

ほかにも、シオニズムについては、欧米キリスト教シオニズム、福音派原理主義が、イスラエルという入植者植民地を強力に正当化していることや、古代ユダヤの民の「離散と帰還」という宗教神話と政治神話の複合が作用していることなど、かなり特異な面があります。これはひじょうに根深い問題なので、アパルトヘイトと呼ぶだけではやはり捉え切れないということはあると思います。

李　イスラエル、日本、アパルトヘイト期の南アフリカは、人種主義的国家という点で共通しています。先ほどイスラエル「国民」であるパレスチナ人は二級市民として扱われているというお話がありましたが、そこには、イスラエルが「純粋ユダヤ人国家」と自己規定していることが関わっていると思います。日本もまた、古代から現代まで異種混交を繰り返しているにもかかわらず、戦前の都合のいい時には自らを多民族帝国と規定し、戦後に都合が悪くなると、「純粋日本人国家」として自己規定しました。そして、植民地民の意向を汲むことなく一律に国籍を奪い、証明書のない朝鮮人を強制送還し、定住外国人を周辺化し、治安管理の対象や先述した「密造酒」摘発のようなレイシャル・プロファイリング、教育における抑圧を可能にしてきました。イスラエル内のアラビア語に対しても日本内の朝鮮語に対しても公的な教育や文化の尊重が十分になされずに言語的抑圧が続いていると言えます。

二〇一〇年に何人かのユダヤ教ラビがアラブ人に住宅を貸すなと呼びかけたということも重要です（ベン・ホワイト『イスラエル内パレスチナ人』法政大学出版局、二〇一八年）。日本における非西洋系の外国籍者に対する住居差別は常態化しており、入居審査前の問い合わせの段階で国籍を理由に入居拒否する大家が後を絶たず、部屋探しに難航します。こうした人種差別に対する法的規制が一切なく、野放しの状態であることも、人種主義的国家たるゆえんです。

そのほかの人種主義的制度・文化に、血統主義が挙げられます。国籍や帰属意識が「血筋」や親の国籍に基づいて定義される制度と文化ゆえに、海外ルーツの者が日本生まれ・日本育ちで日本文化に馴染んでいても「よそ者」としてみなされ続け、「日本から出ていけ」というヘイトスピーチが生まれやすい土壌が醸成されています。わたしのきょうだいをはじめ多くの在日朝鮮人や台湾人にとっては、依然として日本国籍を持ち「同化」するのが生きやすい方法となっています。「純日本人」がこの社会の主人であり上だという血統主義的人種主義が続く限り、教育・言語・生活様式も、日本人に「同化」させようとする日本型植民地主義が、朝鮮・台湾、そしてアイヌ、琉球に対して継続しているのではないでしょうか。ただ、異民族の誰もが「同化」しようとするのではなく、ほかの在日外国人や日系ブラジル人などが集住することによって互いを助け合っている実状もあります。団地でないと家賃を払えないような低賃金に据え置いている構造上、日本にもプチ・アパルトヘイトに類似する状況があると思うのです。政策的ではないとしても、社会経済的にはそのような構造的差別があると言えます。

冷戦終結後のオスロ体制

早尾　そうせざるを得ない環境があって集住しているということですね。日本は移民と認めていないけれども、日系ブラジル人など、中南米からの移民を導入したのも血統主義の考えからでした。つまり労働力が必要だが、いわゆる労働移民は認めたくない、けれども背に腹は代えられないといった時のきわめて強引な解釈として、日系二世、三世は血のつながりがあるからという理由で、日本への移住定住や就職をしてもよいことにした。この入管法改定が一九九〇年でした。

その話題に入ったところで、第三段階として冷戦後、あるいはアパルトヘイト体制と、それからオスロ体制あたりの話題に移っていきたいと思います。

冷戦という土台が崩れていき、資本主義的なグローバリゼーションと新自由主義が世界大で広がっていきます。南アフリカもイスラエルも日本・韓国も、そのことに否応なしに参与していくことになるわけです。南アフリカではアパルトヘイト体制の転換があり、パレスチナではオスロ体制への転換があり、東アジアでは日韓和解が政治経済的要請として演出されました。

冷戦構造の終結というのは、パレスチナ／イスラエルのオスロ体制にも影響しています。とくに第三次中東戦争の一九六七年以降は、アメリカがイスラエルをひじょうに強く支援していた関係もあり、逆にソ連がＰＬＯの後ろ盾の一つになっていたのですが、そのソ連が崩壊して消滅したからです。

それから冷戦の終わりと同じ時期に湾岸危機と湾岸戦争がありました（一九九〇〜一九九一年）。この時にイラクのサダム・フセイン大統領がクウェートから撤退せよと迫られたのに対し、「これを不当な占領というなら、イスラエルのパレスチナ占領はどうなのだ」と主張しました。自分だけが悪いことをやっているわけではないという子どものようなロジックではあるものの、世界中が注目しているその最中に、フセイン大統領がイスラエルのパレスチナ占領を引き合いに出したものだから、パレスチナ人の中には「よく言ってくれた」という声があったわけです。ただ、政治的リーダーとしてのアラファートまでがフセインを支持すると言ってしまったので、クウェートはもちろんサウジアラビアやアラブ首長国連邦などの怒りを買い、パレスチナはそうした湾岸産油国から来ているPLOの資金源を止められてしまうことになってしまったわけです。

それでPLOは、ソ連とともに産油国という二つの後ろ盾を失い困窮し、オスロ合意にサインしなければ自壊するしかなくなってしまいました。罠だとわかっていながら、つまりひじょうに不利な内容だったにもかかわらず、オスロ合意を呑まざるを得なかったのは、そういうポスト冷戦的な事情があったのです。

メディアではオスロ和平を「歴史的な和解」と呼んでいますが、実際にはイスラエルは、パレスチナの西岸地区・ガザ地区を占領し続けています。合意内容は、たんにPLOがイスラエル国家を承認して、抵抗運動を終わらせ、イスラエルはPLOをパレスチナの代表組織として承認して、自治政府として政治交渉をする、という「相互承認」だけです。占領をやめるとか、ユダヤ人入植地を撤去するとか、そういった内実はゼロ。パレスチナ人の移動の自由も物流も、人の流れも全部止められたままです。むしろ入植活動はオスロ体制下で加速していきました。しかもこれは国際的な和平の枠組みで、アメリカが調印の舞台をつくり、各国が参列して賛同したのだから、国際社会でこれを援助せよ、というわけです。占領という政治問題が、人道問題へとすり替えられました。

さらにイスラエルは、インティファーダの後ですから治安的な不安定要因として、大量に安く使っていた西岸・ガザからのパレスチナ人労働者の労働許可を、それこそアパルトヘイト的に大幅に削減します。しかも、グローバリゼーションにより世界中から労働者がいくらでも入ってきます。社会主義体制が崩壊した東欧諸国のルーマニアやブルガリア、そしてアジアの中国、フィリピン、タイといったところからもたくさん来ました。つまり、グローバリゼーション、新自由主義のもとで外国人労働者をふんだんに使えるので、パレスチナ人労働者を排除できるという構造になっています。

そのような本質があるのですが、ちょうどオスロ体制が進んでいくのと同時期に南アフリカではポストアパルトヘイトが進んでいきます。それはどのようなものだったのでしょうか。

牧野　やはり時代背景として、冷戦が終わったことは、アパルトヘイト体制からポストアパルトヘイト体制への移行において、パレスチナでの転換同様、ひじょうに大きなきっかけでした。アパルトヘイト体制の南アフリカは反共産主義の立場を強く打ち出していたので、冷戦時代には、西側諸国は口では「アパルトヘイトはやめましょう」「人種差別に反対です」と言っていたけれども、実際のところは白人政権が倒れることを望んでいませんでした。というのも、南部アフリカの元ポルトガル領植民地だったモザンビークやアンゴラでは独立後、社会主義政権ができていました。南アフリカに経済的な権益も多くある中で、社会主義諸国から軍事支援を含む支援を受けていた解放運動組織のANCが、もし武力で白人政権を転覆して、南アフリカが社会主義国になってしまったら大変だという懸念があったのです。実際ANCは社会主義的な政策を持っていた時期もありますし。そのため冷戦の最中は、アメリカや日本を含む西側諸国は、南アフリカのアパルトヘイトを口では批判しつつも、急に政権が転覆したら困るとも思っていたんですね。それが、冷戦が終わったことでアパルトヘイト体制、解放運動の双方が後ろ盾を失いました。

ところで、冷戦終結後も、アメリカのイスラエル支援は変わらなかったのでしょうか。

早尾　はい、変わらなかったですね。福音派のキリスト教シオニズムの影響が強いのと、イラクのフセイン政権を使ってのイラン・イラク戦争（一九八〇～八八年）も失敗に終わり、イランとの対抗軸が残り続けていたせいもあると思います。

牧野　そこは南アフリカとは違う点ですね。アメリカ政府は南アフリカに対してあまり強く出たくなかったけれども、アメリカ国内の反アパルトヘイトの世論に押されるかたちで、一度レーガン大統領が拒否権を行使した包括的反アパルトヘイト法案が一九八六年に成立しました。八〇年代半ば以降、南アフリカの財界にはアパルトヘイト体制を見限る動きが広がり、企業人とＡＮＣの亡命指導者が南ア国外で対話を重ねるようになりました。本当に遅ればせながらですが、アメリカやＥＵ、それから日本も追随するかたちで、南アフリカに対する経済制裁が強化されました。

そして冷戦が終わり、白人政権は西側諸国の、ＡＮＣは東側諸国の支援をそれぞれ失って、自力では相手に全面勝利することのできないステイルメイト状態になって、解決に向けて互いに正面から向き合い交渉せざるを得なくなったのです。

その際、国際社会はいろいろなかたちで側面支援はしたけれども、「こういう南アにしましょう」ということを考えて交渉を行なったのは南アフリカ人で、国民党政権側では当時の閣僚のルルフ・メイヤー、その反対側のＡＮＣでは現大統領であるシリル・ラマポーザが、実質的な民主化交渉責任者となっていました。その両者が中心となって、なんとか交渉をして落としどころを見つけていったのです。

南アフリカの民主化交渉とパレスチナ／イスラエルのオスロ合意締結はほぼ同時期ですが、パレスチナ／イスラエルでは、この後どういう体制にするかという青写真はどのようにつくられたのでしょうか。一つ大きな違いだと思うのは、南アフリカでは白人の国と黒人の国を分けるのではなく、一つの南アフリカにすることになりました。一国家解決です。対して、パレスチナ／イスラエルの場合は二国家解決でしたよね。

早尾　そうですね。オスロ体制以降、建前としては西岸・ガザのみをパレスチナ国家とすることでイスラエルとの共存を目指す二国家解決というのが原則的な目標になっています。パレスチナ国家など認めたくないというイスラエルの本音のところはさておき。それに対して、もちろん歴史的に見ても現在でも、一国家解決こそが正しいというか、二国家分割が不正義だという指摘はあります。それをバイナショナリズム、アラブ人とユダヤ人による二民族共存国家とも言います。実現可能性は全くありませんが、思想的な次元では、晩年のエドワード・サイードが一国家解決、バイナショナリズムを提唱していました。

牧野　南アの民主化は、歴史的な和解・和平であるのは間違いないのですけれども、先ほど言ったように、交渉による民主化は妥協をともなうものでした。政治的には、白人政権側は人種にかかわらず平等な選挙権に基づく選挙で政権を選ぶことを受け入れました。他方、経済政策についてはＡＮＣは社会主義的な主張を封印して、企業が持っている鉱山を国有化したり、白人の土地を勝手に一方的に取り上げたりはしないという約束をして、体制移行を実現しました。

その結果、アパルトヘイト後の南アフリカでは、肌の色に関係なく誰もが選挙に行けるようになりました。選挙自体はおおむね自由・公平に行なわれていると評価されています。しかし、先ほど日本でエスニック・マイノリティが経済的な理由で団地にしか住めないという話もありましたが、経済的なところで言うと、昔アパルトヘイト体制の時につくられたタウンシップ（黒人居住区）がなくなったかと言うと全然そうではなくて、そこに住んでいるのはいまもほとんど黒人の人たちなのです。ただ人種によって就ける仕事が制限されるようなことはなくなって、黒人が政府や公的機関の責任あるポジションに就くようになっている。歴史的に不利な立場に置かれてきた人々の経済参画を促す「黒人の経済力強化」（BEE）政策が推進されていて、企業でも採用にせよ、役員や管理職への登用にせよ、できることなら白人以外の人、また男性より女性を選ぼうという感じになっています。

このようなアファーマティヴ・アクションによって、昔は白人だけに確保されていた領域の中に一部の黒人は入ることができるようになりました。けれども、残念ながら大部分の人たちはその外に依然として取り残されています。民主化後、労働法改正が行なわれ、働いている人の権利保護が強化されましたが、失業率が三〇％くらいある中、仕事を見つけられない人たち、インフォーマルな働き方をする人たちはその恩恵にあずかっていません。そういう状況があるから、最初の話に戻ってしまいますけれども、南アフリカの民主化から三〇年経って、あの民主化で何が変わったのだろうかという問い直しが起きている。確かに選挙権はあるけれども、経済は変わっていない、わたしたちの生活は変わっていない、下手したらより悪くなっているのではないかということもあるわけです。

ＢＥＥ政策や労働規制の強化など介入的な政策も多いので、いまの南アフリカをネオリベラリズムと形容することには躊躇がありますが、冷戦が終わり社会主義陣営が崩壊して、世界全体がグローバライズされた経済的自由主義に覆われる中で、南アフリカのアパルトヘイト体制からの転換が起きた時に、ラディカルな再分配は起きず、切望されていた土地改革もその進捗はきわめて遅いままにとどまっています。

そうした中、よりラディカルな政策を取るべきだという政治勢力が、いま、南アの中で強くなってきて、ＡＮＣは徐々に支持を失ってきています。二〇二四年五月の総選挙では、三〇年間ずっと過半数を確保していたＡＮＣが初めて過半数割れしました。その分、ＡＮＣから出ていった、よりラディカルな再分配を、少なくともレトリックのレベルで主張する人たちの党が得票を増やしている状況があります。白人に妥協し過ぎたと見られて支持を失いつつあるＡＮＣは、ＰＬＯやファタハに近いところがあるかもしれません。

早尾　なるほど、確かにイスラエルやアメリカ、そのほか世界から代表として承認されたＰＬＯ、その中心を担う党派であるファタハに近しいものがありますね。ファタハはイスラエルやアメリカに迎合したことで支持を失い、ハマースに選挙で負けたわけですから。

牧野　ＡＮＣはＰＬＯと同じ民族解放運動としてずっとつながりがあり、マンデラとアラファートのあいだにも親交があったことが知られていますが、ANCはハマースとは少し距離を置いているように思います。二〇二三年の一〇月七日以降に南ア政府から出されている声明などを見ても、一九六七年に国際的に認められた国境線での二国家解決ということを一貫して言っているのですが、これはハマースよりもPLOの主張に沿っていると言えるのでしょうか。

早尾　一九六七年というのは、西岸地区とガザ地区とが全面的に占領されてしまったけれども、そこから撤退せよ、ということですね。ただし、それがPLOの基本的な姿勢であるというのは微妙なところもあり、占領以前の五七年結党のファタハ、そしてファタハが主流派である六四年結成のPLOは、当然公式には一国家解決、つまりイスラエルの建国自体が不当であり、パレスチナの全土が解放されるべきだと主張していました。

ところが六七年以降は、西岸もガザも全部イスラエルに取られてしまって、イスラエル領も含む全土の解放などと言っても全く現実味がなくなるわけです。現実的には七〇年代には、西岸・ガザの解放とそこでのパレスチナ国家の樹立、いわゆる「ミニ・パレスチナ国家案」に後退するわけです。事実上イスラエル国家の部分の解放を諦め、二国家解決ということになります。公式にそれをPLOの方針とするのは、八〇年代後半のことです。

そして、二国家を建前とする九三年のオスロ合意に至るわけですが、しかしイスラエルの本音としては、西岸・ガザから全部撤退することはみじんも考えていませんでした。オスロ合意が入植地や国境や難民の扱いについて何も定めていないのをいいことに、実際にはオスロ体制のもとで、とくに西岸では入植活動を加速させ、イスラエル領化に向けた既成事実が積み重ねられていきました。それにもかかわらずPLOはイスラエルを国家承認し、抵抗をやめて協力関係になったので、実質的に何もできなくなりました。抵抗すれば「合意違反」「和平の敵」として弾圧されるだけですので。結局PLOは「自治政府」という名前だけを、アラファート議長も「大統領」という名目的地位だけを与えられて、無力化されてしまったわけです。

ハマースの主張は反オスロ体制

早尾　ハマースは、PLOが事実上イスラエルと手打ちをし、二国家の枠組みさえも掘り崩してしまったことに対抗して台頭しました。ハマースはイスラエルの存在を認めない原理主義のようによく言われますが、決してそんなことはありません。

確かにハマースの綱領では、元々はパレスチナ全土の解放、すなわちイスラエル国家に収奪された土地の解放をも言っていました。しかし二〇〇六年のパレスチナ評議会選挙での勝利以降は、西岸地区とガザ地区のみの「ミニ・パレスチナ国家」の立場、つまり二国家です。西岸・ガザの全ての入植地をきれいに撤去して、東エルサレムはもちろん返してもらって、西岸とヨルダンとの境界、ガザのエジプトとの境界の管理権も移譲してもらい、地下水や地下資源などの採掘権も返してもらう、そのうえで完全なパレスチナ独立国家になるということを前提に、イスラエル国家を承認する用意はある、という立場にハマースも変わっています。ハマースの現在の主張は完全なる二国家なのです。

それに対し、入植地に土地が取られ、国境管理もないような現状で、イスラエル国家を入植地ごとまず承認しろというのは、それは無理な注文です。それではオスロ合意で騙されて行き詰まったPLOの二の舞になるだけです。ところが、この二国家論に立つハマースさえも「イスラエルを承認しない原理主義組織」とレッテル貼りするのは、まさに二国家解決さえもイスラエルは受け入れないためです。入植地返還も、国境管理権も、水利権返還も、何も認めない。とりわけ西岸地区を最大限領土化するためにどんどんユダヤ人を入植させて、六七年から半世紀以上そういう既成事実を積み上げてきて、オスロ体制のもとでさえも一瞬たりとも入植活動を凍結しない。

しかし、そこがオスロ「和平」という言葉の巧妙なところで、これが「和平」だと言われることよって、オスロに反対すると「平和の敵」「テロリスト」というレッテルが貼られてしまうという仕組みです。そして日本も含む国際社会はオスロ体制を支えているので、反ハマースになってしまうわけです。

また、パレスチナ国家承認の問題もあります。一四〇か国以上がパレスチナを事実上承認していて、実はG7とその同盟国ばかりがパレスチナを国家として認めないと言っています。国家承認は進めるべきだとは思いますが、その時に指しているパレスチナ国家というのは、PLOが担っている自治政府のことであって、絶対にハマースではありません。常任理事国のアメリカがノーと言っている以上は絶対に国連には加盟できないわけですが、仮にパレスチナ国家を認めようという大きな流れになったとしても、現状ではそれはあくまでPLOの自治政府であるという問題があります。

マイノリティの分断を当然とみなす支配者の暴力性

李　わたしが中高生だった二〇〇〇年代は、日本人教員から南北会談は大変画期的なことだと教わりました。また、在日朝鮮人学生に対する講演会では、これから韓国は保守政権に代わることはあり得ても、この民主化と南北対話の動きは止められない、逆行することはないし、統一国家でなくても、連邦制や連合というかたちで、きっと行き来できる時代が来るのだと、希望を持って語られていました。

それがこの数日間の南北連結道路の爆破（二〇二四年一〇月一五日）、そして朝鮮民主主義人民共和国の韓国に対する「敵国認定」という中で、周囲の在日朝鮮人ものすごく動揺していて、これまで朝鮮学校を支援してきた市民団体との交流も断絶している状態です。

わたしの身近で最も南北分断を感じるのは、旅券を申請する時です。わたしは学生時代にソウルと平壌両方に行ったことがあります。するとその渡航歴などを理由に韓国領事館に呼び出しを食らいました。面談では、新聞に書いたことや、プライベートなことまでなぜか把握されていたのです。最終的に電話で、「あなたは平壌に行きましたね。だから韓国には入国できません」と言われ、「なぜ入国できないのですか、平壌へ行くのは自由ではないですか」と聞き返したのですが、そうすると「国家保安法違反ですから」と。李明博《イミョンバク》政権の時です。現在も韓国には国家保安法があるため、ほかの多くの活動家や朝鮮籍者も容易には韓国を行き来できないところに、厳然たる分断体制があります。そのことが在日朝鮮人の自由な往来や日本国内を含む人々との交流、思想と行動を規定し続けています。

日本社会にも根深い分断意識があります。わたしの父は日本人で、たまに一緒にご飯を食べるぐらいの関係でしたが、高校生の頃「韓国旅行に連れて行ってやるよ」と言われました。わたしが「韓国だけじゃなく、いつか南北を行き来できるようになったらいいのに」と言うと、酔った父が「お前は北朝鮮に行って、撃たれて死ね」と言うのです。そのようなことを簡単に言うDV気質というのもありますし、その言葉は露骨とは言え、父だけが極端なのではなく、おそらくあらゆる日本人が朝鮮分断を当たり前だと思っています。

そうした中で、在日朝鮮人は日々「よそ者」扱いをされ、孤立しながら日本社会で点在しているため、例えば西洋フェミニズムの視点で家父長制の問題を論じられないもどかしさがあり、この戸惑いにわたしの研究動機があります。

例えば、わたしが共同通信の記者からインタビューを受けた際、「在日朝鮮人の家族ってなんとなく映画『血と骨』（梁石日原作、二〇〇四年公開）のようにDVが多そうなイメージ」と言われたことがあります。DVに民族は関係ありませんし、そのような見方が偏見そのものです。

そもそも、在日朝鮮人や黒人には、西洋の個人主義やホワイト・フェミニズムでは解けない難問があります。わたしの母は東京の朝鮮学校を出ていますが、子どもを長野で産んで働き、在日朝鮮人コミュニティの外で母子家庭として孤立して暮らしてきました。それに対し、解放直後の在日朝鮮人コミュニティや、朝鮮農民たちの共生の在り方には、生活に窮しても食い扶持や耕す土地があります。西洋近代的な、暴力や収奪や競争、そして利己主義に基づく発展というものが、誰にとっても自由を意味するのか問いたいです。

言うなれば、破壊と疎外を覆い隠すために、個人主義に基づく自由を美名とし、基盤を奪われた存在は、そこでしか保たれなかった生存、相互扶助、ケアリングを切り刻まれた状態です。家族や共同体を捨てて「戦う女こそがかっこいい」かのようなリーン・インの概念は競争主義的であり優生主義的です。わたし自身、いまでもその危うさと表裏一体であり、コミュニティの重要性を認めつつも、個人として独立していたい気持ちはありますが、それには一定のリソースや経済基盤が要りますし、特権もあります。

さらに言えば、デヴィット・グレーバーらが『万物の黎明』(光文社、二〇二三年)で引用している先住民歴史家たちの蓄積にある通り、先住民や非白人の文化の中にこそ、多数決の強制ではない合意形成のプロセスや、暴力や覇権主義とも違うケアと相互扶助に裏打ちされた自由があります。そういう豊かな文化として、パレスチナ人や南ア黒人の文化を描き直すことはできるのだろうかということをぜひお聞きしたいです。

早尾　民族共同体が、植民地主義あるいはグローバリゼーションによって否定され、破壊されたからこそ、マジョリティであり強者である欧米人や日本人は個人主義を主張することができる。それから抑圧され、排除されたマイノリティは、自分たちの政治経済の共同体を失うことによって家族主義に依存せざるを得なくなり、家族によって支えられるような構造に至る。それを「保守的」「家父長的」だと言われる。これはアラブ世界に対する欧米・イスラエルからの視線、語りとまさに同じなのです。

そもそもアラブ社会全体も、ヨーロッパ列強によって分断され、民主的支持がない有力者をイギリスとフランスが利用して国王などに据えたのであって、そういう人たちは権力で支配するしかないわけです。しかもその権力を欧米の宗主国が利用しているわけで、だから家父長制が強くなるのです。そういう歴史的な背景を考えずに「欧米は個人主義と民主主義が進んでいる。アラブは遅れていて、家父長主義的で保守的である」という発言は、その言い方自体が大変暴力的でオリエンタリズム的です。

パレスチナについて言えば、さらにそこに軍事占領という問題が加わっています。占領体制にあって、独自の自立した政治・経済、まともな行政の発展を占領が阻害してきたから家族が逃げ場のようになるという問題を、あたかも伝統的、本質的にアラブ社会は家父長的だというかたちで言うのは、むしろ植民地主義の歴史、占領の現状を隠蔽する働きになるだろうと思います。

現在ではイスラエルは、欧米スタンダードの人権、性的多様性を尊重し、性的マイノリティに対して人権を認めている先進国であるという言説が流行しており、そのことによって、イスラエルがレイシズムを進め、植民地主義を進め、占領を進めつつ、批判の矛先を逸らすことができるという構図があります。

シングルストーリー化されるマイノリティ

牧野　李さんがおっしゃった、日本人が在日コリアン社会の在り方を一方的に決め付けるような言説とその暴力性は、本当にそのままアフリカの話とも重なると思っています。

わたしはいつも大学でアフリカについての授業をする時に、チママンダ・ンゴズィ・アディーチェの「シングルストーリーの危険性」という動画（二〇〇九年に『TEDGlobal』で行なわれた講演。https://www.ted.com/talks/chimamanda_ngozi_adichie_the_danger_of_a_single_story）を必ず見せています。自分にとって他者性のある社会に対するシングルストーリー化、それこそ「DVが多そう」などのような決め付けについては、アディーチェ自身もアメリカの大学で講演した時に学生から「あなたの小説に出てくる父親のように、ナイジェリア人男性が暴力的なのは大変残念なことだ」と言われたことを回想しています。実際には、彼女のお父さんは知的で優しい人で、とてもハッピーな子ども時代を送っていたのですけれども。ナイジェリア人男性は暴力的、という決め付けにアディーチェは苛立って、「このまえ『サイコ』という小説を読んだのだけど、若いアメリカ人男性が連続殺人鬼なのは残念ね」と返したそうです。

このようにアディーチェなら皮肉たっぷりに言い返したりするわけですが、実際にはアメリカの文化的・経済的パワーが強力であるために、アメリカについてのシングルストーリーというのはそれほどなく、シングルストーリーを押し付けられるのは圧倒的にアフリカ人、ナイジェリア人の側であって、そこには権力の非対称性がある、というアディーチェの指摘を李さんのお話を聞いて思い出しました。植民地化の過程で、アフリカ人社会は、家父長主義的、括弧付きの「伝統」的社会で、西洋的基準からするとひじょうに遅れているという見方が固定され、ネガティブな価値と結び付けられてきたと思います。

ジェンダーの話の関連では、早尾さんが『ふぇみん』に書かれていた、イスラエルが人口統計学を重視して、リプロダクティヴ・ヘルス／ライツに積極的に介入しているという話をとても興味深く拝読しました。ユダヤ人人口比率を高めるために、パレスチナ人女性の出産や育児の基盤を意図的に破壊していると（早尾貴紀「ガザ攻撃　イスラエルの行動に働くジェンダー暴力」『ふぇみん』二〇二四年一月一日）。

実はアパルトヘイト体制の南アフリカにとっても人口問題は重大な関心事でした。総人口に占める白人の比率は、二〇世紀初頭には二割ぐらいあったのがだんだん減り、他方でアフリカ人人口は増えていきました。それを脅威と感じたのか、白人政府は、アフリカ人への社会サービスはろくに提供しないのに、人口増加を抑制する家族計画プログラムはしっかり提供したのです。アフリカ諸国からの移民は厳しく制限しながらヨーロッパ系白人の移民は積極的に受け入れるということもしていました。

早尾　巧妙ですね。イスラエルはユダヤ人国家として、おっしゃるような人口統計を政策的に大変気にする国で、デモクラシー（democracy）ならぬ「デモグラフィー（demography＝人口統計）国家」とさえ言われます。

牧野　南アフリカでは七〇年代から家族計画プログラムを始めて、実際に女性が一生のあいだに産む子どもの数は減りました。実はその分、南アはアフリカの中で高齢化率がひじょうに高くなってきているということがあります。

また、南アの女性は人種差別と性差別を二重に受けていて、それに対する抗議行動に参加していた女性もたくさんいたのですが、逮捕・拘禁され、性的な虐待も含めた拷問を受けることもありました。

さらに、当時はなかなか表に出づらかったこととして、アパルトヘイト体制からの人種差別、性差別だけではなく、実は解放運動の中での性差別や性暴力の問題もありました。男性中心主義的な運動の中で、亡命拠点などで女性に対する深刻な性暴力があっても、被害者の声は表には出てきづらい。このような解放運動での性暴力というテーマを扱った小説として、ゾーイ・ウィカムの『デイヴィッドの物語』（大月書店、二〇一二年）という作品があります。この本を翻訳したくぼたのぞみさんは、日本の反アパルトヘイト運動に関わっていらっしゃったことがあって、南アフリカのJ・M・クッツェーや、ナイジェリアのアディーチェの作品もたくさん訳されている方です。

南アフリカで名誉白人と呼ばれていた日本人

早尾　ありがとうございます。家父長制やジェンダーに絡んだアパルトヘイトについてお話しいただいたところで、さらに南アフリカにおけるいわゆる「名誉白人」問題、そして日本の社会運動のことについてもお話しいただけるとありがたいです。

牧野　時々誤解されますけれども、名誉白人という言葉は法的なカテゴリーではなくて、南アフリカにおける黒人と白人との対立構造の中で、日本人が黒人側ではなくて白人側に立っていたということ、有色のアジア・アフリカ世界の一員ではなく、白人世界の一員であろうとした、そういう日本の在り方を揶揄というか、批判的に捉えた言葉なのです。法的に使われていた言葉ではないという注釈をおいたうえで、今日の鼎談のテーマとの兼ね合いで重要だと思われるのは、アパルトヘイト体制の南アフリカとの関係で白人世界側に立とうとした日本人の在り方が、日本の近隣のアジア諸国やその出身者に対する蔑視や差別とも密接に関係しているということです。

アパルトヘイト体制の南アフリカに対して経済制裁を強化するのとは逆に、むしろあの国は日本の経済にとって大事だから、もっと経済関係を強化すべきだとか、当時は領事関係にとどめていた外交関係についても、正式に大使館を置いたらどうかというようなことを言っていたのが日本南アフリカ友好議員連盟で、その中心人物が石原慎太郎でした。そのことに象徴されているように、名誉白人的な在り方というのは、アジアの中での日本の帝国主義的な歴史、そしてその中での人種主義、差別、蔑視と密接に関連していました。石原慎太郎や日・南ア友好議連は、いかにもスキャンダラスで、大きなニュースにもなり、その頃の反アパルトヘイト運動は、ある意味で石原慎太郎のようなわかりやすい悪役がいたことで、むしろ盛り上がった部分もあったのではないかという気がします。実は日本もアパルトヘイトの問題に深く関わっていて、黒人の抑圧、差別に加担しているということを強く自覚し得るので。日本で反アパルトヘイト運動をずっと行なってきた人たちは、名誉白人の問題を中心的に取り上げてきましたが、名誉白人という言葉を出すことによって、アパルトヘイトはどこか遠くで起きている問題ではなくて、そこに日本が関わっていることを自覚させる意味があったのではないかと思っています。

その意味では、パレスチナにも本来同じような構造があります。しかし、わたしの不勉強のためですが、今回の鼎談に向けてサラ・ロイさんの本を読むまで（サラ・ロイ著『なぜガザなのか　パレスチナの分断、孤立化、反開発』）、パレスチナの「反開発」への日本の責任について全く意識できていなかったのです。日本の責任、日本の加害性のようなことは、パレスチナの問題に関してどれほどフォーカスされているでしょうか。今日の最初に早尾さんがおっしゃっていた、悲惨さというところで運動を展開するだけでは駄目なのだというのは、まさにその通りだと思います。

早尾　どちらかというと、二一世紀に入って以降、やはりグローバリゼーションと反テロ戦争といったかたちで、日本はむしろイスラエルとの関係を強化しています。そういう意味で、最近の運動の中では、ガザを攻撃してパレスチナ人を抑圧するために開発された武器やセキュリティの技術を利用、導入すること、そしてそれを東アジアの防衛、あるいは国内の治安強化などに利用することについて、「パレスチナ人に対する暴力を商品化したもの」を導入しているとして批判が上がってきています。だからこれはどちらかというと、二一世紀から九・一一以降の事象という感じがします。逆に言うと、最初にお話しした日本の歴史的な関わりのところは、社会運動の中でも認識がとても薄いです。

異なる問題意識を持つものどうしで連帯する

牧野　日本の反アパルトヘイト運動についての聞き取り調査の中で、反アパルトヘイト運動の周囲にはまた別の運動がたくさんあって、それぞれ自分はこれを中心にやるけれども、何か別の集会があれば出かけていくというような感じで、運動の横のつながりがいっぱいあったという話を聞きました。

反アパルトヘイトの市民運動は東京、大阪、といった大都市だけでなく、南は熊本から北は北海道まで、全国あちこちにあったのですが、それぞれ中心的に取り組んでいた人たちだけで行なった運動ではなくて、それ以外の主に取り組んでいる問題が別にある人たちとも一緒にやっていたそうです。

その中のお一人の例が、尼崎で喫茶店を営んでいらした金成日《キムソンイル》さんという方です。彼は在日コリアン二世で、指紋押捺を拒否したことで日本で逮捕された経験をお持ちです。外国人登録証明書（現在の在留カード・特別永住者証明書）は南アのパス法のようにつねに携帯していなければならず、日本人は指紋を採られないのに在日コリアンは指紋を採られていた。いまは指紋押捺はなくなったのでしたか。

李　いま、特別永住者は日本では指紋を採られませんが、韓国籍者は旅券申請時や韓国入国時に採られます。一般永住者は、日本でも採られるそうです。

牧野　そうなのですね。金成日さんはその問題にずっとご自身のこととして取り組まれていたのですが、南アフリカのパス法も同じ構造の問題だということで、反アパルトヘイト運動の人たちと一緒にいろいろな活動をされていたのです。当時南アに不法占領されていたナミビアから日本にウランが密輸入されて、それが関西電力の原発の発電に使われていたということで、電気ボイコット運動をするなど、工夫していろいろなことをされていました。金さんは、二〇一〇年頃からは、大阪ヨドバシカメラ前でソーダストリーム（イスラエル入植地内で製造されている家庭用炭酸水製造機）の不買を呼びかけるなど、イスラエル・ボイコットの運動にも取り組まれてきました。金さんの中では、いろいろな問題が横につながっていて、連続的に取り組まれているのだと思います。

逆に、反アパルトヘイトをメインに取り組んでいた人たちも、金さんたちと一緒に在日コリアンに対する指紋押捺強制の問題や、部落差別の問題に取り組んだりといったこともしていました。南アフリカのアパルトヘイトの問題に取り組むけれども、足元にある日本社会の差別や排除の問題とも同時に闘っていかなければならない、ということが強く意識されていました。実はそこは欧米の反アパルトヘイト運動とは少し違っていて、日本の植民地責任的なことも、少なくとも反アパルトヘイト市民運動のリーダー格の方々は強く認識をしたうえで運動をしていたということを付け加えておきたいと思います。

もう一人ご紹介したいのは植田由希《うえだよしき》さんという方です。由希さんは南アと日本にルーツを持っていて、お母さんはマンデラさんの鍼灸師をしていたことで知られ、『手でふれた南アフリカ』（径書房、一九九三年）などの著書もある植田智加子さん、お父さんは南アフリカで反アパルトヘイト運動をしていたジョニー・イセルさん（故人）です。二〇代後半の若者である由希さんは、会社勤めの傍ら、パレスチナ連帯運動にとても熱心に取り組んでいらっしゃいます。植田さんの中でも、やはりアパルトヘイトとの闘いとパレスチナの問題はつながっています。運動が横につながり、ある問題に取り組んでいた人が別の問題にも取り組む、そうやって運動が広がっていることをご紹介しました。

早尾　パレスチナに関わる社会運動のことで言いますと、若い世代では、在日パレスチナ人の方、もしくは一方の親がパレスチナにルーツのある方など、まさに当事者が日本の中でも運動の中心となって前面に出て発言をしていたり、それを支えたりしています。あるいは日本の中からガザの虐殺に反対している方、それから日本政府がそれを支持することや、日本の防衛省がイスラエルから武器を購入することに反対の声を上げている人たちの中には、同時に性的マイノリティの人権運動に関わっている人たちが多くいます。また、パレスチナのガザ地区で破壊されているのは、人間の命はもちろんだけれども、それだけではなく動物、植物、土壌といった自然環境・生態環境もみな破壊されているのだというかたちで、若い環境団体の人たちなどが積極的に発信をして行動している印象があります。こうした広がりや視点は現代の社会運動に特徴的なところだと思います。

ただし、日本社会が、帝国主義・植民地主義の歴史の中でパレスチナ問題に加担してきたという視点に関しては、やはりひじょうに弱い。そこに関しては、日本人のマジョリティが自分たちの直接的な東アジアの植民地主義に対してさえ無自覚であることの結果であるわけで、中東まで絡めて考える視点が弱いのも必然的かもしれません。新しい世代の社会運動と、世界大での植民地主義への批判的視点をつないでいくことが課題と言えそうですね。

イスラエルの攻撃はジェノサイド
――南アフリカがＩＣＪ（国際司法裁判所）へ提訴

早尾　ガザ地区に対するイスラエルの攻撃を批判し、なんとか止めていきたいという運動について、もう一つ南アフリカに関わる重要なテーマとして、南アフリカが二〇二三年一二月に、ジェノサイド禁止の国際法に反するということで、イスラエルをＩＣＪに提訴したことがひじょうに注目されました。

ＩＣＪは国連の中の機関として設置されていますが、おそらく審議には四～五年、あるいはそれ以上かかるかもしれません。それから仮に国際法違反であり、それを止めなければいけない、処罰しなければいけないと決まっても、それを実行する強制力がないという問題があります。パレスチナに関して言うと、二〇〇四年には隔離壁が国際法違反であるというＩＣＪの判断がすでにありました。速やかに撤去されなければいけないし、隔離壁をつくる際に生じた損害は賠償されなければいけないと勧告しましたが、イスラエルはもちろんそんなことは何も気にもとどめず、要するに強制力、実行力はない。

今回のことでも同じようなことが懸念されているし、例えば五年後に「国際法違反でした」では済みません。イスラエルがやっていることは、いまはジェノサイドだと断言はしないけれども、ジェノサイドを回避する責務があるというかたちで仮裁定が出ました。それについて期待する声も上がりましたが、やはり阻止する効力が全くない。

ですからこれに関して考えなければいけないのは、そのことの意義と、それからやはりもう一つは、南アフリカが提訴国になったということです。かつてのアパルトヘイトとの関わりと、そしてポスト・アパルトヘイトになり――アパルトヘイトを完全に克服できたかどうかという評価は別として――アパルトヘイトとは決別した南アフリカ。また、一九七〇年代以降にはイスラエルとの濃密な関係を持っていた南アフリカが、今度は率先してイスラエルのジェノサイドを批判し提訴したことで注目されました。

牧野　最終的にICJからいつどんな判決が出るにせよ、それが直接問題の解決になるかというと、そうではないのかもしれないとはわたしも思います。しかし、南アフリカがICJに提訴した背景として、南アフリカは自分たちがアパルトヘイト体制から脱するプロセスにおいて、国連システムと国際法にとても助けてもらったという意識を強く持っていることがあると思います。直ちに何かが変わるわけではなかったけれども、それでもアパルトヘイトが人道に対する罪とされ、国連総会で度重なる非難決議が採択され、たまに安保理の少し拘束力のあるような決議もあって、南アフリカへの圧力がじわじわ高まっていった。その経験を踏まえて、二〇二三年の一〇月七日以降、南アフリカはずっとイスラエルの国際法違反を、ジェノサイドやアパルトヘイトという言葉も使って、強く非難し続けている。

実際にどういうプロセスで南アフリカがＩＣＪへの提訴を決めたのか、わたしにはわかりませんが、南アフリカ出身で世界的にもよく知られた国際法の大家であるジョン・ドゥガードの存在が大きかったのかもしれません。ドゥガードはアパルトヘイト時代には南アの大学の法学部で教鞭をとりつつ、アパルトヘイト体制の人権侵害に苦しむ南アの人々を法律を使って助けるために、大学付属のリーガルクリニックのようなものをつくり、その所長を務めていました。

南アのアパルトヘイトとの闘いには、デモをしたり、パス（身分証明書）を焼くなどの抗議行動、さらに国内での活動を禁じられた解放運動による武装闘争などいろいろなレベルのものが含まれますが、法廷闘争を通じて少しずつ権利を勝ち取っていく、あるいは不当な裁判にかけられている人が有罪にならないように、あるいは刑が少しでも軽く済むように、法律を使って闘うローフェア（lawfare）も、アパルトヘイトに対する闘いの中の大事な要素でした。

ドゥガードは、二〇〇〇年代の大半を通じてパレスチナの人権状況に関する国連人権委員会の特別報告者を務めた経験があり、近年では、イスラエルがやっていることを、自分の出身国である南アフリカで行なわれていたアパルトヘイトになぞらえる議論をしています。そのドゥガードがＩＣＪでの南アフリカのリーガルチームに入っています。ドゥガードはＩＣＪの判事経験もあり、南アフリカによる提訴のキーパーソンと言えると思います。

さいごに――世界が関わっていくしか可能性はない

早尾　今日は歴史的にもひじょうに長いスパンで、地理的にも大変広がりを持たせながらも、具体的な事例をたくさん挙げていただき、パレスチナ／イスラエルの問題というものがいろいろな意味で普遍的な課題でもあるということを考える貴重な機会になりました。

とくに最後に話していただいた南アフリカのＩＣＪの動きもそうですし、それから例えばガザに対する停戦決議は、国連総会においては二〇二三年の一〇月、一二月と圧倒的な賛成多数で可決されていますが、欧米諸国は反対や棄権しましたし、総会決議には強制力がありません。そして、強制力がある安全保障理事会では、過去三回の停戦決議についてはアメリカが拒否権を行使し（イギリスは棄権）、否決されています。ガザ攻撃をめぐっては、欧米諸国と世界の大多数とのギャップがくっきりしています。

親米の日本は、国際社会と言った時に、まず何よりアメリカの意向を、それからＥＵを気にします。

しかし本当の意味での「世界」は欧米のことではありません。逆に欧米が傲慢な欧米中心主義世界のために世界から孤立しつつあるように思えます。

アパルトヘイトのようなひじょうに長い歴史と強固な体制を持ったものが変革を迎えたのも、国際情勢が大きく変わったことがきっかけと牧野さんがおっしゃいましたけれども、もしこの先に可能性があるとしたらやはり世界が変わっていって、イスラエルを、シオニズムを包囲していくという、そこにしか可能性はないのだろうなということを思いました。

李 名誉白人の問題や、在日コリアン二世の方が自分の置かれた苦境と橋を架けて、パレスチナや南アと連帯していたという話がひじょうに印象的でした。先ほど、「純粋日本人国家」観の話をしましたが、かといって多民族国家を認めれば問題が解決するかというと、そうではありません。人種主義的な序列化が問題だからです。朝鮮学校生徒への教育支援金除外が象徴的ですが、琉球やアイヌに対しても、継承言語の教育や脱植民地教育の権利から除外し続けていることは、多文化と言いながら、実際には文化的・歴史的な遺産や自律性を認めていない、文化的ジェノサイドと変わらないと言えます。

これからの日本が、東アジアの井の中の蛙としてますます孤立を深めていくのか、あるいは植民地支配責任を認めたうえで対話をし、公式謝罪や歴史教育を行なっていくのかということが問われていると思います。

牧野　今日の鼎談を通じて、百数十年前の世界で、それぞれいまと比べて本当に地理的にも遠く感じられる場所にあった物事、イギリスの植民地支配や帝国主義的な拡大、そして日本の帝国主義と植民地支配などが同時代的に連関しながら、各地の社会での問題を生んできたことを学ぶことができました。またその後の変化についても、同じ背景を持ちつつ、それぞれ少しずつ違うバリエーションで、いろいろな世界的変化が同時代的に起きてきたこともあらためて感じることができました。

早尾　パレスチナ／イスラエル問題は、その発生の歴史から現在のガザ攻撃に至るまで、たんなる地域紛争だったことはありません。日本も含む植民地主義を進めた側は、直接・間接に関わっており、責任も有しています。パレスチナのことを、真にグローバルに、普遍的に考えていくために、今日の鼎談はとても重要な土台になるものだと思います。研究者も、狭い専門性に閉じこもることなく、越境的な視点で語り、架橋していかなければなりませんね。その意味で、今日、南アフリカ研究者の牧野さんと、在日朝鮮人史研究の李さんにご参加いただけたことは、本当に意義深いことでした。ありがとうございました。

（おわり）

牧野久美子（まきの・くみこ）
日本貿易振興機構アジア経済研究所主任調査研究員。専門は南アフリカの現代政治と国際関係。
主要著作として、牧野久美子・佐藤千鶴子編『南アフリカの経済社会変容』（アジア経済研究所、二〇一三年）、「反アパルトヘイトの旅の軌跡　「遠くの他者」との連帯のために」（大野光明・小杉亮子・松井隆志編『越境と連帯　社会運動史研究四』新曜社、二〇二二年）、「日本における反アパルトヘイト国際連帯運動」（『国際政治』三一〇、二〇二三年）、「一九八〇年代後半の日本の対南アフリカ政策」（『アジア経済』六五（三）、二〇二四年）など。

李杏理（り・へんり）
東京経済大学全学共通教育センター専任講師。専門は在日朝鮮人生活史、朝鮮ジェンダー史。
主要著作として、「脱植民地と在日朝鮮人女性による攪乱　「解放」後の濁酒闘争からみるジェンダー」（『ジェンダー史学 = Gender history』一三、二〇一七年）、「在日朝鮮人女性にとっての交差性・複合差別を考えること」（『部落解放』八三〇、二〇二二年）、「在日朝鮮人にとっての家族と祭祀」（『季刊セクシュアリティ』一一九、二〇二五年）など。

第Ⅳ部

パレスチナ／イスラエル問題を語る

「大災厄《ナクバ》」は過去ではない

イラン・パペ『パレスチナの民族浄化』と米・エルサレム首都承認問題

臼杵陽×早尾貴紀

（二〇一八年一月十二日『週刊読書人』）

『パレスチナの民族浄化　イスラエル建国の暴力』
イラン・パペ著、田浪亜央江・早尾貴紀訳
法政大学出版局、二〇一七年

臼杵陽氏との対談は、イラン・パペ『パレスチナの民族浄化――イスラエル建国の暴力』（田浪亜央江・早尾貴紀訳、法政大学出版局、二〇一七年）を翻訳刊行したことを受けて、『週刊読書人』紙上でなされた。収録は一七年末で掲載が一八年一月であった。パペはイスラエルの歴史家であり、同書は建国時のパレスチナ人・社会に対する暴力に対して、きわめて厳しい視点でなされた実証的な研究である。

対談でも触れているように、二〇一八年というのは、歴史的にはイスラエルの建国、パレスチナの破滅「ナクバ」の年である一九四八年から八〇年という節目の年であった。また、ガザ地区に対する徹底封鎖と大規模攻撃が繰り返され（二〇〇八〜〇九年、一二年、一四年）、そのガザ地区において「帰還の大行進」と呼ばれる大規模な民衆デモが毎週末に繰り返されていた時期である。

さらに、当時ドナルド・トランプが米国大統領の第一期（二〇一七〜二〇二一年）を務めており、次々とイスラエル寄りの政策を発表、ちょうど対談収録の一七年一二月に、軍事占領されさらに併合された東エルサレムも含む大エルサレムを、イスラエルの主張通り「首都」として承認すると発表した（日本も含むほとんどの国はテルアビブを首都とみなしている）。この対談後の一八年五月一四日の建国記念の日に、実際にアメリカは大使館をエルサレムに移転し、盛大な式典を行なった。

その一方で、ガザ地区で続けられていた「帰還の大行進」は、もともと「ナクバ八〇年」に向けての連続デモとして計画されたものであったため、このアメリカ大使館移転が火に油を注ぐかたちとなり、五月一四日・一五日は、より大規模な抗議集会へと発展した。それに対するイスラエル軍の弾圧によって二日間で六〇人以上のパレスチナ人が殺害される事態となった。

第一期トランプ政権は続けて、同年八月にUNRWA（国連パレスチナ難民救済事業機関）に対する拠出金提出に踏み切り、一九年三月にはイスラエルが軍事占領しユダヤ人入植を進めているシリア領ゴラン高原へのイスラエルの主権（つまりイスラエル領化）を認めた。いずれもイスラエルの主張に沿う政策であり、これはまさに現在（二〇二四～二五年）イスラエル政府が進めているUNRWAの活動禁止、ゴラン高原への入植倍増といった政策に直結している。さらに、二〇二五年にトランプが二期目の大統領となるや、アメリカの政策はさらにイスラエルによるパレスチナ支配を後押しするものとなってきている。

イラン・パペ『パレスチナの民族浄化』は、欧米の都合で強引に建国されたユダヤ人国家イスラエルが、その建国運動の前史から、第二次世界大戦直後の建国期、そして建国後の現在に至るまで、いかに計画的に先住パレスチナ人を追放してパレスチナの土地を最大限に乗っ取るかを実践し続けてきたことを、実証的に解明してその全体像を描いた歴史研究書である。その建国の暴力は過ぎ去った過去の話ではなく、現在進行形にあるのであり、それは途切れることなく現在のガザ攻撃にまで一貫している。対談収録・掲載の二〇一七・一八年頃は最悪の状況と思っていたが、しかしパレスチナにおいては「最悪」は何度も更新されていく。現在この対談を読み返すと、現状に対する予兆とともに、最悪の更新ぶりが確認できる。

なお、対談相手の臼杵陽氏は、パレスチナ／イスラエル研究の第一人者であり、イラン・

パペをはじめとするイスラエルのニュー・ヒストリアンを日本語に紹介されてきた。わたしも大いに学ばせていただいてきた先達であり、パペの翻訳書の刊行にあたってその文脈や意義を敷衍してもらえる最適任者は、臼杵氏をおいてほかにはいない。

トランプ米大統領のエルサレム首都承認発言

早尾　去る〔二〇一七年〕十二月六日、世界に衝撃が走りました。アメリカのトランプ大統領が、エルサレムをイスラエルの首都として承認し、アメリカ大使館をエルサレムに移転すると演説したためです。イスラエルは、第一次中東戦争で占領した西エルサレムを、一九五〇年に自国の首都だと宣言しましたが、それはパレスチナ人だけでなく、周辺諸国のアラブ人にとっても、あるいは国連や欧州各国にとっても、容認できないことでした。

臼杵　エルサレムというのは非常に特殊な場所ですよね。今回のトランプ氏の発言は、既成事実として、イスラエル国の宣言を追認することになります。

早尾　一九四七年に国連が出したパレスチナ分割決議案では、エルサレムは国際管理地とされました。

翌四八年のイスラエル独立宣言を挟み、四九年の第一次中東戦争の休戦合意で、旧市街のギリギリ手前の西エルサレムまでがイスラエル領となります。これが第一段階です。一九六七年の第三次中東戦争では、東エルサレムを含むヨルダン川西岸地域も、全てイスラエルがとりました。そしてイスラエルは、東西エルサレムは統合された、と主張しているわけです。

東エルサレムの旧市街には「嘆きの壁」といわれるかつてのユダヤ教神殿の城壁があり、ここを含めて手中に収められたことが、イスラエルにとって重要でした。ただ国際社会としては、第三次中東戦争という武力で併合した領土を、首都とは認められない。ということで、世界中の大使館は、エルサレムではなくテルアビブに存在します。その状況を変えることは、単純には占領地に関する国際条約に違反するという面もありますし、即紛争が起こる可能性も秘めたより複雑な事情も孕みます。そういう状況の中で、なぜ今回のエルサレム承認発言が出てしまったのか。

臼杵　これは、元はアメリカの国内問題にすぎません。一九九五年にアメリカ議会で、大使館をテルアビブからエルサレムに移すという決議が可決しているんです。

早尾　九九年までに大使館を移すことになっていましたが、クリントン、ブッシュ、オバマの歴代大統領は拒否権を発動し、動かさなかった。

臼杵　おっしゃる通り、歴代の大統領は、アメリカ大使館をテルアビブに置いたまま、国内法としては可決していたエルサレム移転問題を、拒否権を発動することで現状維持していました。クリントンの場合は、夫人がこの問題に積極的で、当時西エルサレムに土地を購入しています。が、そのまま凍結されています。そうした流れの上で、今回トランプが承認した、ということになります。

エルサレムに大使館を移せば、東西統一エルサレムをイスラエルの首都とすることも認めることになり、第三次中東戦争でイスラエルが占領した、東エルサレムを含むヨルダン川西岸をイスラエルの国土として認めることにもなります。これはれっきとした国際法違反です。しかし今回、どこまで何を考えての発言だったのか、真意は分かりませんが、おそらく単なる国内問題の延長としてしか考えていないでしょう。つまり、シオニスト・ロビーや、福音派のキリスト教徒たちの支持を得るという、自身の大統領としての延命策のみで、国内問題を国際紛争化してしまっているという、非常にまずい状況なんです。

早尾　アメリカ国内で四分の一を占めるキリスト教原理主義が、共和党の強力な支持基盤をなしている。一方で伝統的に民主党支持が大半のユダヤ人の中で、最近は共和党支持のユダヤ・ロビーも増えていて、この二つのグループが、トランプ政権の支持母体だと。

ただ、トランプ氏の宣言、あるいは福音派の原理主義者やユダヤ・ロビーの支持は、自分たちの利害や理念に基づくものであり、イスラエル国家に住む市民の状況とは無関係に、ただただ緊張と不安を持ち込んでしまっている状況です。

臼杵　そもそも福音派キリスト教の考え方は、ユダヤ教と矛盾します。旧約聖書に書かれている預言は、ユダヤ人たちは祖国に帰り、国を再建すればメシアの再臨する日が来ると。ところが新約聖書における預言では、イエス・キリストが再臨するのですから、ユダヤ国家でなくキリスト教国家になってしまう。でもイスラエルのネタニヤフ首相は、矛盾を分かっていて、アメリカの政治を利用しています。なぜなら今この瞬間、彼らがイスラエルを支持してくれているからです。

早尾　エルサレムという土地の特殊性について、もう少し、パレスチナの歴史と、イスラエルの建国史を振り返る必要がありそうですね。臼杵さんから見て、エルサレムを巡る問題の核心はどこにあるのでしょうか。

これは政治であって、宗教紛争ではない。

臼杵　確かに歴史を確認する必要がありますよね。エルサレムは、ユダヤ教、キリスト教、イスラーム、三つの一神教の共通の聖地です。十九世紀に東方問題の一つとして起こったクリミア戦争は、オスマン帝国領にある聖地エルサレムの管理権を巡る、ロシアとフランスの争いに、イギリス等の列強が介入した国際紛争でした。そしてエルサレムは、十六世紀以来統治してきたオスマン帝国から、第一次世界大戦でイギリス帝国の委任統治下に入り、一九四八年までその状態が続きます。その時まではエルサレムを含む聖地について、原状変更しないという「ステイタス・クオ」の原則がありました。原状を変更すれば、それが必ず紛争につながるということで、原則は十九世紀以来守られてきたわけです。逆にいえばこの聖地管理権問題は、欧米列強がエルサレムに入った十九世紀に始まった、ということもできます。

一九一七年のバルフォア宣言でイギリスが、パレスチナにおけるユダヤ国家建設を支持したことから、同じくフサイン＝マクマホン協定で、アラブ独立国家の樹立を認められていたアラブ人と、ユダヤ人シオニストとの衝突が起こるようになります。それを受けて、一九四七年に国連によって、パレスチナ分割決議案が出されます。このときには、エルサレムは国連管理下の国際都市とされ、いかなる主権国家もエルサレムに関しては、権利を主張できないと。当時はその分割決議に、アメリカも賛成していたのです。

しかし四八年にはイスラエルの独立宣言が出され、周辺のアラブ諸国がパレスチナに入り、第一次中東戦争となります。そして、先程早尾さんが説明されたように、イスラエルはエルサレムおよび全パレスチナを占領地として削りとるため、たくさんの血を流します。

早尾　これは聖地管理権を巡る問題なのですが、宗教紛争ではない、ということを明確にする必要がありますよね。パレスチナにおけるアラブ人対ユダヤ人の争いは、イスラームとユダヤ教の教義上の対立では決してない。これを二〇〇〇年来の宗教対立として語ることには問題がある。あくまで軍事占領の問題であって、植民地主義や人種主義といった、政治のタームで語るべき出来事だということです。この点については、臼杵さんは、政治と宗教をどのようなバランスで語るべきだとお考えですか。

臼杵　そもそもヨーロッパの列強が、聖地の争いとして、宗教を利用してパレスチナに入ってきたということなんですよね。先ほどユダヤ教の「嘆きの壁」の話が出ましたが、エルサレムには他に、イスラームのアル・アクサー・モスクと「岩のドーム」、キリスト教の「聖墳墓教会」と、三つの聖地があります。聖墳墓教会はイエス・キリストが十字架にかけられた場所で、十字軍以来、とりわけカトリックの信者たちはその場所が欲しくて仕方がなかった。十字軍は聖地奪還の闘いに挑みます。ただ、聖フランチェスコはスルタンと会ったりしています。そして聖墳墓教会の中にはカトリックとギリシャ正教会とが、同じように礼拝場所を持つことになりました。そこからさらに、キリスト教の聖地を、キリスト教の宗派間で争うということになっていきます。それぞれ、カトリックはフランスが支援し、ロシア帝国はギリシャ正教を支える。プロテスタントなので、聖地に関われない英国教会は、ユダヤ教徒を利用する。そのようにして、列強の対立の構図が出来上がっていったのです。

いってしまえば、バルフォア宣言などは帰結であって、それ以前からイギリスは、パレスチナでユダヤ教徒を利用することを考えていたんです。これは政治であり、決して宗教紛争ではない。このことは明確にしておかなければならないと思います。

早尾　詰まるところ、ヨーロッパ列強の利権を巡る紛争であると。

臼杵　実は日本の幕末とも同じ構図なんですよね。幕府側をフランスが支え、薩長をイギリスが支えて闘った。徳川慶喜が素早く大政奉還していなかったら、日本は内戦になって、クリミア戦争や中国のアヘン戦争のように、国が列強に分断されることになったでしょう。

早尾　パレスチナ紛争は、日本の読者にも遠い世界の出来事ではないということですね。

臼杵　幕末、クリミア戦争にイギリスやロシアが一生懸命になっていて、太平洋がたまたま軍事的空白になった隙をぬって、アメリカの黒船がひょっと入ってくるんですね。同じ頃、フランス公使としてきたロッシュは、その前はアルジェリアやフランス植民地の軍官僚でした。アラブ世界、とりわけ北アフリカに関して彼はプロで、日本を何らかのかたちでフランスの影響下に入れたいという意図があったことは明らかです。この時代には、一国史では見えない側面が、あるように思います。

帝国主義に翻弄されたパレスチナ

早尾　時代が下り、『パレスチナの民族浄化』では、一九四八年のイスラエル建国宣言を前後して、パレスチナ住民がいかに計画的、組織的に虐殺・追放を受けたのか、シオニストによる「民族浄化」の一部始終を、資料を分析し、数々の事例を挙げることで示していきます。

一九四八年という年は、東アジアでは朝鮮半島の南北の分割がありましたし、前年には台湾で二・二八事件が起こっています。中国の内戦で四九年に中華人民共和国が成立。五〇年には朝鮮戦争が起こります。この時代には、第二次世界大戦までの帝国主義的な利害が、戦後の秩序の中で再分割、再編成されていく過程がありました。パレスチナの置かれた状況も、そうした動きと無関係ではなかった。

臼杵　付け加えると、これはイギリス帝国の第二次世界大戦、特にスエズ戦争以降の衰退史でもあります。最も大きなものに四七年のインド・パキスタン分離独立があり、その対応措置をパレスチナにも踏襲したところがありました。

イギリスは三九年までにパレスチナ白書を出して、バルフォア宣言を事実上否定し、パレスチナをユダヤ人国家にするという構想を捨てています。つまり形式上、イギリスはシオニストには協力していない。ただ事実として、パレスチナの委任統治から手を引いて後、イギリスが何もしなかったことで、シオニストたちのやりたい放題を許し、ユダヤ人国家独立へのプロセスが作られていきました。『パレスチナの民族浄化』では、例えばイギリスの軍人オード・ウィンゲートが、パレスチナのシオニスト部隊の基礎を作ったことが指摘されています。「ユダヤ人国家という理念は軍事主義や軍隊ともっと強く結びつけなければならない」、あるいはイギリスの軍曹から「無防備な村人を襲撃するための」銃剣の使い方を教わったと。そうして作られたイスラエルの軍事部門ハガナーの「暴力的視察」によって、アラブの民衆はまるで物のように撃たれ、獣のように郷里を追われます。

つまりパレスチナ問題には、イギリスの無政策がまずあり、その上で国連による現状を全く無視した無責任な分割決議があった。当時の国連加盟国が、パレスチナの現状についてどれぐらい理解していたかといえば、ほとんど何も知らなかったでしょう。そういう中で、虐殺・追放等の暴力的行為により、既成事実としてユダヤ人の土地がどんどん確保されていきました。多くのパレスチナ人が殺され、あるいは暴力的に土地を追われることになったのは、国際社会のせいだともいえるわけです。

早尾　国際社会の無責任さが、結果的にシオニズム・ロビーの肩を持つかたちで、事が進められてしまった。他方で、イスラエルのシオニストたちは、国際社会の無関心をうまく利用して、計画的にパレスチナの軍事占領の道筋を作り上げていきました。それを今回のエルサレム承認問題では、アメリ力が反復しようとしている、ということになりますね。

臼杵　シオニストたちは自分たちの行いを正当化するために、例えば旧約聖書「サムエル記」に出てくる、「ダビデとゴリアテ」の物語を利用します。巨人ゴリアテをいたいけな少年であるダビデが投石器一つで打ち殺すという、その物語になぞらえて、少年ダビデがイスラエル、周辺のアラブ諸国がゴリアテというイメージを流布していったわけです。しかしながら内実は、イギリスから軍隊の基礎を学び、世界中のユダヤの同胞から金をかき集め、軍事的に強大化していきました。四八年の時点で、イスラエル軍は圧倒的有利に立っていた。またヨルダンとの密約もあった。ところが世間では、イスラエルは建国間近の弱弱しい小さな国だ、とみなされていたのです。

イラン・パペの本には、イスラエルの武力の強大さと、無防備なパレスチナ人に対する計画的な狼藉の数々が、資料を前提に、これでもか、これでもかと、畳みかけるように記されています。そうした事実は、研究者の間では知られていても、一般の人は驚くかもしれません。神話とは、常に作り上げられるものなのだということを認識していないと、受け止めにくいかもしれない。小さなイスラエルが、敵に囲まれながら、長年の苦難を超えて必死になって建国した、という物語の方が、心の負担が少なくてすみますから。

歴史家イラン・パペの戦略と功績

早尾　この本で、最も力点が置かれているのは、シオニズム側の主体的で計画的なたくらみによって、「民族浄化」を通じイスラエル建国が成ったという点ですね。パペのした仕事は、シオニズム側から今まで語られてきたような〝土地なき民に、民なき土地を〟といったスローガンを無効化し、旧来の建国神話をひっくり返したこと。そのために、非常に戦略的に書いている、ということです。

臼杵　そうですよね。もう一つ、イスラエル側はホロコーストという世界的大事件を利用して、自らを正当化をするという側面もありました。

早尾　イスラエルに対する批判をかわす道具の一つとして、政治的にホロコーストの悲惨さ、犠牲者の語りを導引していくわけですね。アイヒマンという「極悪非道のナチスの幹部」を、エルサレムで裁判にかけることで、もう一度ホロコーストへ世界の注目を集め、ホロコーストがあったからこそ、今イスラエル国が必要なのだ、という物語を再構築していった。

ホロコーストはアンタッチャブルな出来事ですから、それを持ってこられたら国際社会は、イスラエルを批判しにくくなる。しかし例えばハンナ・アーレントは、アメリカに移住して、シオニズムから一定の距離を取っていたので、そのことが白々しく見えた。それで『エルサレムのアイヒマン』を書いたところ、シオニストのコミュニティから激しくバッシングされ、論争になっていくわけです。

アーレントがユダヤ人で、しかもナチス政権から亡命してきた経験があるからこそ、その語りを見過ごしにできないところがある。それはイスラエルのユダヤ人歴史家であるパペにも重なるところがあります。

臼杵 イラン・パペの存在の重要さとは、ユダヤ系イスラエル人でありながら、イスラエルのたくらみを暴いたところですね。それで嫌がらせを受けて、イスラエル北部都市ハイファにある大学を去らざるを得なくなったようですが。

シオニストたちの発想は、いかにしてパレスチナをユダヤ化していくかということに尽きます。ユダヤ人をマジョリティにするための必然として、もともとそこに住んでいたアラブ人を「追い出す」わけです。その一環として行われた非人道的で意図的な軍事作戦を、パペ氏は縷々、個々の村や町の事例を挙げることで暴いていきますね。特に一貫してこれを「民族浄化」と呼んでいるのは戦略的です。旧ユーゴスラビアのジェノサイドと重ねることで、国際的に議論可能な枠組みに、パレスチナ問題を当てはめる意図があったのでしょう。

早尾 一つにはイスラエル側に都合がいい神話をぶち壊すということ、また「民族浄化」という共通のタームで議論できるところへ、パレスチナ問題を置いたということ。シオニストの主体性と英雄利用、ナショナリズム、排外主義、レイシズムなど、近代世界の国家暴力に共通する用語や分析の枠組みに当てはめ、イスラエル建国史を再構築して提示するという作業を、パペは行ったと思います。

臼杵　特徴的なのは、いかにイスラエル軍が計画的、組織的に、民族浄化を行ったかを、一貫して描いているところですよね。シオニストは、国連分割決議案で、ユダヤ人国家に指定されたところを守っただけだ、という理屈でずっと通してきたけれど、この本を読めば、先住のアラブ人たちを追放するために、イスラエル軍が虐殺を含め、あらゆる野蛮な行為も辞さなかったという事実が見られます。これまでイスラエル軍が「防衛」という言葉で正当化してきたものが、ただ一言「大虐殺」でしかなかったと。

早尾　これでもかこれでもかと、具体的に村の名を挙げ町の名を挙げ、殺された人数を挙げ、攻撃を命じた責任者を挙げていく。徹底していますよね。

臼杵　当然のことながら、アラブ人側にも抵抗運動が起こっていて、全てのパレスチナ人が、唯々諾々と逃げて行ったわけではない。ただ、軍備の規模は雲泥の差で、抵抗運動は簡単につぶされていくと。分割決議でアラブ国家に指定されている場所でも、パレスチナ人たちは追い出されていきます。多くの民間人は、戦時中の一時退避のつもりで、家に鍵をかけ、出かけてきている。

早尾　戦場から一時避難したということですよね。

臼杵　帰ることが前提になっていた。それにもかかわらず帰れなくなってしまった。

私の友人の出身地のアッバースィーヤ村は、かつてイギリスの空軍基地だったベングリオン空港に隣接した要所です。その村では激しいパレスチナ側の抵抗がありました。本書の記述でぞっとするのは、抵抗を徹底的に叩くイスラエル側の姿勢です。つまり、抵抗するものは容赦なく殺せ、という徹底した命令です。子どもたちや無抵抗に逃げようとする人々も、まるでゲームか何かのように撃ち殺されます。

エルサレムへ至る主要ルート、あるいは戦略的に絶対に譲れない地域を、一つずつ間違いなく抑えていく。そのためには虐殺をも厭わない。イスラエル側の資料をこれだけきちんと分析し、詳細に記録する。建国のプロセスで、イスラエル軍が虐殺を是としたことを、パペがここまではっきり書いてしまったことは、イスラエル国にとって許しがたいことですよね。

早尾　パペは、完膚なきまでに、従来のイスラエル建国神話をひっくり返して見せたわけですね。初めにパレスチナ人が勝手に逃げていった説があり、次に一部追放・虐殺はあったが、偶発的なものだったという言説がありました。それら全てを覆したわけです。

臼杵　本の中に個人的な体験も綴られていますが、パペの出身地であるハイファは、アラブ人がどんどん排斥されていく中でも、最後までユダヤ化が難しかったガリラヤ地方の中核都市で、そのことは彼のアイデンティティの形成に大きな影響を与えていると思います。実際に生身のアラブ人が暮らす姿を身近に見ながら、自分の育った場所はアラブ人から奪ったところだという事実を自覚せざるを得ない。ユダヤ人が多い地域に生まれれば、そうした状況認識は難しかったのではないかと思います。

早尾　パレスチナ人の語りであれば、イスラエルのユダヤ人は、彼らの立場から勝手に言っていることだと、黙殺できます。でもパペはイスラエルのユダヤ人コミュニティの内部から、イスラエル建国史の暴力的な起源を鋭く語ったわけです。自分たちの内部から出た語りであれば、痛いところに触れる、無視できない声になります。

この本は二〇〇六年に英語で刊行され、アラビア語版は既に出ていますが、この先にアカデミックなレベルでの反論は起こると思われますか。

臼杵　シオニスト側は黙殺でしょうね。完全に読者は分断されるでしょうし、ヘブライ語版が出版されることもないでしょう。記録資料に基づいているので、事実は否定できませんから、包囲網を作って、こうした言説を広げないようにする。あるいは、意図的な資料の操作であると批判していくことになるでしょうか。

語りというものには難しさがあります。パペは、資料を忠実に使って客観的に記していきました。訳者あとがきには、パペが歴史著述における語りというものに非常に自覚的で、自らの立場性を考慮し、立場の異なる歴史家の見解を取り入れていったとあります。それでもイスラエルのユダヤ人であるという立場からは自由にはなり得ない。シオニストたちは「自己嫌悪のユダヤ人 Self-hating Jews」

から出てきたものとして、本書を握りつぶしていくことになるかもしれません。パペ氏が祖国に帰る日はまだ遠いでしょう。

パレスチナ問題を考える現代的な意義

早尾　しかしパペ氏が意図した方向で、前向きに「民族浄化」という言葉を我々が生かしていくとすれば、例えば昨今の統一エルサレムの承認問題も、パレスチナのユダヤ化の流れに位置付けて考えを深めることができると思うんです。

エルサレムでは今もなお、露骨なユダヤ化が行われています。アメリカによるエルサレムの首都承認問題は、とんでもない話ではありますが、これを契機に、パレスチナ人に対する継続した民族浄化の問題を、捉え返していくべきではないかと思います。その文脈で、パペの仕事を現在に接続し、歴史を通して現在起きていることの意味を再認識するべきではないかと。

臼杵　まさに、エルサレム問題は、新たな段階に入ったということになると思います。国際的な状況を睨んだ発言ではなかったとはいえ、今後イスラエルがアメリカ国内の問題として機能し始めると、諸外国が何をいおうとどうにもならない状況にもなり得ます。当然現地における反発も広がるでしょう。昨年〔二〇一七年〕五月、トランプ氏はサウジアラビア、エルサレム、イスラエル、パレスチナ、教皇庁を訪問して、三つの一神教の人々と中東和平を作り上げよう、というスタンスを見せましたが、今回の動きでは一方的にイスラエルに肩入れすることになるので、どんな和平努力も難しい。

早尾　これは歴史的な後退ともいえる気がします。普通、国家とは住民のためのものですが、イスラエルは、「世界のユダヤ人にとっての祖国」とされ、世界シオニスト機構が、イスラエル国内の内政に対し発言し、影響力も持っています。ところが九〇年代以降、国外のユダヤ人より、国内に住むユダヤ人の国として民主的に機能すべき、という論争が起こりました。国内のアラブ人の声には一向に耳を傾けられる気配はありませんが、一つの前進ではあったと思います。そうした動きをも、今回の発言は打消しかねないと思うのです。

臼杵　イスラエル人が国外に出ていく、イスラエル人ディアスポラと呼ばれる現象も目立っているようですね。イスラエルで生まれたユダヤ人たちは、イスラエリー（イスラエル人）と自己認識する人が増えていて、国政が悪くなればなるほど、イスラエルの在り方に批判的なイスラエリーが、どんどん国外に移住していく。これはバルフォア宣言以降、ユダヤ人移民を受け入れ、パレスチナ人を排外することで、ユダヤ化を進めてきたイスラエル国家にとって、危機ですし、皮肉な事態です。

早尾　イスラエル人ディアスポラについていくつかの機関の推計を見ると、イスラエルのユダヤ系の人口約七〇〇万人のうちの、一割弱、最大で約六〇万人もがイスラエルの国籍を保有したまま国外在住だということです。

それから、イスラエルは、東西エルサレムを統合したといっていますが、東エルサレムに住むアラブ人を国民とは認めていないんですよね。つまり彼らは無国籍なわけです。東エルサレムの土地は欲しいけれど、非ユダヤの人口は増やしたくないと。パレスチナ人が現在もなお、そうした状況に置かれているということは、もっと一般に知られるべきことだと思います。パレスチナ人の人口を抑制し、ユダヤ人の人口比を高めるため、書類上の難癖をつけての国外追放や家屋破壊も、最近いっそう目に余るようです。ミクロな形での追放政策は、依然として継続しているといえます。しかし何もかもご都合主義でまかり通っているのを、国際社会は容認してしまっている。それがトランプ政権の今回の政策で、既成事実として追認されていく流れにあるということです。

臼杵　イスラエル・アラブと呼ばれる、イスラエル国籍を持ったアラブ(パレスチナ)人は二〇%ほどいるわけですが、この人々が、イスラエル側からすると、政策の障害になりますよね。だからこそ、国内で反イスラエル・デモが起これば、銃で平然と撃ってでも徹底的につぶす。自国民であるパレスチナ人を、撃つわけです。敵対行為を名目として、イスラエル国籍を合法的に剝奪できるようにもなってしまいました。恣意的に国籍剝奪できるようになったら、いよいよイスラエル国内の残るパレスチナ人の存在を抹消していく方向に進みかねない。脅威です。民族浄化は決して、七〇年前の話ではなく、現在のイスラエル国内の問題として続いています。

分断して統治せよ、作られた人種主義

早尾　しかしそもそも、アラブ文化圏の中に、ユダヤ教、キリスト教、イスラームと三つの宗教があって、ムスリムとキリスト教徒はアラブ人で、ユダヤ教徒だけがアラブ人ではない、というのはおかしな話ですよね。そもそも分類のカテゴリーがまったくことなるのだから、宗教で人種を分断することは、本来は無理がある。東欧から中東、さらにエチオピアにまでユダヤ教徒がいて、同じ「ユダヤ人種」だなんてことが言えるはずがない。しかし、できないものを暴力的に線引きして、分断するのが人種主義なんですよね。

臼杵　ミズラヒームというオリエント系ユダヤ人がいますが、「ミズラハ」とは東を意味し、彼らは伝統的なアラブ世界に出自を持っています。キッパというユダヤの民族衣装である帽子のようなものをつけていますが、顔かたちだけでは、アラブ人かユダヤ人か、分からないというのが現実です。その逆もしかりで、エルサレムに住むパレスチナ人の友人は、比較的白い肌なので、占領地にも顔パス

で入れてしまうそうです。

早尾　ヨーロッパ系ユダヤ教徒が支配層である社会の中では、アラブ系のユダヤ教徒は、二級市民として劣等感を植え付けられています。そのためにとりわけ自分のことを「ユダヤ人」であると規定し、マジョリティの側に同化しよう、上昇しようという心理が、強い反アラブ感情を引き起こすことがあるのではないでしょうか。自分の中にアラブ的要素があるからこそ、ダブル・アイデンティティゆえに、それをできるだけ払拭しようとして、反アラブ、反パレスチナ感情が生まれるということがある気がします。

臼杵　そうかもしれません。この本の中でも強調されていますが、ドゥルーズやチェルケス、ベドウィンといったマイノリティの「民族」は、もとはアラブ人ですが、イスラエルに協力し、兵役の義務を負うことで、立場が引き上げられることがありますから。

早尾　「分断して統治せよ」といいますが、アラブ人を弱体化させ、効率的に統治するためには、その団結を崩すことが、第一なんですよね。ドゥルーズやチェルケス、ベドウィン、それからクリスチャン。そうしたマイノリティは、徴兵の代わりに得られる権利がある。逆にそれ以外の大半のムスリムは、徴兵がない代わりに権利も与えられない。例えば奨学金やローン、公務員就職や大企業就職枠など、生活の安定に密接にかかわる権利です。

一方、ドゥルーズやベドウィンは、アラブ人社会に通じているので、占領地で最前線に立たせたり、アラビア語ができるので尋問をさせたり、といった利用価値があります。その代償としてユダヤ人の支配層に近いポジションを与えられる。ですから、一般のムスリムからは裏切りと見られたりもする。支配層は格差を利用し、分断統治を行うということです。そして様々な種類の緊張と不満が、イスラエルには燻っていると想像されます。

臼杵　この問題は今後どうなっていくのか。

早尾　国連は、緊急特別会合をもって、認定の撤回をアメリカに求める決議案を採択しましたね。

臼杵　〔二〇一七年〕十二月二十一日に採択されました。ただ常任理事国のアメリカは拒否権を発動していますし、イスラエルのネタニヤフ首相は、トランプ氏に感謝の意を表し、国連の投票結果を拒否すると。

早尾　イギリス、フランスは、アメリカは国連を無視していると、はっきりと不快感を表明し、日本政府はノーコメント。圧倒的多数で決議案は採択されていますが、投票を棄権した国や、採択に不参加の国もありました。

臼杵　トランプ氏は、決議案に賛成する国への支援は停止する、などの警告もしていましたね。この問題が今後どう展開するのか、目を離せません。

（おわり）

野獣の膨れた腹の中にサイードを解き放つ

批判的知性の再構築がどうできるのか

姜尚中×洪貴義×早尾貴紀

（二〇一八年四月二十八日『図書新聞』）

『ポスト・オリエンタリズム　テロの時代における知と権力』
ハミッド・ダバシ著、早尾貴紀・本橋哲也・洪貴義・本山謙二訳
作品社、二〇一七年

姜尚中《カンサンジュン》氏と洪貴義《ホンキウィ》氏との鼎談は、ハミッド・ダバシ『ポスト・オリエンタリズム――テロの時代における知と権力』（早尾貴紀・本橋哲也・洪貴義・本山謙二訳、作品社、二〇一七年）を翻訳刊行したことを受けて行なわれた鼎談である。

本書第Ⅱ部でも紹介したハミッド・ダバシは、イラン出身でアメリカ合衆国在住のイスラー

ム研究者であり、パレスチナ人の故エドワード・サイードと同じコロンビア大学で教員をしている。『ポスト・オリエンタリズム』は、そのサイードの主著『オリエンタリズム』へのオマージュであり、また同書に対する批判的読解であり、そしてダバシ自身の西洋中心主義への批判理論である。ダバシはパレスチナ人ではなく、また同書も直接的にパレスチナについて論じているわけではないが、しかしダバシは生前のサイードと親交を持ちながら、アメリカのアカデミズムやジャーナリズムの中でパレスチナ問題に関して積極的な発言と行動をしてきた。

東アジアにいるわたしたちは、サイードをどのように読み、またダバシをどのように読むのか、さらにダバシを通じてどのようにサイードを再読するのか、サイードとダバシの議論をいかにわたしたちの言論空間で活かしていくのかが問われている。

そこで同書の共訳者の一人で政治思想研究者である在日朝鮮人の洪貴義氏とともに、やはり在日朝鮮人で政治学者の姜尚中氏と鼎談を持った。姜氏には『オリエンタリズムの彼方へ』(岩波書店、一九九六年)という著書もあり、そのタイトルからしてまさに『ポスト・オリエンタリズム』と問題意識が深く響き合うものと思われた。また洪氏とわたしとはそれぞれ大学院生だった頃に姜尚中編『ポストコロニアリズム』(作品社、二〇〇一年)という読本で一緒に仕事をしたこともあった。そうした関係性からも、姜氏に久しぶりに再会し、このかんのそれぞれの問題関心を交わしたいと考えて、鼎談を依頼した。

二〇〇一年の前後から振り返ると、日本社会の思想状況は、一九九五年の「戦後五〇年」以降、戦争責任と植民地責任をめぐる議論が高まりつつ、「ポストコロニアリズム」が思想や文学や政治において注目されていった。姜氏の前記の編著作もそうした流れに位置付けられるが、しかしそれが果たしてどれだけ日本社会で受け止められ血肉化されていったのかは覚束ない。二〇〇〇年からパレスチナの第二次インティファーダとそれへの大弾圧が、ガザ包囲攻撃へとつながっていく。〇一年のアメリカ同時多発攻撃とその反動としての対テロ戦争が、アフガニスタン・イラク攻撃へとつながっていく。そしてイスラエルも日本も「対テロ戦争」陣営を固めていくのだが、日本はその時期、〇一年の首相就任から毎年靖国神社を公式参拝し続けた小泉純一郎政権下で東アジア関係を悪化させていった。

すなわち思想的先鋭としてのポストコロニアリズムが、新植民地主義（ネオコロニアリズム）による反動化に対峙できなかったのではないか。残念ながらポストコロニアリズムに関する議論はアカデミズムの中で二〇〇〇年代後半に失速してしまい、社会も大学も保守化・内向化が進んでいく。鼎談では、残念ながらこの傾向をあらためて確認することにもなってしまったように思う。

　他方でダバシその人はと言えば、サイード亡き後もコミットする知識人としての役割を果たし続けており、第Ⅱ部でも論及したように、パレスチナ攻撃を行なうイスラエルとそれを支持する欧米諸国への批判を、植民地主義の観点から厳しく続けている。現時点から振り返るに、『ポスト・オリエンタリズム』は、その理論的基盤となっていると言える。

　そしてなおも問われ続けているのは、日本社会がサイードやダバシと同じような強度でパレスチナ問題を考え、そしてそれを東アジアのポストコロニアリズム／ネオコロニアリズムと結び付ける議論を粘り強く模索することである。二人の在日朝鮮人知識人との鼎談は、あらためてそのことを自覚させる。

「弱い思考」による「ゲリラ戦」の書

早尾　本書の著者ハミッド・ダバシは一九五一年イランに生まれ、現在はアメリカに住んでいます。コロンビア大学教授で、専門はイラン研究、シーア派中心のイスラム研究です。そのうえで本書のようなポストコロニアル批評やアメリカの中東政策に対する時事的で論争的な批評をしています。あるいはパレスチナの映画祭にコミットし、パレスチナ映画に関する編著もあります。

姜　本書の翻訳には相当の苦労をされただろうと思います。著者のハミッド・ダバシさんは生前のエドワード・サイードと同僚であり同志だったということですね。

私から、お二人に聞きたいことをいくつか申し上げます。まず、第六章で扱われている「内方浸透」についてです。難しい言葉ですね。しかし、北朝鮮をめぐる報道と、イスラムをめぐる報道には似ているところがあると思います。この「内方浸透」という考え方は、いまの北朝鮮をめぐる問題を見るときにも重要かなと思います。あるいはサバルタンや「従軍慰安婦」の問題についても。

本書は全体として、「主体の危機」のなかで、主体をもう一度再生していこうというときに、サイードの『知識人とは何か』を再考しています。『知識人とは何か』は原題はRepresentations of the Intellectualで、「知識人の代表（・代理・表象）」と訳せます。『敗戦後論』を書いた加藤典洋さんが、若い人が「従軍慰安婦」のような非常に高度な問題に最初から入るのはダメだと言っていました。家で言えばすぐに二階に上がるようなもので、まず一階からだと。「おっ」と思いました。それを批判する人が、当事者でもないのに、どうしてそこまで代表できるのか、ということが一般的によくあります。その問題点を「知識人とは何か」という問いのなかでどう考えていったらいいのか。

それから、日本においてそもそも「知識人」をどう考えたらいいのか。本書では知識社会学の手法がとられていますが、なぜ日本では知識人が弱いのか。なぜこんなに無力なのか。明治以来の知識人の社会的な弱さがあるでしょう。知識人がお互いに領域横断的にネットワークをつくり、パブリックな空間で問題を提起し、批判的な知性を養うというよりは、既存の組織に帰属があるかどうかによって知の有無をわけてしまうようなところがあります。『維新の影』（集英社）という本を出したのですが、公害やハンセン病の問題などをなぜ百年も放置してきたのか。大学の知のあり方が、「知識人」とまるっきり縁もゆかりもなくなってしまっています。これは個人の問題ではなく、制度的な問題です。私は、大学を辞めてよかったと思っています。

丸山眞男の言葉を使えば「擬似知識人」――この「擬似」は決して「似非」という意味ではありません。日本は他の国と違って、中程度の知の広がりが広範にあります。例えば足尾に行くと、大学を出ておらず、学校社会の優等生でもない、「有機的知識人」としか言いようのない人がいっぱいいて、日本の可能性のようなものを感じました。それに比べると、制度圏の知識人には問題があると思います。「知識人はサバルタンを代表できるか」と、よく批判する人がいます。それは若い人を逡巡させる。韓国で若い学生たちが「従軍慰安婦」の問題をやっているのを見ると、「なぜ当事者でもないのに」と素朴に言える知識人が日本にいるわけです。

洪　重要な問題提起をしていただきました。そのためいまの姜さんの問いには後に応答していくことにして、まずは私の方から本書の全体像を示してみようと思います。本書のタイトルになっている「ポスト」という言葉、日本語ではすでに食傷気味な言葉なのですが、ダバシはこれを重視し、「ペーパーバック版への序文」でベンヤミンの歴史の概念を引用しながら、「時が止まる瞬間」として論じています。彼が例として挙げているのは、二〇〇一年の米軍によるアフガニスタン侵攻、〇三年のイラク侵攻、〇八年のイランでのグリーン革命、一〇年のアラブ革命で、これらのことを新しい物語、主題、理論の可能性を切り拓く特異な変容の瞬間だと言います。その意味では二〇一八年、三月という現在の瞬間、つまり北東アジア世界の新しい地殻変動をどう考えたらよいでしょうか。これを朝鮮半島の南北や、アメリカと北朝鮮のこれまでの敵対関係が中断され、時が止まって、新しい歴史が始まる「メシア的停止」のモメントと言ってもよいのかもしれません。朝鮮半島としては一九四八年に南北分断して以来どころか、近代が始まって以来、あるいは近世から見ても、この北東アジア地域の歴史を動かす主要なエージェントとして初めて登場しているのではないでしょうか。今後の動きを楽観はできませんが、その意味では「歴史的な時」にちがいありません。*　そもそもダバシは、大胆にも本書の全章をベンヤミンの歴史哲学の注解として読んでもよいとまで書いています。

＊鼎談当時の二〇一八年四月はここで言うような「歴史的な時」の過程にあった。前年二〇一七年の韓国文在寅政権の成立、二〇一八年二月のピョンチャンオリンピックで始まった外交的な接触は、同年六月シンガポールにおける史上初の米朝首脳会談に結実した。そして翌一九年二月のハノイ会談、六月板門店での会談の過程で交渉は決裂することになる。

「今後の動きを楽観はできません」という自らの発言を苦い思いで噛みしめざるを得ないが、現在の朝鮮半島の緊張状態、アメリカ合衆国の東北アジア外交を楽観することも悲観することもわたしたちの取るべき態度ではないだろう。なぜならベンヤミン＝ハミッド・ダバシの歴史哲学、時が停止して新しい歴史が始まる「メシア的停止」のモメントは、そのような一時的な政治状況に左右されるものではなく、現在も継続中だからである。

「思考作用には、思考の動きだけでなく、その停止もまた属している。（現在と結びついている過去の）一定の星座的布置が様々な緊張をはらんで飽和状態にいたっているときに、思考作用が急に停止するとその布置は衝撃を受け、モナドとして結晶することになる。（中略）このようにして成立する構造体のうちに史的唯物論者は、ものごとの生起がメシア的に停止するしるしを見てとる。言い換えるなら、抑圧された過去を解き放つための戦いにおける、革命的チャンスのしるしを見てとる。」（ヴァルター・ベンヤミン著、鹿島徹訳『［新訳・評注］歴史の概念について』未来社、二〇一五年）

現在、このような「しるし」はどこにあるのだろうか。わたしたち個人がそれを生起させることはできるのだろうか。そうではないのだとすれば、わたしたちに可能なのは能動的でありつつ受動的であるような態度で時を待つことだろう。なぜなら「未来のどの瞬間も、そこを通ってメシアがやってくるかもしれない小さな門」かもしれないからである。（洪貴義）

本書は一見各章がバラバラと無関係に並べられているように見えますが、そうではなく各章が密接に有機的に連関し合って配列されています。真ん中の三、四、五章で核心的な議論がなされるのですが、それを包むようなかたちで一章と七章、二章と六章がそれぞれ離れていながら対になって同一主題を論じ、最後の結論部に至るという構成になっています。第一章でサイードの『知識人とは何か』を論じ、サイードはその本の真ん中の第三章に「手榴弾」をしかけているとダバシは言います。真ん中の章で核心的なことを論じ、そこで爆弾が破裂、あるいは咲こうとしている花のように知識人が生まれるという比喩を使っていますが、ダバシの本書の構成もそのように真ん中に核心部が置かれています。第一章では亡命知識人、というよりもそれに対する「カウンター」としての対抗解釈者が論じられます。亡命といっても実質的なものというよりもメタファーとして使われ、「異郷にいる（ノット・アット・ホーム）」のに「くつろいでいる（アット・ホーム）」ことだと。第七章ではそれを両生類的と言い直しながら、さらにアメリカにおけるネオコンのイデオローグや、在米イラン知識人の堕落した様態を、罵倒や怒り、皮肉を込めて激しく批判しています。

第二、六章はオリエンタリズムがどのように生成、変容、終焉し、別の知識の生産様式に変わっているかについてです。二章ではゴルトツィーエルという特異なオリエンタリストの生涯を追いながら、サイードの『オリエンタリズム』（原著一九七八年、日本語訳一九八六年）を知識社会学の観点から読み直し、その限界と可能性を論じ、六章ではアメリカの知的状況を批判的に分析しながらオリエンタリズムの終焉後に使い捨てにされる知識の生産様式のあり方を内方浸透として記述しています。第三、四章はサバルタンと主体形成についての議論です。三章でスピヴァク『サバルタンは語ることができるか』とサイードの批判的人文主義を再考し、両者の限界を明らかにすると共に、それらを揚棄する第三の可能性を明らかにします。第四章ではイラン人映画監督モフセン・マフマルバフの映画にあらわれるサバルタン性を「美学」の問題として論じていきます。

第五章はチェ・ゲバラ、フランツ・ファノン、マルコムX、アリー・シャリーアティーという四人の革命的越境者の生涯についてです。サイードとスピヴァクの限界を超えた可能性というときに、実際に国境線を引き直すように越境した人たちのインオーセンティックな旅の生涯こそが逆説的にオーセンティックな意味を持つと。以上の三、四、五章において論じられた課題の解決の可能性を結論の「対話者を取り替える」で再度詳述していきます。本書は過剰とも言えるほどレトリックを駆使しながら、アイロニーや逆説、矛盾に満ちた荒々しい文体によって記述されています。ダバシは本書を決してオーセンティックな研究だとは考えておらず、繰り返し「弱い思考」による「ゲリラ戦」だと述べています。サイードに献辞をしているのですが、理論的爆弾を爆破させ現代という「暗闇のど真ん中、野獣の膨れた腹の中にサイードを解き放つ」というわけです。属するジャンルは明確でなく、歴史学でも哲学でも社会学でも文学でも地理学でもない。そのような諸ジャンルを横断する「カウンター」、つまり高度の「アマチュアリズム」にもとづくcounter historico-geopoliticsとでも言うほかないような非常に面白い批評となっています。

姜　晩年のサイードがバークレーで講演したとき、ひどいヤジでした。パレスチナ出身者でこうなのだから、ダバシさんのようにイラン出身では、どうなのだろうと思います。一九七九年、私が旧西ドイツにいたときイラン革命が起きましたが、イランからの留学生と親しくしていました。あのとき初めて、「islamic fundamentalism」(イスラム原理主義)という言葉が英語で出てきました。七九年は旧ソヴィエトのアフガン侵攻が始まった年でもあります。その前年、七八年にサイードの『オリエンタリズム』初版が出ているわけです。私は当時、その原著を読んでいないし、イスラムにも注意をあまり払っていませんでした。当時のドイツでも、本書一九ページのイラストにあるように、新しい西洋への脅威がムクムクと湧き上がっている時期でした。一九五一年イラン生まれのダバシさんは七六年にアメリカのペンシルヴェニア大学に留学しますが、これはかなりレアケースだと思います。その三年後にイラン革命が起こっている。どういう立場に立たされただろうと思います。ダバシさんは文化本質主義的なものに陥らずに、ヨーロッパの思想の脱構築をしながら、本書に結実するような地点に辿りついていく。ちょっと私には想像できないような面があります。イラン出身で、いまアメリカでそういうポジションの人は、少ないのではないですか?

早尾　はい。本書ではダバシ以外のイラン出身の知識人の名をあげては、アメリカの現体制に迎合的であり、主要メディアにも便利に使われていると書いています。単にイランを捨ててアメリカに安住し、ダバシの言い方では「安全圏」からイランを批判する知識人はいっぱいいると。アメリカに「Campus Watch」というネオリベ・親イスラエルのシンクタンクによるプロジェクトがあります。アメリカの中東政策やイスラエルに批判的な大学の研究者は警戒され、「こいつはこんな非国民的発言をした」とあげつらわれる。ダバシはその筆頭であり、アメリカ国内でバッシングを受けたりもしますが、彼はひるむことなく先鋭的な発言を続けています。その意味でもサイードのポジションを受け継いでいると言えます。中東出身で、アメリカで内在的にアメリカ批判をする知識人です。

姜　やはり珍しいと思います。サイードはキリスト教的な教育を受けていますが、ダバシさんはシーア派のイスラム神学ですね。

自らの知的来歴を振り返ることを促されるようなテクスト

早尾　サイードが中東に関する批評を切り拓いたパイオニアであり、サイードが均してくれた地盤があることをダバシも充分に意識し、尊敬しています。しかしサイードに対しては、パレスチナの内部からすると、サイードの言説に自分たちの問題が代弁されてしまうことに対する違和感が聞かれますが、それこそ代表、すなわち代理＝表象の問題です。西洋社会ではパレスチナ問題をサイードで表象させるという隘路でありアイロニーがあります。サイードは、イギリス、次いでアメリカで教育を受けたという点で非常に西洋的で、完璧な英語を使い、キリスト教徒であることで欧米社会に親和的であり、そして英文学を中心とした批評のスタイルが世俗的であるが故に受け入れられやすい。サイードは、パレスチナという言葉を発するだけでテロリスト扱いされるような状況のなかで、パレスチナに関するまともな議論を初めて英語圏で展開した人です。また、サイードほど有名ではありませんが、パレスチナ解放機構の幹部でかつて和平交渉時の報道官を務めたハナン・アシュラウィは、やはり英文学者であり、キリスト教徒です。完璧な英語が話せてキリスト教徒である、という欧米社会ウケをする二大条件を備えているわけです。彼らに比べるとダバシは、シーア派を正面から研究し、英語は翻訳者泣かせの文法的破格が満載（苦笑）。

姜　レアケースですよね。サイードにはなかった側面がある。第六章に関係してくると思いますが、「エージェンシーなき知」を考えるとき、アラン・ブルームが八〇年代でしたか、アメリカには哲学がないと言いました。哲学知は西洋のオーソドックスな知そのものですが、アメリカ社会の軽薄なポピュリズムに対抗していた。日本では大正教養主義のようなかたちでの知のあり方があった。もう一方では間違いなく、テクノクラート的な工学的知が進んできています。かつてコロニアルな時代には、帝国主義的な思想があり、それをどう崩すかが重要なテーマだったと思います。しかし現在は思想とか哲学というより、テクノクラート的な知のあり方が支配的で、それに対する批判としてブルームのような真性保守主義が出てきて、日本でもかたちを変えて似たようなものがありました。批判的知性と人文主義が退潮し、意味をなさないというか無化されていく状況ですよね。大学でも、反動なら反動でも、しっかりとした思想的構築物に向き合っていれば構わないんですが、それすら曖昧になっている。

洪　その点は本書の第二、六章で、中東に関わる知識生産が、どのように生まれて変容し、批判的な力を失い、現在に至るかをダバシが書いていることと響き合っているので紹介しておきます。彼はサイードに従って支配のオリエンタリズムを産業革命と植民地政策に合致したものとしています。中世的なキリスト教世界に代わって啓蒙主義が生み出されたとき、オリエンタリストが「東洋」を創出し、それと同時に「空虚な西洋」がでっち上げられる。サイードが『オリエンタリズム』で批判的に論じたのはこのようなオリエンタリストの「東洋」表象でした。しかしダバシが言うように、サイードがオリエンタリズムを論じたころには、既に西洋でオリエンタリズムの力は弱まっていて、第二次大戦後の冷戦期になると、知識生産の様式はそれまでの東洋学から「地域研究」という、具体的な敵対諸国の言語や文化や風俗の研究を行う治安、諜報のための研究になります。しかしソ連が崩壊し、ベルリンの壁が崩壊することによって、東西冷戦にもとづいた地域研究も終焉を迎えていく。ダバシはそこで、西洋と東洋という二項対立は終わったんだと言います。ところがその後、世界のヘゲモニーがアメリカに一極集中していくに連れ、〈帝国〉が生じてきました。それ以前のヨーロッパにあった啓蒙主義や哲学的背景、芸術や文学や理論や理念があった時代の支配のあり方に対して、現代にはそれがない。〈帝国〉にふさわしい理念や想像力を失って、空振りしたまま残虐な暴力をふるうニセの〈帝国〉が成立していると。グローバル資本の下で、権力が様々に遍在していくなかで、「テロ」との戦争状態にあるアメリカでそれに対応する新しい主体形成をもたらすような知識生産における学問的ディシプリンはメルトダウンしているというのが、ダバシの見立てです。

その代わりに現代アメリカではシンクタンクが中心となって政策に寄り添うためだけに知を生産し、それに基づいて政策決定がなされ、しかもマスメディアがそれを補完する。「内方浸透」とは元々は分子生物学の用語で、浸透圧の高いところから低いところに分子が皮膜を通して移動していくように、シンクタンクで生産された知がメディアという皮膜を通して日常生活に浸透していくというイメージです。このように論じられる第六章は、実際にはそれ以前に書かれているにもかかわらず、現代のトランプ政権が支配するアメリカのあり方を内側から批判する興味深い分析になっており、日本社会とも共通する問題を読みとることができます。

姜　地域研究と抱き合わせで、かつては「近代化論」があったと思います。時系列的に不可逆的に新しいエルサレムとしてのアメリカに近づいていく。一方で日本でも満鉄のような帝国の学知が解体し、いくつかの研究所ができた。古典的な近代化論の最終的なテロスは合衆国だというコロニアルな発想があり、それは六〇年代の知を彩りましたよね。そのヘゲモニーが生きていた時代だったと思います。時代が下るほど、匿名的な知のあり方がシンクタンクのようなかたちであらわれてきている。思想もイデオロギーもいらない状況が来ています。

渡辺利夫さんらの開発経済論は、近代化論の焼き直しだったと思います。戦後、われわれは大塚史学にものすごく影響を受けたけれど、これもある種の近代化論のヴァリアントの一つだったと思います。その呪縛からどう抜け出していくかは、在日二世のわれわれの葛藤でした。いまでは、アジアの終局のテロスを日本だと考えることはほぼできません。これは確かにヘゲモニーの危機ではあるけれど、しかし北朝鮮、韓国、中国を見る日本の目は、依然としてポストコロニアルとしか言いようがないものが残っていると感じます。

洪　いまのお話は本書の三章に関わります。私はこの章を読んで非常に身につまされたのですが、ダバシは一方でスピヴァクによるポストモダニストの主体批判を論じ、他方でサイードの反抗的人文主義を取り上げて、その両者のあいだに自分自身を位置づけたいと書いているのですが、ここには私自身が八〇年代以来考えてきたことが再現されているように読めるふしがあったのです。姜さんがいま言われた近代化論の終わりが意識されたのが八〇年代以降、日本はポストモダンの時代でした。八六年にはサイード『オリエンタリズム』やドゥルーズ＝ガタリの『アンチ・オイディプス』の日本語版が出版されています。当時ポストモダニズムは「強固な主体」を批判して「弱い思考」にもとづく「欲望機械」としての自我を喧伝していました。当時のその空気を確かに私はたくさん吸い込んでいましたが、一方で実存主義的なアンガージュマンとして、在日朝鮮人に強いられた指紋押捺を拒否し、法制度撤廃闘争に参加していきました。国家は指紋押捺を強いることで在日を治安管理対象の「外国人」とし、そのような主体としての形成を強制してきます。一方で在日の先輩たちは、在日朝鮮人は分断された南北関係にその本質を規定されているとして、日本の現実のなかで民族を実感できない当時若かった私たちの「弱さ」を批判していました。そうしたなかで私はその実感を疑いつつも、しかし日本で生きている在日の実存こそが朝鮮半島の本質に先立つと考えてきました。もちろん本質と実存の関係を逆転させればよいというような単純な話でないことは後にハイデガーを読んで知るわけですが。いずれにせよそのような「ここよそ」というあいだにおける「主体の危機」のなかで、そしてサルトル的主体とポストモダニズムの欲望機械論のあいだで、どのような主体を形成すればよいのか、しうるのかという困難な問いが在日三世としての自分のなかにあったわけです。そしてもう一方、自らの知的経験を現在から振り返ると、大学のとき以来学んできたことの主要な部分にサイード的な

「文献学的な知」がありました。『読むという生き方』（平凡社）を実践している著者（市村弘正法政大学名誉教授、全二巻の著作集が集英社から刊行予定）に学んできたということもあったのですが、自分は一体どのような知の形式を身につけてきたのかと自らの学問的来歴を振り返るときに、本書でダバシが論じているサイードの批判的人文学と文献学的読解（『人文学と批評の使命』岩波現代文庫）が重要な意味を持っているということがあります。こうして本書はベンヤミンをもとに歴史を考察し、サイードに捧げられた本であると同時にスピヴァクを論じながら、ハミッド・ダバシ本人の自伝のように読むこともできます。そうであるだけに私だけでなく読者が各自、自らの知的来歴を振り返ることを促されるようなテクストでもあるのではないでしょうか。

姜　『知識人とは何か』でサイードが「対位法的思考」と言っていますが、洪さんはダバシさんと時空を超えて対位法的に共振しているのでしょうね。いまから思うと、八〇年代に大きな断層があったのではないでしょうか。ニューアカもありましたし、マルクス葬送論もありました。また、フランシス・フクヤマ的なひどいイデオロギーは、八〇年代の日本にムードとしてはあったと思います。日本は「実現されたユートピア」だから、あとはもう大きい物語はないということで、沖縄や在日に目を向け始めた時期ではなかったでしょうか。八〇年代は、「モダン」が何であるのかについて、真剣に考えていなかった。

「対話者の交替」をどう実現するか

早尾　八〇年代の末、九〇年代に入るあたりで「大きな断層」があったことは確かだと思います。私は九〇年代に大学生でしたが、そのときはすでにポストモダンの思想は一般的になった後でした。その影響もあって丸山眞男、大塚久雄はもはやきちんと取り組む対象ではなく、「丸山・大塚＝国民主義者」といったような批判の対象として登場していました。それは一方で必要な批判でもあったと思いますが、しかし私たちの世代は丸山・大塚を読んで咀嚼しなくなってしまいます。日本が近代化の議論を経ないうちにポストモダンを迎えたのと同じように、丸山、大塚を読まなくなってしまった。

そのまさに九〇年代に大学の教養部の解体、つまり教養課程の廃止と専門化がありましたが、あれはただの制度改革ではなく、教養そのものの衰退につながっていたのではないでしょうか。それがテクノクラートの知につながり、またサイード的なアマチュアリズムの喪失につながっていきました。

九〇年代というのは、最初に姜さんが問題提起をされた「慰安婦」問題が社会的論争となった時期でもありますが、それが加藤典洋氏の言うように、日本社会で正面から受け止められなかったこともそれに関係するように思います。九〇年代に表面化したことには、冷戦体制の崩壊によりそれまで蓋をされてきた個別的戦争責任が噴出したこと、フェミニズムの研究や運動が進展したこと、そして直接被害者の証言可能な年齢的限界を迎えたこと、さまざまな要因が重なって必然的なことでした。とりわけ植民地や占領地の元「慰安婦」たちは、性と民族と階級とにおいて最も抑圧されたいわば「サバルタン」であったために、その声を聞き届けられるかどうかというのは、きわめてスピヴァク的な問いでもあったわけです。

しかし残念ながらその問いは、「新しい歴史教科書をつくる会」などの粗雑な歴史否定主義と、それよりは洗練されてはいましたが加藤典洋氏の国民主義や朴裕河氏の相対主義によって、無視ないし軽視される結果となってしまいました。「慰安婦」問題について言えば、支援運動など実践の現場で関わっている有機的知識人、姜さんの言われた「疑似知識人」のほうがはるかに的確にサバルタン的問いの困難さと重要さを引き受けていました。むしろ大学の専門知識人のほうが、認識においてさえひじょうに脆弱で、「つくる会」・加藤・朴のレトリックに反論できず屈してしまっている。これもまた教養の、アマチュアリズムの喪失と無関係ではないと思います。

ちなみにダバシは、サイードが十分に見ることのなかった東洋学者のゴルトツィーエル・イグナーツを、コミットする批判的知識人の先駆として高く評価し、本書で圧倒的な長さの第二章をその紹介と分析に充てています。ハンガリー生まれのユダヤ教徒として信仰心と誇りを保ったまま、興隆しつつあったシオニズム運動を徹底的に批判し、イスラーム学者としてアラブ世界に深く入り込み、反植民地闘争にも加わっていました。さまざまな偏見にまみれてサイードでさえも見誤ったゴルトツィーエルをダバシは救い出したわけですが、その資料発掘と執筆に費やしたダバシの労力、そして情熱のほとばしる文体を見ると、批判的知識人のモデルを描きつつ、アメリカにおける自分のあり方を重ねているようにも読めました。

姜 本書第六章を読むと、ダバシさんはコロンビア大学にいて、その状況を認識しているんだと思います。

お聞きしたいのは、国民国家の解体過程というか、先ほど四人の革命的越境者の話がありましたが、現在、「難民」をどう考えるのか。もう一つ、知のあり方が大きく変わっていっている現在、批判の根拠をどこに置いたらいいのか。それについては近代の良質な部分をきちんと受け継いでいかなければならないと思いますが、残念なことにアメリカでもヨーロッパでも、大文字の近代が崩れていっているなかで、批判的知性の再構築がどうできるのか。本書の一番大きなテーマはそこだと思います。サイードも『文化と帝国主義』でそこを扱おうとしましたが、ダバシさんに言わせるとそれは必ずしも成功していない。批判的知性がいまもし成り立つとしたら、どんなかたちでありうるでしょうか。また、そのなかでの人文主義をどう捉え返していけるでしょうか。

もう一つ聞きたかったのは「美学」のことです。

洪　姜さんが言われたいまの論点は本書全体に、そして特に結論の「対話者を取り替える」に関わってくる議論です。「難民」については十年前に本を書こうとして書き終えることができなかったということがあり、それ以来の私の言わば「宿題」なのでお答えしたいのですが、それはまた別の機会にさせていただきます。結論でダバシは、ヘゲモニーなき時代にどういう知のあり方がありうるのか、そして何が主体の危機の乗り越えを可能にするのかという問いを立てています。彼の導く解答は、対話者の交替です。先に挙げた四人の革命的越境者たちは、国境を越える現実の行動によって国民国家のイデオロギーを実質的に既に乗り越えている、彼らは自分たちの言うことや行うことの意味を架空の「西洋人」に対して納得させようとはまったく考えずに越境していたわけです。このように対話者の交替とは、国境線の引き直しであり、新しい地図作成であり、その意味では政治的プロジェクトでありますの。それが一つ。しかし対話者を替えることのさらに重要な含意は、それが文学的提案でもあるとダバシは言います。対話相手を替えることでテクストの意味と目的を変化させてしまう。彼は「テクストが亡命しているとき、私たちはホームにいる」という言い方をしていますが、私たち訳者が行ったこともまさにそれかもしれません。本書の英語のテクストを日本語に亡命させた、そしてその異郷の言語のなかでこそテクストが活性化する。対話者を替えて、国境線を引き直したり、テクストを亡命させたりすることで、古典的なテクストを西洋の独占物にさせない。古典を様々な地域で読み直し、捉え直すことが「対話者を取り替える」ということの重要な含意だと思います。ここに私は先ほど論じた文献学的な知の可能性を感じます。サイードは初期から一貫してジャンバチスタ・ヴィーコを「私のヒーロー」と言い、晩年には「文献学への回帰」を論じていましたが、ダバシは本書でこれほどサイードやアウエルバッハを論じながら文献学については傍論の一ヶ所を除いて触れていません。もちろん「人文主義の残滓」につまずくサイードを批判して、『オリエンタリズム』を知識社会学の観点から読解することに可能性を見出しているわけですから、それは当然のことかもしれません。しかし本人が言及せずともダバシの本書の方法論は十分に文献学的で、その意味では領域横断的な「ゲリラ戦」であり、そのこと自体が「西洋」という架空の対話者を終わらせるためのパフォーマティブで人文主義的なテクスト実践になっていると思います。

姜 確かに対話者を取り替えることができるかもしれないし、それは歴史上初めてのことかもしれません。もう一方で、サイードはオリエンタリズムの反対はオクシデンタリズムではないと言っています。中国内部の知的世界に生きていると、この問題に向き合わざるをえないのかもしれませんが、日本でもそれがナショナリズムというかたちで立ち上げられたことがあります。「対話者を取り替える」というときに、依然としてナショナリズムの呪縛を感じてしまいます。自分のなかにもそれはあります。植民地化されると植民地化していきますが、しかし植民地化する側が最初に内国植民地化しないといけないというように、洪さんが日本語版解題で書かれていたはずです。日本という国と朝鮮半島を二項対立的に考えると、やはりナショナリズムの呪縛のなかにまだいると感じます。今年は明治維新一五〇年ですが、いろいろな場所に行って感じたのは、植民地帝国は、最初に植民地化が進んでいる。そしてそれに抗う力が弱体化したときに、植民地化された部分が海外に植民地を求めていくような、重層的な構造が見えてきました。

「ナショナリズム」の対抗概念は何だろうかと、いつも考えてしまいます。九〇年代、西川長夫さんらの国民国家批判がありましたが、まだ課題が残されていると思います。日本の八〇年代以降の、ある種の帝国の再生と思われるくらいの力をつけたなかで、蠢いていたような気がします。そう考えると、ナショナリズムは東アジアにおいてはなかなか克服できないかもしれない。

異郷にいてくつろぐこと、故郷にいてもくつろがないこと

早尾　姜さんの『維新の影』を読みましたが、私は福島県の生まれ、宮城県の育ちで、東日本大震災で東北地方を離れました。維新一五〇年で、戊辰戦争の最大の戦場が東北地方だったことを想起しま

す。西川さんたちの国民国家批判は、私たちは国民国家を乗り越えたんだというかたちで、ポストモダニズムの延長にあるようなところがありましたが、それは結局ナショナリズムに回帰してしまったのではないでしょうか。ネーションの形成そのものを根本から批判的に問い直すことは、東北地方が「原発植民地」にされたり、「復興」のエサにされたりという「内国植民地」状況が露わになっている東日本大震災以後の現状において、やはり非常に大切です。東北人は、内戦に屈したことで、北海道「開拓」の、次に第二の内戦としての西南戦争の、さらにはアジア侵略の尖兵として動員されたり、あるいは屈服を克服するために自ら尖兵になっていったり、というアンビヴァレンスがあり、しかもそれをいまは忘却させられてしまっている。私自身、自分の地元のそうした歴史を、公的な教育課程で習うということがまったくないのですね。大学に入って自ら学ぶことで初めて認識しましたが、そんなことに関心をもつ人は周囲には皆無でした。批判的知性が喪われた成れの果てがその状況で、それが震災で露骨に出てきたのかなと思います。

姜　福島第一原発事故以後、本書を読むことで、自分のポジションを再発見し、広げていける面があると思います。

洪　そうですね。そしてここが先ほどの姜さんの問い、知識人のあり方、知のあり方の批判の根拠をどこに置いたらいいのかという問いへの応答になるのですが、ダバシは人が誰に向けて語っているかを決めるという行為そのものが歴史的エージェンシーを生み出す主要な場だと言っています。亡命というメタファーが重要なのはそこに対話者を替える可能性があるからです。対話者を替えて、権力的地位にある人から離れ、語りかけの方向を変えることによって権力の支配下にある人々との協働と連帯を可能にする会話を紡ぐことが可能になる。そうすることで自分たちが語りかける共同体の世界を作り、作り替えていくことで倫理的エージェンシーの声が得られ、それが新たな知を生み出す第一歩となると言います。その意味ではこのような論点は、明治維新一五〇年のなかで敗北し故郷を喪失した大量の人々、その軍艦島、三井三池炭鉱、水俣、福島原発などへと対話者を替えて、失われた場の記憶に光を当て、その記憶と対話しようとする姜さんの『維新の影』における考察とまっすぐつながっています。結論「対話者を取り替える」で、ダバシはさらに「新しい故郷を創り出す」と書いているのですが、その「故郷」はノスタルジックなものではなく、そのような故郷はもう存在しないことを認識したうえで、ではその代わりにどのような場を生み出すことができるのか、という問題だと思います。この言葉を読んだとき、わたしは坂口安吾の「文学のふるさと」を思い出しました。「モラルがないこと自体がモラルであり、救いがないこと自体が救いである」という言葉はダバシの逆説のようにも読めます。また谷川雁の五〇年代の詩も想起します。「あさはこわれやすいがらすだから東京へゆくな　ふるさとを創れ」と。敗北して喪失してしまったからこそ、戦後にナショナリズムを拒絶するかたちで対話者を替えて、新たな場所を創り出すという思想運動が始まったのだと思います。しかも安吾も谷川雁も、朝鮮半島に対して独特のまなざしを持っていました。古代以来の日本と朝鮮半島の関係を、自らの想像力によって従来とは異なる東アジアの文脈から見ていた文学者たちの想像力を想起して、それを本書『ポスト・オリエンタリズム』と接続することも可能でしょう。

早尾 本書には「日本語版序文」がついていますが、ダバシにこれを書いてもらってよかったと思っています。ハイデガーが九鬼周造を架空の対話者として想定した「言葉についての対話より」(一九五四年)の引用から始まっています。ダバシは、自分の本が日本語に翻訳されることを、興奮するように喜んでいました。とくに書記法も文法構造も異なる、自分にはまったく理解できない言語に翻訳されうるという可能性に、彼は感心しました。まさにテクストを亡命させる実践例の最たるものだと。しかも原著は英語で書かれていますが、英語はダバシの母語ではありません。母語でなくとも堂々と臆せず書いていて、ダバシはその母語でないところにくつろぎすら覚えている。彼の思想の核心にもつながっていて、異郷にいて(ノット・アット・ホーム)くつろぐこと(アット・ホーム)の実践をしているわけですが、彼は同時に本書で、故郷にいても(アット・ホーム)くつろがないこと(ノット・アット・ホーム)の重要さも強調しています。ナショナリズムや帝国主義を批判する基本的態度として。

結論部の「対話者を取り替える」ことによって、ヨーロッパ的「主権的主体」はどうなるのか。単純な「脱主体」ではなく、「反抗的主体」だとダバシは言います。そしてそれは、「テクストの亡命」のなかで創出していくしかないということです。さきほど姜さんが問われた「美学」の次元もここに関わってきます。ダバシは第四章でヨーロッパ主体の形成の哲学的起源を、スピヴァクに倣いつつイマヌエル・カントの三批判書に求めていて、そこにすでに近代的主体の「純粋理性」が実は同時に、あからさまにヨーロッパ中心主義とキリスト教中心主義に裏打ちされた「植民地主義的理性」であったことを指摘するわけです。イギリス、ロシア、アメリカといった諸帝国に干渉・支配を受けたイランにおける思想的反抗に、ダバシは植民地的理性に対する批判の可能性を探るわけですが、それはよくありがちな、国民主義、社会主義、イスラーム主義の三つでは、主権的主体そのものを克服することができず、イスラーム革命でさえも、ヨーロッパ的主体の構造をそのままに、主権的主体を乗っ取るも模倣するにとどまった、というわけです。そこにマフマルバフの映画が特権的に参照されるのは、それがイランにおける文学的反抗の系譜を引いているからです。ペルシャの詩および散文の発展、そこには世界文学のペルシャ語への翻訳が関わってもいたわけですが、そうした詩と文学の想像力の延長上に、やはり世界映画との対話のなかで制作されたのがマフマルバフの映画だというわけです。ダバシはそこに、主権的主体とは異質な反抗的主体を、つまり伝統対近代の二項対立でもなく、再土体化への回帰でもない、革命の美学を見出します。

姜　なるほど、ダバシが「美学」ということの意味がよくわかりました。

ところで、いま、東アジアは間違いなく大きく変わろうとしています。そこで批判的知性がどのようにありうるか。最近よく思うのですが、編集者というか、編集的知の力は大きいと思います。スタンスの違いはあれ、かつて林達夫や三木清がやっていたようなことです。

早尾　そうした抵抗の拠点の一つとしての大学の力が弱くなっているとき、大学の外にある出版・編集の力は言論にとってやはり非常に重要です。姜さんが取り組んでこられた「本と新聞の大学」も出版社と新聞社との共同プロジェクトですね。

洪　対話者を取り替え、新しい故郷を創り出すことは「新しい読者を創り出す」ことでもあります。本書を翻訳しながら、こんな難解なテクストをいまの日本社会で一体誰が読むのだろうかという危機感もありました（全員笑）。しかし、ダバシも言うように「対話者を取り替える」ことで、「異なる種類のカウンター・インテリジェンスを育成」することができるかもしれない。原著者がいて編集者、訳者、校正のプロがいて、書店やネットでの流通があり、本が読者に届けられる。「新しい読者の読解」に期待したいと思います。

姜　とにかく、よく訳してくれた。感謝します。

（おわり）

負の遺産として当時を知る

重信房子『戦士たちの記録　パレスチナに生きる』（幻冬舎）から考える

小杉亮子×早尾貴紀

（二〇二二年七月十五日『週刊読書人』）

『戦士たちの記録　パレスチナに生きる』
重信房子著
幻冬舎、二〇二二年

この対談は、日本赤軍の活動家として一九七〇年代にレバノンのベイルート周辺を拠点としていたパレスチナの抵抗運動に関与した重信房子氏が、二〇二二年五月に刑期満了で出所するのに合わせて刊行した『戦士たちの記録――パレスチナに生きる』（幻冬舎）をめぐって、学生運動史・社会運動史の研究者である小杉亮子氏と行なった対談である。

重信氏個人の人生や行動についてではなく、一九六〇年代の学生運動の行き詰まりや挫折から「国際根拠地論」の一環としてパレスチナ解放闘争にコミットした日本人の社会運動として、日本赤軍をどのように歴史的に評価するのか、そしてそれを現在の学生運動や市民活動、とりわけパレスチナ／イスラエル問題に関わる日本社会の取り組みにどのように影響があるのか。それを中心に、日本の社会運動史の観点から小杉氏が、パレスチナ関係の観点からわたしが、それぞれに考えるところを出し合い意見交換を行なった。

わたし自身は、リッダ空港（イスラエルのテルアビブ郊外リッダ＝ロッドに位置する国際空港）での自爆作戦を「リッダ闘争」として英雄視することには違和感があり、とりわけパレスチナの外部から入った日本人が行なった自爆に対する苛烈な報復として、パレスチナ難民キャンプへの空爆や主要な活動家への暗殺が行なわれたことを考えても、正当化はし得ないものと考える。これは、占領に対して被占領者が行なう武装抵抗とは分けて考えなければならず（これは抵抗権の行使として正当性があるからだ）、本書の第I部で論じたように、戦前の日英同盟時代から戦後の日米同盟時代までパレスチナ問題に関して帝国の側で共犯者・加害者であり続けた日本社会・日本人が、パレスチナの抵抗運動に同一化することはできないからだ。

この問題は、例えばわたしがパレスチナに在住していた第二次インティファーダの時期に、国際連帯運動（International Solidarity Movement）が、パレスチナ人と連帯する欧米人を中心とした外国人によって担われたが、わたし自身もその活動に関わりつつも、この「連帯」という姿勢に違和感を覚えたことにも通ずる。欧米人・日本人は、弾圧を受けるパレスチナに対しはたして「連帯」する立場なのだろうか。さらには、二〇二三年の〈一〇・七ガザ蜂起〉を契機としたガザ地区壊滅作戦に対する日本社会の抗議運動にも（欧米については言うまでもなく）、通ずるものがあるだろう。圧倒的なイスラエル軍の残虐さと破壊を前にして、即時停戦と人道支援を求める声の結集は、かつてのあらゆる時期のパレスチナに関わる日本の社会運動の規模を凌駕するものとなったが、普遍的な人間性への訴えはあっても、そこに歴史と現在における日本の加害性を問い、そこから変えていこうという意識は稀薄であった。

この対談は二〇二二年に行なわれたが、二三年以降現在まで続いているイスラエルのパレスチナ攻撃に対する抗議運動のあり方に対しても、問題提起になっている。社会運動はつねにある。かつてもあったし、これからもあり続ける。わたしたちは、過去と現在の試行錯誤を反省しながら、自分たちにできること、なすべきことを模索するほかない。停戦はいずれあるだろう、支援もいずれ入るだろう。イスラエルの匙加減一つでそれは簡単に可能なことだからであり、また簡単に攻撃を再開できるからだ。だが、それでは何も解決はしない。パレスチナに関しては確実にこの先もずっと長い闘いになる。停戦と支援によって一喜一憂することなく、長い視野で考え取り組んでいく必要がある。この対談は、そのための一つの問題提起であると思う。

六〇年代、社会変革のエネルギー

早尾　僕は二〇〇二年から二〇〇四年に、パレスチナに滞在していました。第二次インティファーダの時期で、重信房子さんは帰国して逮捕、娘の重信メイさんも日本へ移住という時期にあたります。日本赤軍は解散していますが、そのシンパが後継組織JAPACを立ち上げて、広告塔のように重信メイさんを使おうとしているのかと思われました。僕が関わっていた市民グループは、赤軍関係とは一線を引いていましたね。

僕は四半世紀、パレスチナの反占領や民族解放という理念を支持し、そこに日本の市民運動がどうコミットし責任を果たせるかを考えてきましたが、赤軍に対しては一貫して批判的な立場です。

小杉　私はこれまで六〇年代日本で拡大した学生運動について研究をしてきました。当時の学生運動は一般的に否定的に捉えられますが、ベトナム戦争への反対や大学の運営への異議申立てなど、その出発点には政治的争点があるわけです。一過性の若者の風俗現象のようにではなく、その政治的理念や運動のありかたを記録し検証するべきだと思い、とくに東大闘争について聞きとりをしました。

とくに私の関心が向かったのは、ノンセクトでラディカルな人たちに対してでした。六〇年代後半の学生運動には、新左翼や民青との出会いや対立の中で、新しい学生運動の方向性を探した人たちがいて、党派の垂直的で戦略的な運動原理とは異なった方向性を模索していました。

この立場からすると、連合赤軍も日本赤軍も語りづらいテーマです。ノンセクトの学生運動と、日本赤軍や連合赤軍もそこに連なる党派の学生運動との間に大きな距離があったわけではなく、場合によって非常に近接していた。それでも、両者の間の違いが重要だというのが私の立場なので、直接の専門家でないだけでなく、私が日本赤軍を語ることによって両者をいっしょくたにする印象を強めてしまわないか、という懸念があります。

ただ、ちょうど『社会運動史研究4』（大野光明・小杉亮子・松井隆志編、新曜社）が刊行されますが、テーマは「越境と連帯」です。ベトナム反戦、南ア反アパルトヘイト運動など、様々な境界線を越え、連帯を試みてきた運動史を振り返ろうという特集です。

編者三人各々が「越境と連帯」に託した問題意識があったわけですが、私の場合はやはり、六〇年代の若者の社会運動にあった国境を越えた同時多発性でした。重信さんの本でも言及される六八年八月の国際反戦集会などは、ある種誤解含みの交流だったかもしれないけれど、相互に刺激しあい、国際的な同時性を作り出すきっかけの一つとなったのではないかと思います。

また、『社会運動史研究4』の特集巻頭言の副題は「日本の「戦後」をとらえかえす」です。戦争や基地問題を「日本」の外に置き、植民地主義を忘却し、それによって国民国家の枠内で経済的繁栄や平和を謳歌する。そういうものとして日本の戦後体制があり、それを「越境と連帯」の運動は捉え返してきたと。

そういう日本の戦後を考えるときに、本書を、疑問は残るにせよ、基本的に否定的なものとしては読みませんでした。

早尾　それは初発のモチベーションに関して、ということですよね。僕も当時の若者たちが、社会にコミットし、社会を変えていこうとするエネルギーは否定できません。ただリッダ闘争と呼ぶ事件で行われたこと、それを手柄のように看板として掲げ、日本赤軍の活動を継続しようとしたこと。それらはどうしても看過できないんです。

先に大きな流れを抑えておくと、旧左翼から新左翼、一次ブント、二次ブントへ向かい、ブントを除名されて赤軍派が出てくるのが六九年。時代的にはベトナム反戦、日韓条約、沖縄闘争、国際反戦集会などがあり、赤軍派が「武装闘争」路線を掲げ、ところが割とすぐに、六九年十一月には大菩薩峠事件で行き詰まり……。

小杉　国際根拠地論に向かうんですよね。

早尾　その一部がよど号ハイジャック事件（七〇年）、一部が連合赤軍、もう一部がパレスチナへ、と大きく分けて三つに流れていった。七一年に重信房子さんが京都パルチザンの奥平剛士さんとレバノンに渡ります。

小杉　私が東大闘争の聞き取りをした中で、ノンセクトの医学部生で、よど号に乗った同じ医学部の小西隆裕さんから、ハイジャックの数ヶ月前に赤軍派に誘われたという方がいました。その人は断ったそうですが。今からは「過激」に見える運動も身近にある時代だったのだと思います。

当時の状況を考えると、武装闘争がもつ意味合いが今とは違いますね。第三世界の脱植民地運動や、キューバ革命、ベトナムでの人々の抵抗が実際に起きていたときに、社会変革の手段として、武装闘争が今よりリアルに身近に、輝きを放つものとして感じられていたところがあったと思うんです。ただそうだとしても、それを日本人が行うことの錯誤は、追究する必要があると思いますが。

逆に今は遠すぎるのだと思います。座り込みなどの直接行動全般が異議申立ての手段としては人々から遠ざかる中で、武装闘争の存在が不自然なまでに人々から遠くなってしまったという印象です。

「日本赤軍」を脱神話化しなければいけない

早尾　パレスチナでは武装闘争路線は、一九六七年の第三次中東戦争から、一九七三年の第四次中東戦争までの非常に限られた時期に、PLO（パレスチナ解放機構）傘下のファタハやPFLP（パレスチナ解放人民戦線）が掲げました。それはこの時期に限定される戦略です。いわゆるハイジャック事件を戦略として行っていくのが、第三次中東戦争の翌年六八年からです。まさにその時期に重なるように、重信さんと奥平さんが、レバノンのパレスチナ解放運動の拠点に入っていく。

第三次中東戦争でアラブ諸国軍がイスラエルに敗北し、ヨルダン川西岸地区も軍事占領されます。それで周辺アラブ諸国ではなくパレスチナの武装ゲリラ組織が闘争主体となっていくわけです。

その軍事拠点はまず隣国ヨルダンに形成されます。ハイジャック闘争でヨルダン空港で飛行機が次々と爆破され、ヨルダン政府は、「国家内国家」化するパレスチナの武装闘争グループを厄介払いしたいと考えるようになります。それでヨルダン内戦とか黒い九月事件と言われる、パレスチナ弾圧を強行する。一九七〇年のことです。そして拠点がレバノンに移り、重信さんらが向かうわけですが、七三年には第四次中東戦争が起こります。このときにはオイルショックなどもあって、中東諸国が一定の存在感を示すことになる。七四年にPLOのアラファト議長が国連総会に招かれ演説する頃には、武装闘争から国際的な政治舞台での交渉に局面が移ります。

ファタハもPFLPも、公然部門（政治）と非公然部門（軍事）とをもっていますが、七四年以降は非公然部門の活動はおおっぴらにはできなくなるんです。つまり六七年から七四年までの短い期間に、武装闘争が頻繁に行われ、その絶妙なタイミングで二人がレバノンに入っていったということになるのです。

小杉　七四年に日本赤軍が結成され、それまでのアラブ赤軍がPFLPから独立した存在になるのは、国際政治での交渉に重心が移動したことと関連するという理解でいいんでしょうか。

早尾　結成動機をPFLP指揮下での活動に限界を感じたことと言っているのは、そうした情勢の変化を受けてのことでしょう。

小杉　私が評価できると思ったのは、一九七七年の五・三〇声明です。内容というより、それまでを反省して路線転換したことに注目しました。

新左翼の各党派の動きを見ても、このように自分たちの指針を大きく転換できる党派はなかなかなかったという気がします。声明の中でも「革命思想の生き生きとした生命を実現する闘いを自分たちで十分担わず、武装闘争や死によって犠牲性を発揮するというブルジョア的な英雄主義を持っていました。自らの感性の弱い側面を克服するのではなく、死を恐れない側に身を寄せて、死を覚悟することによって日和らない自己を確立するという程度の決意主義を根深くもっていました」というところ。「日和らない競争」は、六〇年代の学生運動が陥りやすかった心理だと思います。「確固として闘い続ける生への確信が共産主義を準備していく」という部分も、死を覚悟する運動をしていた人たちが、生きて闘い続ける方向へ転換するのは、大きなことではないかと思います。とりわけ死が身近にあるパレスチナで、がめつく生き延びるんだ、というのは。

重信さんは文章もうまいし、初めに書かれている子ども時代、就職後に入った夜間部の学生時代の話も読ませますね。当時は重信さんのような、社会のために何かできないかと考えて行動に移す学生がたくさんいたんだろうと想像できます。でも六九年春にブントの軍事委員会書記局に入り、赤軍フラクに入って、七一年にはパレスチナに行ってしまう。たった二年でガラッと人生が変わっているんです。

早尾　七七年の声明には確かに転換が見られますね。とはいえリッダ闘争については、「不滅の価値」だとして、断固として否定しませんよね。

僕は「日本赤軍」を脱神話化しなければいけないと思っています。テルアビブ空港での銃撃事件いわゆるリッダ闘争を、重信さんが日本赤軍の政治宣伝として使ってきた側面があり、我々も歴史認識としてそう受け取っているところがあると思うんです。「連合赤軍は行き詰まり狂気に走ったが、日本赤軍は第三世界での連帯へ普遍的な展開をした」、と対照的に捉えられることもままありますが、それは誇大な神話です。

そもそも奥平さんは京都パルチザンですし、リッダ闘争の作戦を練っていた仲間もその人脈です。岡本公三さんも、よど号事件に加わった兄の繫がりですが、やはり京都パルチザンにリクルートされて参加している。その文脈にいた若者たちが、一義勇兵としてＰＦＬＰの作戦の任務を担ったということであり、当時レバノンに赤軍派の実体があったわけではないんですよね。闘争が終わった後で、赤軍の名前を入れた声明を出したのは、重信さんの政治宣伝です。その後七四年にＰＦＬＰの指導下から外れて独立するときに「日本赤軍」と名乗り、リッダ闘争を看板として戦略的に使い続けることになる。

これは重信さんも書いていることですが、ＰＦＬＰの戦略として自爆はなかった。ある種の潔癖主義でしょうか、奥平さんが、行う以上は自決だと。人の命を奪って生きているわけにはいかないし、イスラエルに捕まって拷問を受けながら奪還闘争を待つことはしたくないと。自決を選んだのは日本人の判断です。これはアラブにない戦略だったはずです。自爆を手法として闘争するという衝撃が初めてもち込まれ、以後こうした戦略が取り入れられていくきっかけになったのではないか。因果関係は明確には言えませんけどね。

小杉　闘いの一つのやり方としてアラブの人々を触発してしまった可能性があるのですね。

国際本拠地論の是非

早尾　「リッダ」とは空港の場所ですが、そもそも空港で銃撃戦をやってどうするつもりだったのか。このとき二六人が死亡していて、内一七人がプエルトリコ人の巡礼客、八人はイスラエル人、一人がカナダ人ですが、とにかく民間人を犠牲にしているわけです。そのことについて重信さんは、日本人ゲリラが、軍人、非軍人の区別をせず無差別に殺戮した、と喧伝されたが、検証はされていないから、イスラエルの警備兵がやった可能性もある。三人が民間人の無差別乱射などするはずがない、と反論しています。確かに検証不能で、イスラエル側にもごまかしがあったとは思いますが、僕はそれは反論になっていないと思うんです。

小杉　その通りだと思います。

早尾　仮に警備兵の側が反撃する中で一般人を撃ってしまったのだとしても、民間空港で銃撃を行う以上は、こうなることは不可避ですよね。そのことに触れずに、直接の銃弾をどちらが発射したものなのかを語っても意味がない。

小杉　人の生死を、どちらが民間人を何人殺したかという、数の話にしていますからね。

今年〔二〇二二年〕はリッダ闘争から五〇年だけでなく、連合赤軍による同志粛清殺人の発覚とあさま山荘事件からも五〇年です。その後のメディア報道や警察の戦略などで、新左翼党派が組織の問題から究極の隘路に陥ったものとして連合赤軍は認識されるようになりました。でも鈴木創士編『連合赤軍　革命のおわり革命のはじまり』〔月曜社〕を読み、最終的にあさま山荘で銃撃戦をした彼らのことを、国家権力と対決するという初発の政治的動機からも冷静に評価するべきだと感じたんです。では、粛清などの過ちを犯さず革命を実現するためにはどうすればいいのか。連合赤軍は、それを真剣に考えるための材料になるのではないかと思うんですね。そして重信さんの記録も、その視点から読むと、国際連帯を考えるための重要な素材になるのではないかと。

早尾　若者が越境的に世界のための闘争を行っていく、その動機は学ぶべきものだとは思います。ただそれを考えるために、もう一つ脱神話化しておくべきなのは、レバノン行きが積極的な国際本拠地論に基づくものではなく、国内で行き詰って外へ逃れたという側面が強いという点です。大菩薩峠事件で一斉逮捕、さらにその後も関連する逮捕が相次いで、六九年には組織はほぼ壊滅状態でした。その結果としてよど号ハイジャックがありますが、朝鮮は国家の枠組みが確固としていて、その中で何かができるわけではなかった。その様子を見て、占領地解放闘争のパレスチナが浮かび上がったのだと理解しています。重信さんたちは革命を掲げる反国家権力と見なされ、日本国内で相当な弾圧を受け、追い込まれていた。それで海外に逃れざるを得なかった。よど号ハイジャックで朝鮮に向ったのも、日本から手近な共産主義圏だったからだと言われていますし、レバノンだったのも、消去法的な選択だったのではないかと思います。追い込まれたがゆえに取れる戦略が狭まり、変な方向に向かってしまった。テルアビブ空港の乱射事件は、無名の義勇兵として終わるつもりで敢行されたけれど、重信さんがそれを利用して日本赤軍を立ち上げたということです。

小杉 本書の最初の方に、パレスチナの歴史がまとめられていますが、この歴史認識には、早尾さんとしては違和感はありませんでしたか。

早尾 冒頭でまとめられている歴史観は真っ当だと思います。前近代から、反植民地闘争や反シオニズムについての理解も間違っていない。ただこの歴史認識は後付けというか、その後の勉強によって書いているところがあります。私が共訳した二〇一七年刊の『パレスチナの民族浄化』（法政大学出版局）にも触れられていますし。ただ当時は限られた知識で現地に飛び込まざるを得なかった。そのことがまた現地での活動の歪みをもたらす一因になったと思う。

正義のための動機と、武装闘争との間に

小杉　本書には、書かれていないこともたくさんあって、重信さんは政治を生きていた人だし、今でも政治をしているだろうから、どんな情報操作がなされているのか、わからないところはありますよね。

早尾　そうなんです。書かれていないことがある、という前提で読む必要がありますよね。これはノンフィクションの体裁をとった、ある種の政治文書なのだと僕は思います。この本には、同志として多くの行動を共にした和光晴生さんのことは一言も出てきません。「バーシム奥平」とか「サラーハ安田」とか「ユセフ檜森」とか、他の同志のことはあれほど美しく詳細に描いているのに。

和光さんは七三年、リッダ闘争のすぐ後に、松田政男さんや足立正生さんら映画関係の人脈で重信さんにリクルートされ、パレスチナに渡っています。数々の作戦を共にしながら七〇年代には脱退していますが、『日本赤軍とは何だったのか　その草創期をめぐって』(彩流社)を、二〇一〇年に出しています。その中では重信さんの『日本赤軍私史』にも、事細かに反論しています。

和光さんの重要な指摘とは、時代の局面が、武力から政治に変わっても、日本赤軍は非公然活動を

する以外になかった。レバノンのパレスチナ人は基本的に難民キャンプにいるわけですが、そういう場所で非公然の日本赤軍が活動することはできない。つまり彼らの活動は、パレスチナの難民の生活から乖離していたということです。

ＰＦＬＰの非公然活動も、難民たちからは煙たがられていた。というのも、武力による非公然活動を行なう当人たちは地下に潜っているために、報復は難民キャンプに返ってくる。

小杉　あぁ、そうなりますよね……。

早尾　そういうことに対しても、重信さんの言葉には反省的な捉え返しがありません。和光さんは赤軍を脱退して、個人的にパレスチナのコマンドとして活動をしていくことになります。

小杉　この本にはリッダ闘争が中心に書かれていて、七七年の五・三〇声明以降、八〇年代の活動は、一九八五年に解放された岡本公三さんとの再会のほかは、よくわからないんですよね。同時に赤軍の中での重信さんの位置や、パレスチナの中の日本赤軍の位置もよくわからなくて。本人はＰＦＬＰの「ボランティア」と書いていますが、それには違和感が……。

早尾　オルガナイザーでしょうね。

小杉　そうですよね。ただ彼女が、日本赤軍としてリッダ闘争を巧妙に利用してきた一方で、彼女だけの判断ではないだろうし、日本赤軍を取り巻く力学の中で起きてきたこともあると思うので、そこも客観的に知りたいです。どんな運動を八〇年代にして、どういう人たちが関わり、資金はどこから入ってきたのか。そこまでわかってようやく、このリッダ闘争を利用するロジックも理解できそうです。

早尾　重信さんは部分的に反省をしたり、自爆には否定的だったと書いていて、実際そうだったのかもしれませんが、それでもリッダ闘争の意義は今でも否定できないと言っています。そして死んでいった人を美しく描く。その点において、やはり共感できない。

小杉　考え方として一番気になったのは、リッダ闘争後の赤軍声明の「虐げられた者の語ることばは、銃以外になく、虐げられた者が心に抱くヒューマニズムは、武装闘争以外にない」という言葉です。

早尾　そこは僕も気になっていて、付箋を貼っておきました。「虐げられた者」はパレスチナ人であって、外から入った日本人ではありませんから。

小杉　これはレトリックとしては美しいですが、虐げられた者の権利回復という初発の動機と、武装闘争という行動が、ぴったり一直線に結びついてしまっている、そこに恐ろしさがあります。本当はこの間に挟まなければいけないこと、考えなければいけないことが、たくさんあるはずです。不正義を前に、とにかく何か自分たちにできる行動を、という思いと、武装闘争を直接結びつけてしまう前に、他の戦略や戦術を考える余地はなかったのか。そうした戦略戦術の基盤となる思想にはどのようなものがありえたのか。赤軍は結成当初から、突出して闘うことがアイデンティティだったので、その内部にいる人には、それ以外のロジックはあり得なかったのかもしれません。武装闘争が今より肯定的に受け取られる時代に、より説得的な対案を差し出せる人がいなかったとも想像できます。でも今、私たちがこの歴史に学ぶ上では、その間に距離を作ることを必ず考えるべきだし、動機と行動の間に何が挟まれば違う可能性が生まれるのかを考えねばならないですよね。

パレスチナへの向き合い方、この時代の想像力

小杉 結局、本書に関して評価できるのは、国際連帯を目指した初発の動機だけということになるのか……重信さんに限らず、当時は各国の運動と手を結ぶという想像力があったと思うんです。六八年の国際反戦集会にはブラックパンサーや独仏の学生運動組織なども来て、反戦と抑圧された人々の権利のための国際連帯が目指されたり、ベ平連も同時期に京都で国際会議「反戦と変革に関する国際会議」を開催しています。ブントの活動家の回想録などを読むと、国際反戦集会は落ち目の自派を盛り上げようとしたのだという見方もあって、純粋な動機ばかりではなかったのかも知れませんが。

課題がベトナム戦争であれ、第二次世界大戦後の脱植民地化であれ、国境を越えてよい世界を作るための一つの運動を作って行こうという思い。そうした問題意識があったからこそ、六〇年代の学生

運動からは、七〇年代以降、日本社会で在日コリアンや被差別部落の人たちと連帯する運動を、紆余曲折ながら作っていこうという動きが出てきたと考えています。だからこの時代の想像力は、否定したくないと思うんです。それが武装闘争に向ってしまったのは、時代状況もありますが、多角的に丁寧に振り返る必要があると思います。

早尾　当時の若い世代の動機は、私も否定しえないものとしてあると思うんですが、五〇年経って彼女らの経験から何が汲み取れるかと考えたときに、正直に言ってパレスチナへの向き合い方が間違っていたと、そのことを反面教師的に学び取るべきではないかと思っています。和光さんが痛烈な皮肉を言っています。「大地に耳をつければ日本の音がする」と言う重信さんの言葉に、パレスチナの音は聞こえなかったのだろうかと。もっぱら日本のセクト闘争の延長にある、主導権争いの中の戦略であり、本質的にパレスチナに向き合っていない、それが一番の問題だと指摘しているんです。もちろん和光さんの批判も一つの見解であって、当事者からは異論もあると思うのですが。

重信さんは本の中で、リッダ闘争はパレスチナの人々に支持されていたと言うけれど、それはどれだけパレスチナが世界から無視されていたのかの裏返しでもあります。

それはその後も続いていて、たとえば湾岸戦争のときにサダム・フセインのクウェート侵攻に、国際社会から猛烈に反対が起こりました。しかし、フセインは、なぜ我々がクウェートを支配したらいけないのか。すぐ近くでイスラエルがパレスチナを軍事占領しているじゃないか。自分たちがクウェートから撤収するなら、イスラエルもパレスチナから撤収させろ、と言いました。メチャクチャなロジックですが、パレスチナ人たちは、フセインよく言った、と喝さいを送ってしまった。世界中がイスラエルの軍事占領に手出しができないというときに、フセインが言ってくれた。ただそれだけで、パレスチナ人はフセインの側についてしまい、湾岸諸国の支持を失うという、とんでもないしっぺ返しを食うわけです。

赤軍についても、「テルアビブ空港乱射を日本人がよくやってくれた、パレスチナのために命を捧げてくれた」、と言ったとしても、それは孤立した人たちの差し迫った感情的な表現です。それをあたかも自分たちの支持基盤であるかのように話すのは、あまりにも稚拙だと思うんです。

小杉　本書には、時折謝罪が挟まれますが、何について反省しているのかは最後まで見えてこなかった。謝罪はしても、「虐げられた者が心に抱くヒューマニズムは、武装闘争以外にない」という部分は、決して覆さないんですね。

たった三行で「リッダ闘争への報復として（イスラエルは）数倍の規模でレバノンの村やパレスチナ難民キャンプを無差別空爆し砲撃し破壊した。レバノン北部トリポリとバールベックのＰＦＬＰ訓練施設もやられた」と書かれていたのは象徴的だと感じました。

ただ、七九年の声明の総括として『日本革命』として想起することが、一国的なのではなく、日本革命のプロセス、中身が、国際主義の思想的地平を持ちうるかどうかが問われねばならない」というのは、武装闘争が手段だった人が辿り着いたところとしては、評価できるのではないかと思います。日本を変えることこそが、実は国際主義に繋がると気づかなければいけないと。国際連帯も日本の足元から始まるというのはその通りだと思うんです。

一方でやけに日本、日本と言うところは、また少し気になるんですが。

早尾　この「日本赤軍」ですね。というのは「日本」の「パレスチナ」に対する責任を問うという意味で使っているのではないと思います。

暴力の不純さ、丁寧に考えること

小杉　結局、彼らにとって国境とは何だったのか。普遍的なものとしての民主主義や人権という言葉も出てきますが、言葉づかいとしては、七〇年代の党派のものではないので、どういう位置づけで使っているのか気になりました。

重信さんの思想をそのまま受け継ぐことはできないですが、本書には、思考のヒントはありますね。

パレスチナで日本人が行う武装闘争の意味とは何だったのか。その時代状況の中でどういう効果や影響をもったのか。そこは丁寧に考えなければいけないと思っています。単純な成否や正義不正義からではなく、日本赤軍の行動のように、丁寧に紐解かないと評価できない歴史的事件があるということは、本書を読む作業を通じて得られる教訓かもしれません。

もう一つは、暴力は連鎖するということ。東大闘争でも、暴力はイデオロギーを超えて連鎖することを、聞き取りから感じていました。この本では、パレスチナやイスラエルといった国同士の話になりますが、痛みを与えられたパレスチナも実力闘争をと考えるし、それを行えば報復がある。これは重信さんが意図したことではないでしょうが、そのことが実感できる本だと思います。

早尾　重信さんは構造的な不正義というものの上で、武装闘争を正当化しているんですよね。暴力の連鎖という批判を受けることへの予防線を張っている。

今でもパレスチナでは、あるセクトにおける自爆やロケット弾の攻撃に対して、イスラエル側から百倍返しのような報復を受けるということが続いています。そのときに日本では、暴力の連鎖とか、憎悪の連鎖と報道され、どちらも同じ力を行使しているように感じられるのですが、実際は構造的に圧倒的に力関係が違います。それを報復の連鎖と一言で済ますのは、あまりに単純化し過ぎていると思えるんです。

それでも、パレスチナ側は最後の手段として武力行使をしていいとはならないことが、小杉さんが言われた教訓なのだと思います。武力は解決にはならないという、負の教訓と言いますか。

必ず十倍返し、百倍返しがくるとわかっていて、それでもパレスチナ側が暴力を用いるのはなぜか。ある一つの党派が実行した場合に特にそうなのですが、これは単にパレスチナがイスラエルのシオニストに対して、がむしゃらに立ち向かったという話ではないんです。そこにはセクト同志だったり、セクト内の政治部門と軍事部門の駆け引きだったり、ファタハとＰＦＬＰの主導権争いなど、様々な裏側があります。たとえばファタハがイスラエルと政治的妥協をしようとするときに、それを潰すべくパレスチナ側のあるセクトが報復承知でロケット弾を飛ばすことがあるのです。そこには暴力の連鎖だけでなく、暴力の不純さと言えるものがある気がしています。暴力はあらゆる個人も組織も蝕んでしまう、毒なんです。

僕がパレスチナに行っていた第二次インティファーダの時期には、頻繁に自爆攻撃がありました。通っていたヘブライ大学でも、爆弾事件で十人が目の前で死んでいます。そうした武力行使は、どういうタイミングでどの組織が何を狙ってするのか。単に自暴自虐になって、未来に絶望して自爆するという話ではないんです。その結果として、武力闘争を行った当人とは別のところに、報復の絨毯爆撃が起こったり、実行犯の潜伏しているビル一棟をぶっ飛ばすというようなことが起こり、人々の生活が損なわれてしまう。報復を承知でセクトは暴力を繰り返すんです。

僕は、被抑圧当事者による抵抗の暴力はありうると思いますし、誰による誰に対するどのような文脈なのかは慎重に考えなくてはならないと思っていますが、暴力がもつそうした不純さ、政治的な理想も個人の生活も破壊してしまう恐ろしさを、繰り返し言葉にしていかねばならないのではないかと思っています。

小杉　暴力の不純さというのは重要な論点ですね。暴力は政治の手段として、純粋なものとしてイメージ操作されやすいと思うんです。とりわけ六〇年代には、第三世界主義にしろ、キューバやベトナムにしろ、圧倒的に力のない人たちが大きな勢力に向けて実力を行使することが理想化されていました。ピュアな暴力という想像力に重信さんも引きずられて、パレスチナに行ったところがあったのではないか。

連合赤軍と日本赤軍をこれまで一緒には考えてこなかったのですが、暴力の不純さと同時に、肉体を晒すことで政治的に何かを達成しようとするというロジックは共通していたことがわかりました。赤軍に対する理解は、こうした論点から深めていけそうです。

早尾　そういう点では、本書を和光さんの『日本赤軍とは何だったのか』と突き合わせて読む作業は必要だと思います。重信さんの本は一つのドキュメントではありますが、当事者による主観的な語りで、取捨選択も脚色もある。それは和光さんの本にも言えることですが、プロパガンダ的な部分があって自己正当化もされているので、そこは注意して読まなければいけない。若い人が純粋に身を捧げた人たちがいたんだ、と美化して読んでしまうのは心配ですよね。重信さんの出所に、同世代の方々の懐古的な意見が聞こえてくるのですが、そうではなく負の遺産として、今改めて振り返る必要があるのではないかと思います。

時代を知るという意味では他にも、板垣雄三編『復刻版〈パレスチナ問題を考える〉シンポジウムの記録』（第三書館）という、七七年に行われたシンポジウムの記録があります。復刻にあたり、巻末に書下ろしで、日本とパレスチナを繋ぐ市民運動の歩みが寄せられています。赤軍の活動と同時代にアジア・アフリカ作家会議や美術会議、研究者たちのシンポジウムが記録されています。また板垣さんは七四年に『ドキュメント現代史13　アラブの解放』（平凡社）というシリーズの一巻を編集されていて、そこにはパレスチナの様々な抵抗文学や抵抗詩、民主国家パレスチナを思想化した政治文書などが掲載されています。

こうしてみると、当時も武装闘争しか道がなかったわけではないことがわかります。外から連帯するというならなおさらです。十分ではなかったかもしれませんが、様々な回路があり、パレスチナに目をむける市民や研究者や作家や知識人もいた。長く続いていく実りのある関係の積み重ねは、武装闘争を掲げた赤軍の活動とは別のところにあったと、やはり僕は思っています。そのことを含みつつ、負の遺産として当時を知るということですよね。

3・11などがあり、日本が内向きになって、国際主義や第三世界主義ということが弱くなっていきました。アカデミズムの中で、パレスチナが研究対象として理論的に精緻化されることが増える一方、社会運動との結びつきは弱まっています。

そこには自分が責任を果たせていないという忸怩たる思いもあります。重信さんたちはわたしの親の世代ですが、我々の世代が下の世代に、運動を繋ぐ機能を果たしていないという反省もありつつ、今日は対談に臨みました。

小杉　私は六〇年代の社会運動に、もっと光があてられるべきだし、ボリュームとして存在した学生運動や新左翼の運動の中には、冷静に評価して、重要な取り組みや着眼点、思想があったのは確かだと考えています。

若者たちの社会をよくしようという初発の動機の強さは、今の時代から見ると魅力的です。それらと武装闘争との距離を測りつつ、個々の動きを取り出して評価をしていきたいんです。その資料の一冊として、私は本書を読みました。

（おわり）

あとがき　幾重にも転倒した世界に抗して

〈一〇・七ガザ蜂起〉からパレスチナを知った読者へ

凄まじい勢いで世界が崩壊に向かっている。暴力や差別や排除が加速している。自分もその流れの内側に間違いなく入っていて、押し止めることなどできないのはもちろん、別の流れをつくり出すこともできず、無力さゆえに流されている。帝国の側のマジョリティとして構造的に加担もしてしまっている。

それに対するわずかばかりの抵抗はどうしたら可能だろうか。そんなことをずっと考えながら、本書をつくることに向き合う一年間であった。

二〇二三年一〇月七日に、イスラエルの占領下・軍事封鎖下に置かれたガザ地区でパレスチナ人の抵抗組織諸派による一斉蜂起があり、イスラエル側はそれを奇貨としてガザ地区全土の壊滅作戦を展開していった。欧米諸国はもちろん、日本政府もまた、「テロに対する自衛」としてイスラエルを支持した。さらには欧米はとくに、イスラエルに対する軍事支援を増強し、そしてイスラエル批判・パレスチナ支持の言論さえも「反ユダヤ主義」の名目で禁止した。

あべこべに転倒した世界だ。ガザ地区は、そんな転倒した世界を象徴する場所の一つと言えるだろう。

「被害者非難（Victim Blaming）」、パレスチナ問題を端的にこう表現していたのは、在りし日のエドワード・サイードであった。〈一〇・七〉ガザ蜂起以降、この被害者に対する非難は極限に達している。大国が、旧帝国がこぞって、狭隘なガザ地区の難民たちに対する大虐殺に加勢しているのだから。

日本も含む帝国の側がどのようにパレスチナを支配していったのか、その近現代史については、本書の第Ⅰ部で詳細に検討してきたので、ここでは繰り返さない。またガザ地区の分析、イスラエルのガザ政策の分析についても、すでにわたし自身がいくつかの書籍を出しているか、現在執筆・編集中であるため、できるだけ重複は避けようと思う。ここで記しておきたいのは、いかにわたしたちの認識や言論が転倒してしまっているのか、転倒させせられているのか、ということだ。

そもそもガザ地区やヨルダン川西岸地区、そして周辺諸国にある難民キャンプのパレスチナ人たちは、イスラエル建国時に暴力的に故郷を剝奪され追放された人々だ。これについてはしばしば次のように言われる。「国連パレスチナ分割決議」でパレスチナの土地をアラブ人国家とユダヤ人国家に二分割することになったのに対し、アラブ側が承認せずに戦争を仕掛けてシオニスト軍に負けたのだから自業自得である、と。しかしこの言説自体が根本的に問題をすり替える欺瞞である。米国主導のこの国連決議でさえ、ヨーロッパからの大量のユダヤ人難民をパレスチナで受け入れさせるのに際して、その入植可能な地域を定めたにすぎない。したがってこの「ユダヤ人国家」というのは、先住アラブ人を排除することなく共存国家となるべきものであった。

だが、本書第Ⅱ部でも論及したダヴィド・ベングリオンやゼエヴ・ジャボチンスキーといったシオニストらは、セトラー・コロニアリズム、つまり入植者が植民地を国家へと改変していくべく、欧米諸国の支援のもとでパレスチナの乗っ取りを画策していた。理想はパレスチナの全土を、現実的目標としてはパレスチナの八割の土地を確保し、そしてできるだけ多くの先住民を追放してユダヤ人の人口比が八割以上になるように。これが、第一次世界大戦でオスマン帝国からイギリスがパレスチナを奪った直後に着々と動いていった計画であった。したがって第二次世界大戦後の国連による分割決議は、そもそもシオニストにとって満足のいく回答ではなかったし、守る気も全くなかった。ただ全土奪取という究極目標のための大きな一段階として歓迎したに過ぎず、すぐさま「それ以上」を求めて戦闘に入っていった。その結果シオニスト側が、分割ラインを大幅に超える約八割の土地を目標通りに占領し、その土地に暮らしていた先住パレスチナ人の大半を追放して難民化させた。その結果として、ヨルダン川西岸地区と狭隘なガザ地区とが取り残されて、そこに難民が押し寄せてキャンプに仮住まいを強いられることとなったのだ。

逆に入植者たちは「ユダヤ人だけの国家」を理念とするイスラエルを建国し、その「国民」となった。少数ながらそのイスラエル内にとどまった先住パレスチナ人らは、自らの故郷に暮らしながら、マジョリティ化したユダヤ人国民らから「よそ者」扱いを受けるようになった。

ここにもあべこべに転倒した世界が生み出された。

こうしてパレスチナ人らは、故郷に踏みとどまっても差別されるマイノリティに、追放された人たちはキャンプ暮らしの難民に、そして、のちにイスラエルが一九六七年の第三次中東戦争で西岸・ガザ地区を占領するや、その住民も被占領下の無権利者にされてしまった。もうその先は、いかにこの「よそ者」「難民」「被占領民」たちを無力化して純粋なユダヤ人国家、大イスラエル国家にしていくのかということが、シオニストとその支援者たちの次なる目標となっていった。

新しい占領システムとしての「オスロ体制」、つまり「和平」と「自治」の名前を使いながら事実上は西岸・ガザの隔離と封鎖を進める手法が一九九三年から始まり、そのオスロ和平の欺瞞に対する抗議運動が二〇〇〇年から民衆蜂起(第二次インティファーダ)として高まると、今度はイスラエルは、オスロ和平に乗ってきたパレスチナ自治政府をあからさまに傀儡化し、オスロ和平に反対するパレスチナ人や抵抗組織を「和平の敵」つまり「テロリスト」として徹底的に殲滅する、という分断・支配の方法を取ってきた。

すでに小さく切り取られた西岸・ガザがさらに分断されていく。ヨルダン川西岸地区は入植活動によって、東エルサレムやヘブロン、ヨルダン低地をはじめ、主要な部分をすでに取られたうえに、パレスチナ人居住地を隔離する長大な「壁」で囲い込まれるようになった。これをイスラエルと西岸地区とを境界線で分ける「分離壁」であるかのように騙す言論も多いが、これは全くその意図と実態に即していない。西岸地区をイスラエル領化していくために、既成事実として組み込めるところをイスラエル側と一体化させつつ、一方でパレスチナ社会を分断・封鎖し弱体化させるための隔離壁なのだ。実際この壁によって、パレスチナの西岸地区各都市と東エルサレムとのあいだ、村と村とのあいだ、住宅とそれに隣接する農地とのあいだに壁が入り、社会基盤が壊されていった。傀儡化させられたパレスチナ自治政府（ファタハがその中心政党）は、実質的な抵抗を示さずこの隔離壁建設を眺めているほかなかった。

パレスチナ人の第二次インティファーダとそれに対するイスラエル軍の凄まじい弾圧のもとで、ちょうどこの隔離壁の計画が発表され実際に建設が進んでいくその最中、わたし自身が二〇〇二年から〇四年にかけて、パレスチナの東エルサレムで暮らしていた。その壮大な計画の発表に衝撃を受けたが、西岸地区をズタズタに切り裂くような複雑なルートのその隔離壁の建設がまさか計画通りに進むとは考えられなかったが、自治政府からの抗議も国際社会からの批判もひじょうに小さなものだった。

自治政府関係の機関・施設はインティファーダへの弾圧としてイスラエル軍によって徹底的に破壊されており、ラーマッラーの大統領府から各地の行政庁舎・警察庁舎まで、ことごとく瓦礫の山となっていた。自治政府を担っていたファタハにはもう抵抗する意志はなくなっていたのだ。目の前で着々と壁の建設は進み、仮置きだったコンクリートブロックやフェンスが次々と高さ八メートルほどの本格的な壁に置き換わり、東エルサレムや西岸地区各地の風景は一変した。

さらに時代背景を見れば、二〇〇〇年にインティファーダが始まり、翌〇一年に、〈九・一一〉アメリカ同時多発攻撃が起きたが、これを欧米日本の政府・主要メディアは「テロ」と呼び、世界は「テロリスト＝悪の枢軸」と「対テロ戦争を担う正義の側」に分断された。そしてイスラエルは、パレスチナを植民地主義的占領から解放するための抵抗運動を、「テロ陣営」に分類することを世界に対して正当化する絶好の機会を得た。欧米諸国や日本は、イスラエルを「対テロ戦争」の先駆者とみなすようになり、むしろ欧米日が「イスラエル化」していった。イスラエルが、対テロ戦争の技術と経験の蓄積において世界の最先端に立つことになったためだ。

ここでも世界の転倒の深まりが生じていた。

当然オスロ和平に反対して第二次インティファーダを引き起こしたパレスチナの抵抗組織は「和平の敵」＝「テロリスト」とみなされた。とりわけ、インティファーダへの弾圧と隔離壁建設を経た後の二〇〇六年のパレスチナ議会選挙で、民衆の支持は反オスロを掲げるハマースに傾き、傀儡化した自治政府の中心であったファタハは、民主的選挙によって敗北した。これはパレスチナ人がイスラーム主義化したのではなく、あくまでオスロ体制への批判票がハマースに集まったという、世界中の議会制民主主義で見られる一般的な選挙結果にすぎなかった。

しかし欧米日本はここでもまた、常識的な世界を転倒させてしまう。国際的な選挙監視の入った民主的選挙結果を公然と無視して、単独過半数を得て与党となったハマース内閣を完全に黙殺し、敗北したファタハに自治政府を維持させたのだ。あまつさえ、イスラエル軍・治安警察は西岸地区のハマースの議員・活動家を一斉逮捕し、その大半を「流刑地」としてのガザ地区に追放した。これはオスロ体制によって西岸地区とガザ地区が隔離・封鎖されて取られるようになった手法で、東エルサレムも含む西岸地区で逮捕した政治犯を釈放する時に、あえてガザ地区に放逐する。そうすることで、西岸を弱体化させつつ、ガザを「テロリストの巣窟」にして攻撃対象にするのである。

さらにイスラエルとアメリカはファタハに公然と武器・弾薬を供給し、軍事訓練まで施し、ハマースとの内戦を煽った。西岸地区ではハマース活動家の逮捕・追放という支援もあって、ファタハがハマースを圧倒し、従来の自治政府を維持した。イスラエル・アメリカに維持させてもらったと言うべきか、あるいは傀儡化をいっそう深めるかたちで維持させられたと言うべきか。他方でこの内戦により、ガザ地区では、そこを強い拠点としてきたハマースがファタハを制圧した。ファタハは西岸地区のようなイスラエルの支援的介入を得られなかったからだ。

これによって選挙の翌〇七年に、西岸地区＝ファタハの傀儡政権、ガザ地区＝ハマース政権という、二つの内閣が二人の首相を出す異常事態が発生した。地理的な分断に加えて、政治体制上の分断が重ねられたのである。これは、イスラエルとアメリカが意図的に生み出したことだ。そして世界は、「西岸地区を実効支配している軍事クーデタの傀儡政権ファタハ」を黙認し、その代わりに「ガザ地区を実効支配しているイスラーム武装組織ハマース」という定型句のみが一般化させられた。

ここでもまた転倒した世界が深まった。

「反オスロ和平」で、「イスラーム武装組織」で、「テロ組織」のハマースに対してであれば、イスラエル軍が何をしようとも、欧米諸国は何も批判しない。念入りに「ハマースはイスラエルの抹消を狙っている」と世界に宣伝を繰り返してきた。実際に「反オスロ」というのは、軍事占領を継続させたままで、つまり入植も封鎖も継続したままで、下請け行政をさせられているものは「自治」として認めない、ということである。実際に政権を獲ってからのハマースの要求は、「イスラエルによる入植活動の停止、入植地の撤去、東エルサレムの返還、国境管理権の移譲によって、西岸地区とガザ地区で普通の完全なパレスチナ国家とすること」であって、その時にはイスラエル国家を承認する用意がある、と表明していた。もし「二国家解決」が国際社会の合意だというのであれば、このハマースの主張は至極真っ当なことであり、必要不可欠なものだ。ハマースの要求こそが、「二国家解決」を真に実現する。しかし、だからこそイスラエルは、「ハマースはイスラエルの消滅を狙っている」と世界を騙す必要があった。なぜならイスラエルは、東エルサレムも、入植地も返すつもりはないし、むしろ入植をいっそう進めて、西岸地区の領土化について既成事実を積み上げたいからだ。

こうして「反オスロ」のハマースは、それに投票したパレスチナの市民もろとも、懲罰的な封鎖、つまり厳格な兵糧攻めと、そしてその封鎖下での空爆・侵攻を受けることとなった。二〇〇八～〇九年、一二年、一四年、一八年、二一年と、それぞれ大規模な空爆と侵攻があり、ガザ地区の各地が破壊され、数百人から二〇〇〇人が殺害された（一八年は、組織的なデモ「帰還の大行進」に対する軍事的弾圧）。食糧不足と医薬品不足と物資不足が深刻化している中、インフラや病院が破壊され、基本的な生活が根底から崩されていった。ガザ地区研究者のサラ・ロイは『なぜガザなのか』（青土社）で、パレスチナの政治・経済・文化の全てを阻害する「反開発（de-development）」政策は、封鎖下のガザ攻撃で極限化し、「生存不可能（unviable）」な空間になってしまった、と語った。そして、この封鎖政策については、「テロ阻止」の名目でガザ地区へのありとあらゆる物資の搬入に関して、イスラエルが許可した種類と量しか認めないということに国連が同意している異常性を、ロイは指摘した。

その先に、二〇二三年一〇月七日のガザ蜂起がある。

ハマースとファタハ、ガザと西岸、というパレスチナの分断の後もなお、ハマースとファタハは数回にわたって連立内閣を発足させ、内紛の解消と国際社会との政治交渉を試みたが、そのたびにイスラエルの回答は軍事攻撃による連立潰しであり、また大々的な非党派的（超党派的）なデモ「帰還の大行進」に対する応答も狙撃であり、国際社会からは黙殺されてきた。民主的選挙も、政治交渉のための連立も、非暴力的なデモも、全てが否定され、封鎖と攻撃が続くのであれば、ほかに何をすることができただろうか。

追放は暴力である。占領は暴力である。封鎖も暴力である。空爆は言うまでもなく暴力である。しかもイスラエル軍は、イスラエル兵の人命は巻き添えになるパレスチナ人の子どもの人命に優先するという「軍事倫理」、一人の標的「テロリスト」の殺害のためには周囲のパレスチナ人の巻き添えは一〇人でも二〇人でも許容されるという「軍事倫理」を持っている。占領下で封鎖下で空爆下でパレスチナ人が、民主社会の作法が通じないために何がしかの抵抗をすると、それは「テロ」と名指されて千倍返しの懲罰暴力、大量虐殺、ジェノサイドを受ける。衆人環視のもとで、世界の黙認のもとで。

とてつもなく転倒した世界だ。

さらにこのガザ包囲攻撃が一年以上続いている極限状態の中で、わずかな支援物資のトラックが略奪されるという事態が発生していたが、それについて訳知り顔のジャーナリストなどが現地情報を紹介しながら、「ハマースが略奪している」「有力一族がギャング化している」「ハマースとギャングが抗争している」「略奪品を高値で転売している」といったことをことさらに強調している。さらにはその結果として、「ハマースの支持離れが起きている」とか、「ファタハ自治政府時代のほうが良かった」とか、さらに「イスラエルに直接支配されていた時代のほうが平和だった」といった民衆の声を拾って伝えてくるジャーナリストもいる。おそらくそうした声があることは事実だろう。だがその伝え方は、「木を見て森を見ず」の典型だ。餓死者が出るほどの人為的飢餓が生じている中で、完璧な統制が維持されるべきだとでも言うのだろうか。どんな戦乱下でも闇経済が生まれるのは当たり前ではないか。そうした状況で、大きな組織の構成員に私利私欲に走る者が出たからといって、だから何だと言うのか。ファタハ自治政府が傀儡化したからハマースが選ばれた。そのハマースという選択ゆえにイスラエルと国際社会から集団懲罰を受け、ガザ地区は封鎖されたうえに壊滅させられた。社会が混乱し、内紛が起き、道徳的退廃が生じた。ハマースの支持離れも不可避だろう。だが、それをあげつらうジャーナリストは、ガザ住民に完璧な規律と倫理を求めているのだろうか。

ここで誰を、何を責めるべきなのか、報道のレベルでも酷い転倒が起きている。サイードの言う「被害者非難」が起きているとさえ言える。

見せかけの「停戦」とトランプの「ガザ所有」発言が意味するもの

二〇二三年一〇月七日からおよそ一年三か月を過ぎた二〇二五年一月一五日に、仲介国であるアメリカとカタールから「ガザ停戦合意」が発表され、一九日に発効となった。ドナルド・

トランプ米国大統領就任式の前日のことだ。

「ハマース壊滅」にこだわり、停戦合意を再三拒絶してきたのはイスラエルの側だったが、ハマースの後ろ盾となってきたレバノンのヒズブッラー、シリアのアサド政権をイスラエルは圧倒的な軍事力でもって相次いで叩きのめして無力化し（二四年一一月にヒズブッラーと停戦、一二月にアサド政権が崩壊）、そして限定的な交戦にとどめたがイランにも釘を刺した。二四年度会計期のアメリカからイスラエルへの軍事支援は、例年の約五倍の一八〇億ドルにも達していたが、ガザ地区壊滅作戦を進めながら、同時にヒズブッラー、アサド政権、イランへの攻撃も行なうことのできる無尽蔵の軍事支援がなされていたことがわかる。一八〇億ドルとは、日本円にして約三兆円、人口規模が日本の十分の一以下の小さなイスラエルにとっては、日本の軍事費に比すれば一年間で三〇兆円規模の軍事支援がアメリカ一国から提供されたようなものだ。

こうしてハマースの孤立が決定的になったところで、「手柄」を立てたいトランプが就任直前に中東担当特使を派遣して、停戦合意を後押しした。トランプ政権は二〇一七〜二一年の一期目の際に、アメリカ大使館をテルアビブからエルサレムへ移転させることで、東エルサレムを併合した統一エルサレムを承認し、シリア領ゴラン高原の占領地に対するイスラエルの主権を承認し、さらに西岸地区の主要な入植地のイスラエルへの併合を軸とした和平交渉を「世紀の取引」と豪語して強行しようとした。歴代のアメリカ大統領の中でも圧倒的にシオニストの大イスラエル思想（領土的拡張）の実現を支持したトランプが復活して二期目を迎えれば、当然イスラエルは一期目を上回る支援を期待できる。アメリカ仲介の停戦に応じる好機でもあった。

ガザ「停戦」の直後に、典型的な動きが二つあった。一つは、西岸地区の各地でイスラエル軍が大規模な軍事侵攻作戦を始めたことだ。実のところ、イスラエル軍および過激派入植者による西岸地区（東エルサレムも含む）への攻撃は、ガザ地区封鎖攻撃と表裏で、第二次インティファーダ以降に恒常化しており、二〇二三年に入ってから一〇月までで、すでに過去最悪の被害状況と言われていた。ハマースなど抵抗運動諸派によるガザ蜂起の理由は、西岸地区・東エルサレムで激化する弾圧への抵抗でもあった。そして、一〇・七以降のガザ攻撃の陰で、西岸地区攻撃は過去最悪をさらに更新し、ガザ停戦までの一年三か月で一〇〇〇人近くが殺害され、約一万人が負傷し、約八〇〇〇人が拘束されている。

だが西岸地区ではファタハ自治政府がイスラエルと「協力」しているために、大きな抵抗運動は起きにくい。まずはファタハが抗議デモを鎮圧し、抵抗組織を取り締まってしまう。

ファタハは第二次インティファーダの初期に懲罰的に壊滅的打撃を受けたこと、そしてイスラエルに刃向かえばガザのような目に遭うと思い知らされているからだ。しかし、従順にしていれば痛め付けられない、というわけでは全くない。ガザ侵攻の陰に隠れて、西岸侵攻も最大化し、そしてガザ「停戦」となると、「停戦はガザだけで西岸は関係ない」と言わんばかりにイスラエルは西岸地区攻撃を強化した。

これには、ガザ「停戦」に批判的な好戦的極右政治家・極右活動家らを宥《なだ》める意味合いもある。イスラエル政権は決して弱腰なんかではない、パレスチナ全土を手に入れるべく、つねに攻め続けているのだ、という姿勢を示す必要があった。

こうしてみると、「停戦」という言葉は大きな問題がある。そもそも「戦争の停止」が停戦だが、はたしてガザ地区では「戦争」があったのか。「ガザ戦争」とも報じられるが、しかし実態は、占領下で封鎖下のガザ地区を世界最強クラスの占領軍が世界最強の軍事国家の無尽蔵な支援を得て、壊滅的打撃を与えながら、五万人以上のジェノサイドをしていたのを、一時停止しただけのことではないか。これをイスラエル対ハマースの「戦争」と呼ぶのは、あたかも国家と国家が対立した戦争のように聞こえ、植民地主義的な占領支配の実態を隠蔽する。「戦争」とか「停戦」と表現するのは、やはり転倒だ。

しかもイスラエルは「ハマース壊滅」を掲げたままであり、また「将来的なガザ統治にはハマースを関わらせない」という占領方針を示している以上、武力によってハマース排除を行なう、つまりガザ侵攻を再開することは既定路線だと言える。「人質交換」が一定程度済めば、どこかでガザ攻撃を再開するだろうし、「ハマースの側に停戦違反があった」といった口実はいつでもいくらでもつくることができる。「停戦」以降もイスラエル軍は「治安」を理由に、日常的にガザ住民を殺傷し続けているが、それに対するパレスチナ側の抗議は即座に「停戦合意違反」として非難され、攻撃再開を脅されている。

さて、典型的な動きの二つ目は、大統領に就任してわずか一週間後から、トランプ米国大統領は、「ガザ地区は全てが破壊されて多くの人が死んだ。ガザ地区を一掃して、ガザの人々にはアラブの別の場所に移って平和に暮らしていけるようにすべきだ」と発言し、実際にエジプトとヨルダンに対してガザ住民を受け入れるように圧力をかけ始めたことだ。さらに、トランプ大統領は、「アメリカがガザ地区を所有し、リゾート地として開発する」などと発言をエスカレートさせ、「移住に反対してガザに住まわせ続けることのほうが非人道的だ」と、批判に反論した。エジプト、ヨルダンともに受け入れを拒否したが、しかし、このガザ住民を「一掃する」という発想自体は新しいものではなく、イスラエル側から何度も主張されてきたことである。「グレーター・ガザ案」や「シナイ・オプション」とも呼ばれ、ガザ地区の全住民を隣接するエジプトのシナイ半島に移住させ、さらにそこからアラブ諸国へと再定住させる、といった案で、政権を獲ったハマースが内戦でガザ地区に封鎖された頃からはっきりとした外交交渉で出されるようになった。その都度アメリカを仲介にしてエジプトに提案され、エジプトには経済支援・貿易特区などの見返りを提示したが、どの政権時代でも拒否されてきた。エジプトにとってはパレスチナ人の大量受け入れは厄介ごと、不安定要因でしかないからだ。

しかし、このガザ地区の壊滅的状況に、最もシオニスト寄りのトランプ政権二期目という状況が加わり、ガザ一掃、つまり全住民の強制移住があり得ないとは、もはや言えない。そもそもシオニズム運動というのは、本書の第Ⅰ部、第Ⅱ部を通して見てきたように、先住パレスチナ人の「民族浄化」が根底にある。ガザ地区など、イスラエル建国時に取り残した部分に過ぎない。シオニズム運動の全史を通じて住民一掃はつねに基本原則としてある。トランプの発言は何も驚くことではなく、先住民を「よそ者」として排除する転倒したシオニストの欲望を代弁したに過ぎない。しかも今度は、トランプの口調に読み取れるように、「人道的措置」として正当化される文脈がつくられている。

人道問題へのすり替えとは、非政治化である。パレスチナ人を抵抗運動の主体ではなく、人道支援の客体にしてしまうこと。そしてその非政治化は、イスラエルの責任と負担を免除し、国際社会の援助に依存させる。これもまた、サラ・ロイが『なぜガザなのか』で厳しく指摘していたことだ。実際、一〇・七の直後に緊急開催された国際的な人道援助団体のシンポジウムにわたしもパネリストの一人として招かれたのだが、その場で主催者から「わたしたちは中立である、どちらの側にもついていない」ということ、そして「この破壊と虐殺の状況からパレスチナ人を救うために、ガザ地区から住民を全員出してやるべきだ」という発言があり、わたしはその発言の問題性を指摘せざるを得なかった。ガザ地区支援に入るにはイスラエル政府の許可が必要であり、そのために「中立」をことさらに強調せざるを得ない事情は理解できる。それから、この飢餓と攻撃の状況で住民が「避難したい」と考え、そして脱出の方策を探ることも当然だし、また個別にそれを援助することも理解できる。しかし、「中立」を装う国際援助組織がガザ住民の一掃を人道の名目で提言するのは、それこそイスラエルの思う壺であり、イスラエルの政治責任もイスラエルの費用負担も国際社会がきれいに免除してくれるのだ。

そしてこの中立・人道の立場の提言が、トランプ大統領のガザ一掃発言と一致してしまう。恐ろしいことではあるが、しかし、長くパレスチナを、ガザ地区を見てきた立場からすれば、驚くことではない。そのように仕向けられてきたのだから、むしろ必然である。人道の名のもとでのパレスチナ人の追放、ガザ地区の消滅。

ここにもまたとてつもない転倒がある。

差別という闇から目を逸らさず学び続けるために

本書第I部で詳しく論じた在日朝鮮人の作家、徐京植さんはわたしの恩師であり、大学の同僚でもあったが、このガザ侵攻が二〇二三年一〇月に始まって、破壊とジェノサイドの事態を注視する心労の中、それから二か月後の一二月に急逝された。徐さんは、亡くなるわずか三日前にもガザ侵攻に関する学習会を企画され、わたしもそこに出席し意見交換をした（高橋哲哉さんが報告をされ、ＮＨＫの鎌倉英也さん、高文研の真鍋かおるさんも会場で発言された）。ガザ侵攻が徐さんの心身を蝕んだとしか言いようのないタイミングだった。だがガザ侵攻だけではない。二一年にはミャンマーで軍事クーデタがあり、民主化運動をする市民の虐殺・処刑が相次いでいた。二二年には欧米の介入したロシア・ウクライナ間の紛争（一四年のマイダン革命から続く）が本格的な戦争へと発展し、冷戦の亡霊が公然と姿を現していた。そして二三年のガザ侵攻だ。とりわけ韓国の軍事独裁政権に対する民主化運動で政治犯として逮捕・投獄された二人の兄、徐勝さんと徐俊植さんの救援運動に二〇年近い歳月を投じた徐京植さんにとっては、ミャンマーの民主化運動への弾圧はフラッシュバックを引き起こしていた。

徐さんの訃報が届き、あまりの急な喪失に呆然としているところに、韓国の出版社から刊行予定の書籍の「あとがき」に加筆修正をした決定版が亡くなる前日に届いていたということで、わたしも読ませてもらった（徐さんの「絶筆」として、『徐京植さんを偲ぶ会　資料・メッセージ集』に公開されている）。案の定、沈鬱なトーンに染まっている文体で、まさにミャンマー、ウクライナ、パレスチナのことに想いが寄せられていた。長くなるが引用する。

ウクライナでもパレスチナでも、戦闘は長期化し、膨大な犠牲者、難民を生み出しながら、終息の見通しすら立たない。限りなく血が流され、女性や子供たちの泣き叫ぶ声が響き続ける。内戦状態の域をはるかに超えて、準世界大戦とも呼ぶべき状態が続いている。第二次世界大戦後の国際秩序を曲がりなりにも支えてきた国連は完全に機能不全に陥っている。

この戦争によって、私自身の精神も大きく揺さぶられ続けている。七〇年余りの人生を通じて見てきた世界が、ここではっきりと大きく変わろうとしている。ここに至るまでに、ロシア国内やベラルーシでの民衆運動に対する激しい弾圧があった。香港やミャンマーも同様である。私の暗い予感は、次々に現実化してきた。現実が、私の悲観的予測を追い越してしまう時がある。

私は一九五一年生まれである。日本で生まれたが、その時には独立して平和を享受するはずだった祖国ではすでに内戦(朝鮮戦争)が始まっていた。その戦争は甚大な犠牲を出して一九五三年に「休戦」となったが、その後七〇年余が経った現在も休戦状態が続いている。戦争は終わっていないのだ。

いったいどれだけ破壊すれば「終わる」のか？　どれだけ殺せば「終わる」のか？　私の生きてきた七〇年余の人生において、世界に戦争のなかった時期はない。戦争の黒い影は、常に鬱陶しく垂れ込めていた。その影が、日増しに濃くなっていく。

(「おわりに——善きアメリカの記憶のために」『アメリカ人文紀行』)

後から考えれば、ほとんど遺書のような響きのある文章を、徐さんは書き残していた。そして徐さんの生きている限り、この「暗い予感」を、「黒い影」を払拭できなかったこと、さらに徐さんが亡くなった後もますますこの「暗さ」は重苦しく陰惨になってきていること。このことについて、マジョリティたる「日本のわたしたち」、その一員であるわたし自身は、痛切に無力さと責任を感じている。何をすべきだったのか、これからどうすべきなのか。でも結局は何をしても無駄ではないか。しかし、そんなシニシズムに浸っていられるのは、マジョリティだからだ。徐さんはその「あとがき」でさらにこう記していた。「結局、何が失われたのか、「理想」が失われ、鉄腕だけが生き残ったのだ。いまはシニシズム（冷笑主義）が凱歌を上げ、「死の舞踏」を踊っている。「理想なき時代」が続いている」、と。そして亡くなるその瞬間まで、それでもなお「理想」を語り続けていたのだ。日本社会でマイノリティ化させられた在日朝鮮人に、心身をすり減らさせて語らせてしまってきたのだ。

そうであればなおさらマジョリティであるわたしがシニシズムに浸ってはいられない。無駄だと思いながらも、理想を語り続けなければならない。

ところで、この刊行予定の書物というのは、これもあまりの偶然と必然を覚えずにはいられないが、『アメリカ人文紀行』と題されたものであった（いずれ日本でも刊行されるはずだ）。美術作品を訪ね思索を深めていく人文紀行シリーズの最新刊であり、そして最終刊となった。それがよりにもよって「アメリカ」である。そしてそれをわたしたちが読むべき現在は、二期目となるトランプ政権下だ。先にも見たように、一期目ですでにパレスチナを滅茶苦茶にひっくり返したトランプが、復活の二期目に入って速攻で「ガザ地区一掃」を口にした。その「アメリカ」だ。徐さんはこの『アメリカ人文紀行』の「あとがき」でアメリカについてこう記していた。長くなるがふたたび引用する。

あからさまな差別主義者トランプが登場し、大統領にまでなった時、「これがアメリカか？」と思った。しかし、その瞬間、一方には「これこそがアメリカだ」と意を強くした人々が存在したのである。その人々はアメリカの内にも外にも広汎に存在している。

私が知っているのはアメリカのごく限られた一部分でしかない。それでも、その分断された断片の中から、私が「善きアメリカ」と思う部分（それはベン・シャーンやエドワード・サイードに現れている部分である）に的を絞って語ることにした。

> （中略）
>
> 「アメリカ」とは何か。それは当然ながら、「アメリカ」という一体のものではなく、様々な互いに葛藤し抗争する複数の文化のぶつかり合う「場」のことだ。私は「アメリカ」が好きであり、同時に大嫌いだ。そして、このような極端な矛盾と抗争こそが「アメリカ」なのであろう。
>
> （「おわりに——善きアメリカの記憶のために」『アメリカ人文紀行』）

徐さんは、韓国の軍事独裁政権を支えたアメリカで、独裁に抵抗する「人権」概念が「普遍的理念」などではなく、活用すべき「資源」であると学んだ。アメリカは人権や自由や民主主義を誇ろうとするが、そしてそれを信頼して活動する善意の人々がたくさんいるが、しかしそれとは真逆の暗黒の現実もアメリカは有している。ここまで巨大な矛盾だらけの国もないだろう。だからこそそこには絶望と希望が混在している。徐さんのアメリカに対する複雑な想いが率直に述べられている。

ところで、徐さんのアメリカ論を読んでいる現在、つまりわたしが本書の「あとがき」を書いている現在、トランプが再選されその二期目が始まってまだわずか二週間しか過ぎていないのだ。しかしこの二週間の出来事は、世界を絶望のどん底に突き落とすに十分であった。「ガザ一掃」だけではない。アメリカの非正規移民を不法化し一斉に逮捕、国外追放にし始めた。トランスジェンダーの存在を否定し、フェミニズムをあからさまに敵視し始めた。環境保全を軽視し、資本主義の無制限な加速を謳い始めた。パナマ運河とグリーンランドの支配領有の欲望を公然化させ、そのための軍事力行使まで口にし始めた。米ドル依存を脱却しようとする各国に対して米ドルを基軸通貨として維持することを報復関税で強要し始めた。わずか二週間だ。これから四年間で世界はどこまで頽落するだろうか。しかも、トランプの政策がおよそこのようなものだということは、その選挙戦で明らかであったにもかかわらず、それを民主的に選んだのは、アメリカの有権者であり、トランプ一人の問題ではない。また、自国中心主義と差別主義は、日本も含む世界中に蔓延してきている。他人事ではない。それゆえ四年後だけでもない。一〇年後、二〇年後、もし世界が存続しているとしたら、それはどんな姿をしているだろうか。

同時にトランプは、そのあからさまな白人至上主義、排外主義、資本至上主義、性差別主義、植民地主義、軍事至上主義によって、わずかこの二週間で、反パレスチナ、反移民、反フェミニズム、反人権、反環境が全て通じているということを、誰の目にも明らかなものとして教えてくれた。わたしたちの課題もまた、その全てに同時に取り組むものでなくてはならないのだ。道のりは途方もなく遠く、何度もシニシズムに飲み込まれそうになる。もうその寸前にある。

しかし、徐さんが「善きアメリカ」と思われるものをなおも手放さなかったように、わたし（たち）もまた、エドワード・サイードだけでなく、本書で論及した「アメリカ」の人々を、例えばハンナ・アーレント、ジュディス・バトラー、ハミッド・ダバシ、サラ・ロイを読み、そしてまた徐京植その人の本を読み、考え抜かなくてはならないと思う。その営みの中に稀な望みは見つかるのではないだろうか。

＊

本書の出発点は、ちょうど一年前のいま頃、皓星社の創業者の藤巻修一さんにお手紙をいただいたことにある。ガザ侵攻の最中、わたしが二〇二〇年に日本・パレスチナ・イスラエル学生会議から受けたインタビュー「思想史の観点から見たイスラエル／パレスチナ」を読まれて、この方向で書き下ろしの書籍をつくれないだろうか、という相談だったと記憶している。すぐに皓星社にうかがい、出版企画の打ち合わせを持ち、藤巻さんとともに、代表の晴山生菜さんと、編集者の楠本夏菜さんを紹介され、四人で問題意識の共有を図りながら、書籍づくりのイメージを擦り合わせていった。ガザ侵攻のことが起点にあるとは言え、「思想史」研究者というわたしの専門領域で、より長期的な射程の書籍を、そして長く読まれる書籍をつくろうという気持ちがとてもありがたかった。

とは言え、純粋に書き下ろしだけで一年ほどの期間に一冊の本が書ける状況ではなかった。ガザ侵攻を受けて方々から講演・講義と執筆・翻訳の依頼仕事が次々と舞い込み、じっくりと腰を据えて思索と執筆に取り組む時間的・精神的な余裕はどこにもなかった。しかし逆に、さまざまな組織や媒体から受けて話したり書いたりしたものを、本書原稿の土台に使うことができた。したがって、第Ⅰ部と第Ⅱ部は基本的には書き下ろしになるが、次のものが反映されている。

第Ⅰ部　東アジア史とパレスチナ／イスラエル問題の交差

・「ガザ攻撃はシオニズムに一貫した民族浄化政策である」(『世界』二〇二四年五月号、岩波書店)

・「パレスチナの民族浄化を支える欧米の植民地主義・人種主義と東アジアとの関

わり」（『民族文学史研究』第八四号、韓国・延世大学、二〇二四年）

・「徐京植の批評活動におけるユダヤ人とパレスチナ人」（『日本學研究』第六〇輯、韓国・東国大学、二〇二三年）

第Ⅱ部　欧米思想史から見たパレスチナ／イスラエル

・「パレスチナと共闘するための宗教」（在日本韓国ＹＭＣＡ編『交差するパレスチナ』新教出版社、二〇二三年）

・「シオニズムに対するレヴィナスとデリダの距離」（『Suppléments』第三号、脱構築研究会、二〇二四年）

・「ガザ攻撃　イスラエルの行動に働くジェンダー暴力」（『ふぇみん』二〇二四年一月一日号、婦人民主クラブ）

・「イスラエルの過剰な攻撃性に関する三つの問いをめぐって」（『地平』二〇二四年七月号、地平社）

これらの論考の内容を書き直しながら一つの論考へと統合していったので、厳密には「初出」ではないが、内容的に含まれているため、その経緯を明記し、執筆の機会を与えてくださったそれぞれの媒体とその編集担当者のみなさんに感謝したい。

第Ⅲ部の鼎談「世界の矛盾が集約したパレスチナ」（牧野久美子×李杏理×早尾貴紀）は、本書のための録り下ろしである。真に世界史的な視点で、かつ、日本の責任を捉え直す視点で、パレスチナ／イスラエルを考えるために、わたしから南アフリカ現代史研究者の牧野久美子さんと在日朝鮮人ジェンダー史研究者の李杏理さんに鼎談をお願いした。〈一〇・七〉ガザ蜂起から一年後となる二〇二四年一〇月一九日に皓星社で収録した。

第Ⅳ部には、対談・鼎談は以前にそれぞれ別の媒体のために収録・掲載したものの再録となる（再録にあたり、わたしを含む参加者による若干の加筆修正も行なったが、表記は初出を尊重した）。それぞれの初出と補足は本文のほうにも記してあるが、ここでも一覧として掲載しておく。

第Ⅳ部　パレスチナ／イスラエル問題を語る

・臼杵陽×早尾貴紀「「大災厄《ナクバ》」は過去ではない　イラン・パペ『パレスチナの民族浄化』と米・エルサレム首都承認問題」（『週刊読書人』二〇一八年一月一二日号）
・姜尚中×早尾貴紀×洪貴義「野獣の膨れた腹の中にサイードを解き放つ　批判的知性の再構築がどうできるのか」（『図書新聞』二〇一八年四月二八日号）
・早尾貴紀×小杉亮子「負の遺産として当時を知る　重信房子『戦士たちの記録

パレスチナに生きる』（幻冬舎）から考える」（『週刊読書人』二〇二三年七月一五日号）

第Ⅲ部、第Ⅳ部のどの対談・鼎談も、わたしの能力ではとうてい届かない範囲へと本書の視野を押し広げるのに重要な役割を果たしてくださった。どの方のご発言も全てわたしにとって触発的であり、また本書の読者にも多くの示唆を与えてくれるものと思う。対談・鼎談に応じてくださったみなさまと、再録を許可してくださった初出時の編集者のみなさまに感謝したい。

最後に本書の生みの親である、皓星社の創業者の藤巻修一さん、代表の晴山生菜さん、担当編集者の楠本夏菜さん。お三方からコメントをいただいたが、とくに楠本さんには全ての原稿について細やかに読んでいただき、多くの助言をいただいた。際限なく幾重にも転倒を深めていっているこの世界の中で、それでも正気を保てている（と信じられる）のは、こうした編集者・出版社のおかげである。そして真に読むべき書物を読者に広く届けることができるのも、編集者・出版社の尊い仕事のおかげである。感謝。

二〇二五年二月五日

早尾貴紀

索引

A～Z

あ

か

さ

た

な

は

ま

や

ら

早尾貴紀（はやお・たかのり）

1973年生まれ。東京経済大学教員。専門は社会思想史。2002〜04年、ヘブライ大学客員研究員として東エルサレムに在住し、西岸地区・ガザ地区・イスラエル国内でフィールドワークを行なう。
著書に『パレスチナ／イスラエル論』（有志舎、2020年）、『ユダヤとイスラエルのあいだ——民族／国民のアポリア』（青土社、2008年、新装版2023年）、『イスラエルについて知っておきたい30のこと』（平凡社、2025年）、訳書にジョー・サッコ著『ガザ 欄外の声を求めて』（Type Slowly、2025年）、共訳書にサラ・ロイ『なぜガザなのか——パレスチナの分断、孤立化、反開発』（岡真理／小田切拓との共訳、青土社、2024年）、イラン・パペ『パレスチナの民族浄化——イスラエル建国の暴力』（田浪亜央江との共訳、法政大学出版局、2017年）、ハミッド・ダバシ『ポスト・オリエンタリズム——テロの時代における知と権力』（洪貴義ほかとの共訳、作品社、2018年）など。

パレスチナ、イスラエル、そして日本のわたしたち
〈民族浄化〉の原因はどこにあるのか

二〇二五年四月一日　初版第一刷発行

著　者　早尾貴紀
発行所　株式会社皓星社
発行者　晴山生菜
〒一〇一-〇〇五一
東京都千代田区神田神保町三-一〇　宝栄ビル六階
電　話　〇三-六二七二-九三三〇
FAX　〇三-六二七二-九九二一
ウェブサイト　https://www.libro-koseisha.co.jp/
メール　book-order@libro-koseisha.co.jp
装画　佐中由紀枝
装幀　藤巻亮一
印刷・製本　精文堂印刷株式会社
落丁・乱丁本はお取替えいたします。
ISBN978-4-7744-0857-6